関西学院大学総合政策学部
教育研究叢書

4

政策とデザインの融合を目指して

3・11からの復興と展望

関西学院大学総合政策学部［発行］
八木康夫［編著］

関西学院大学出版会

関西学院大学総合政策学部教育研究叢書4

政策とデザインの融合を目指して

――３・11からの復興と展望

『政策とデザインの融合を目指して――3・11からの復興と展望』
：総合政策学部教育研究叢書第四巻の発刊によせて

人はなぜ集まり、まちを作るのか？　皆さんは考えたことはあるでしょうか？

関西学院大学総合政策学部はヒューマン・エコロジーを基本的な視座として設立されました。いまだ耳慣れないこの学問分野は、20世紀初頭、アメリカのシカゴ大学の社会学グループ、いわゆるシカゴ学派を出発点とします。シカゴ学派はいくつもの研究領域や方法論に分かれますが、初期の黄金期をリードしたＲＥ・パークやＥ・バージェスが展開した都市社会学がその源流です。[*1]　つまり、「都市」はヒューマン・エコロジーの当初からの大きな対象でした。

その後、ヒューマン・エコロジーにはさまざまな分野が付け加わります。保健・衛生、人口、エネルギー、環境等々。こうしてカバーする範囲を広げ、方法論も深化させたヒューマン・エコロジーがふたたび「都市」を見つめる、そのまなざしは多様です。

人が集まるからには、まちは何かのベネフィットをもたらすに違いない。その一方、そこにはさまざまなリスクやコストが潜んでいるかもしれない。よく知られた事例では、江戸時代、人々（とくに若い男たち）は江戸という大都市に吸い寄せられますが、結局、その大半は子も残せず死ぬ。しかし、その死はさらに若い人々によって埋め合わされる、まるでアリ地獄のような世界だったということです。[*2]　それでは、現代の都市ではどうか？　本書では、都市政策学科の12人の先生方がさまざまな立場から都市を論じていますが、それを見事におまとめになった八木康夫先生のご尽力に敬意をささげる次第です。

さて、最初は無秩序だったかもしれない人の集まりはいつしか、都市空間という秩序を産みます。そこに自己組織的・自己維持的システムを見ることもできれば（長谷川先生）、市場原理や政策の働きに着目することもできます（斉藤先生、北原先生）。また、都市のデザイン自体が歴史や文化によって変化します（山根先生）。

同時に、都市は都市生態系という独自の環境を産み出します（客野先生）。そして、まるで生物のように都市は成熟してから、やがて老いたり、遷移をしていきます。老いていく都市にいつしか出現する空き家という空洞、それをどう埋めるのか？（清水先生）そんな都市社会の営みに、何より肝要なのは住民の方々が作るコミュニティ、なかでもその強靱さかもしれません（角野先生）。

その都市がどうしても逃れられない脆弱性、数々の大火や水害、流行病等を生きのびてきたまちでも、いわゆる想定外の大災害＝カタストロフィーに襲われればきわめて頼りないものです。しかし、それだからこそ、住民のコミュニティを中心に、しなやかでしたたかな「まち」を作らねばならない（室﨑先生、岡田先生）。

その一方で、「まち」の構成要素としての建築について、総合政策学部の中に共存する理系と文系の良さを活かしながら教えていくことの意義と喜び（馬場先生、八木先生）。ここではごく大雑把に触れるばかりですが、本書によって皆さんに「都市のオモシロさ」（加藤先生）が充分に伝わるものと期待いたします。

関西学院大学総合政策学部長　高畑由起夫（総合政策学部教授）

＊1　中野正大「シカゴ学派社会学の伝統」（中野正大・宝月誠編『シカゴ学派の社会学』世界思想社 2003：pp. 4-32）
＊2　鬼頭宏『人口から読む日本の歴史』講談社　2000：pp. 283

はじめに

総合政策学部は１９９５年に総合政策学科、２００２年にメディア情報学科、２００９年には都市政策学科と国際政策学科が開設され現在の4学科体制になった。これを記念して、２００９年以降毎年1学科ごと順に公開講座を開催し、その内容を関西学院大学総合政策学部教育研究叢書として世に送り出してきた。

本書はその最後の第4回目のイベントとして２０１２年6月に開催した都市政策学科連続公開講座の基調講演と都市政策学科に所属する教員が、それぞれの専門領域のトピックを新たに書き下ろした論考として構成されている。

総合政策学部はわが国で初めてヒューマン・エコロジーを基本的な視座とし、これに社会科学の諸分野や工学などの諸科学を総合的に組み合わせることによって、現代社会のあり方を探求する研究・教育組織であり、その学びは単一的なものさしでは測る事ができない広さとその深さがある。

現代、社会はより複雑化された多くの問題を抱えており、その解決に向けて実践的な学理の構築が求められている。

このような背景をもとに、都市政策学科の学びの広がりを読者諸姉諸兄に理解していただく事を目的に、基調講演の収録とは別に前述の通り学科所属の諸先生に、今後学生が研究に取り組む際、思考の取っ掛かりになる視点や切り口となるそれぞれの専門分野においてのトピック、さらに、総合政策学部における都市政策学科の位置付けを明確にすることを目的としてのトピックを書き下ろしていただいた。

なお、都市政策学科の専門領域を次のように分類して本書を構成している。

Ⅰ 政策　Ⅱ 都市マネジメント　Ⅲ 建築デザイン

どの論考からお読み始めていただいても都市政策学科の学びの広がりにふれることができ、さらにその専門性の底には、本書メインタイトルである「政策とデザインの融合を目指して」のエッセンスを感じ取れます。

さあ、都市政策学科の扉を開いてください。

八木　康夫（関西学院大学総合政策学部教授）

関西学院大学総合政策学部教育研究叢書4
政策とデザインの融合を目指して――3・11からの復興と展望

目次

総合政策学部教育研究叢書第四巻の発刊によせて　3
はじめに　5

◆連続公開講座「3・11からの復興・展望」
概要　八木 康夫　12
第1回　3・11からの復興――わが国の未来を考える　室崎益輝……15
第2回　3・11からの展望――豊かで美しい都市をめざして　角野幸博……43

◆多面的視点からみたこれからの都市づくり提案

Ⅰ　政策面から

都市空間政策の現在——「計画の論理」と「市場の論理」　斉藤憲晃……68

まちづくりのダイナミズムと秩序の自生　長谷川計二……108

都市政策はどのように決められるのか——都市計画決定の場合　北原鉄也……135

Ⅱ　マネジメント面から

地域・都市システム論としてみた総合防災と安全・安心のまちづくり　岡田憲夫……163

まちづくりにおける大学と地域との連携——柏原フィールドワークの経験を中心に　角野幸博……189

住民組織主体の空き地・空き家対策とその可能性　清水陽子……214

Ⅲ　建築デザイン面から

建築デザインにおけるこれからの都市デザインの意義　八木康夫……237

都市環境問題からみる建築と都市計画　客野尚志……260

建築・都市デザインの構成原理——インドにおける都市空間の構成原理　山根周……287

❖総合政策学部における都市政策学科の位置付け

理系と文系のはざまで　馬場研介……322
都市のオモシロさを学ぶ　加藤晃規……336

あとがき　346
著者等略歴　348

関西学院大学総合政策学部
連続公開講座

3・11からの復興・展望

公開講座「3・11からの復興・展望」概要

本公開講座は、2012年6月23日（土）と6月30日（土）の2日間にわたり、関西学院大学大阪梅田キャンパスで開催された。

講座の内容は、2011年3月11日に東日本大震災という、物心両面にわたる甚大な被害を受けたことから、来るべき南海、東南海地震や東海地震、さらには首都圏直下型地震の発生も懸念される中、この震災から何を学び、またこの震災による教訓を最大限にくみ取ることを目的とした、復興と展望をキーワードとした基調講演と、この教訓を将来にどのように役立てるのかについての多面的な視点からのパネルセッションとしての議論であった。

両日のプログラムを以下に示す。

〈第1回〉

【日　時】2012年6月23日（土）17：00〜19：30

【テーマ】3・11からの復興　わが国の未来を考える

【内　容】基調講演　室﨑 益輝 教授（都市政策学科）

パネルセッション　室﨑 益輝 教授（都市政策学科）

長峯 純一 教授（総合政策学科）

山中　速人　教授（メディア情報学科）
司会：小池 洋次　教授（総合政策学科）

〈第2回〉

【日　時】２０１２年6月30日（土）17：00～19：30

【テーマ】３・11からの展望　豊かで美しい都市を目指して

【内　容】基調講演
角野 幸博 教授（都市政策学科）

パネルセッション
角野 幸博 教授（都市政策学科）
斎藤 憲晃 教授（都市政策学科）
畑　祥雄 教授（メディア情報学科）
司会：八木 康夫 教授（都市政策学科）

関西学院大学総合政策学部公開講座
「3・11からの復興・展望」第1回

3・11からの復興――わが国の未来を考える

◆室﨑 益輝

ただいまご紹介いただきました、総合政策学部の室崎でございます。最初に、少し抽象論になりますけれども、「復興」とはいったいどういうものかということを、簡単にお話させていただきたいと思います。

「復興」と「創造的復興」

「復興」を『広辞苑』で引きますと「衰えたものが再び勢いを取り戻すこと」という意味になっています。では「衰えたもの」とはいったい何でしょうか。いうまでもなく、災害に非常に脆弱な体質をもった地域社会が、「衰えたもの」ということになるのでしょうけど、それ以外に、今回の東北の被災地でいうと、経済的にも第一次産業が非常に疲弊をしているという問題もあります。それから、かつてはしっかりした福祉とか医療の体制があったけれども、その医療の体制も非常に脆弱なものになっています。そういう意味でいうと、いろいろなものが衰えているわけです。

そうすると、単に安全性だけではなくて、いろいろなものが衰えているわけですから、「復興」というのは、いろいろなものの衰えをトータルに回復をして、勢いを取り戻すことだと考えなければいけないと思っています。

ところで、「復興」と「復旧」はどう違うかとよく議論がされますね。なぜそういう議論がされるかというと、阪神大震災のときもそうでしたし、２００４年の中越地震のときもそうでしたが、それまで日本の社会というか、日本の政府がとってきた態度というのは「原型復旧主義」といって、大きな災害のあとで被災の回復を図るのですけれども、その原則は元に戻すことです。これは、俗に「焼け太り禁止の原則」といって、前よりもよくしてはいけないのだという原則をとってきたのです。

これは「元に戻す」「原型に戻す」ということです。ところが、今回の東日本大震災の復興では、政府としては初めて「創造的復興」という、前よりもよくするのだというようなことを口にするようになります。実はこの「創造的復興」というのは、17年前の阪神大震災のときにも使っているのですが、そのときは、国、政府は、それを形式上あまり認めていないのです。それで、元に戻すのが「復旧」だとすれば、前よりよい状態にするのが「復興」ということで、そういう意味でいうと、「創造的復興」という言葉を使うようになったのは、一応、従来の非常に後ろ向きというか、単に元に戻すだけという考え方よりは、前に進んだかのように聞こえるのですね。

しかしほんとうにそうなのでしょうか。前よりよくするという中身が問題だと私は思っていて、ここが今回の復興をめぐる一つの論点だと思います。この「創造的」という名にかこつけて、今回の震災復興では何でもありのような状況が生まれています。先ほど「焼け太り禁止の原則」と言いましたが、被災者が前よりよくなるのは、僕はよいと思うのですけれども、こういう人の不幸に乗じて金儲けを企む人が出てくるのは許せません。

今回でいうと、18兆円という復興予算がありますけど、たとえば、捕鯨の船団がいろいろ襲われたりするので、その捕鯨船団を擁護する。その捕鯨船団のガソリン代が、復興予算から出ています。あるいは皆さん方にもっと近いのは、住宅のエコポイント制で、政府はお金がなくてもうやめていたのですけれども、復興のときに復活しました。被災地以外ではもうすぐ終わるのですが、被災地だけはそれではまずいので、ちょっとだけ延ばします。だけど、たとえば私が家を建てたら、このエコポイント制で安く建てられるのですけれど、エコポイント制で安く建てられるお金は、復興予算から出ています。端的に言うと、被災者に行くべきお金を横取りしている。そのほかにも、今度は、海外から1万人の若者を日本によびます。その費用も復興予算から出ています。

結局、18兆円とか20兆円という復興予算があるけれど、実際に被災者の住宅地の造成をしたり、住宅を造ったりする予算というのは、きわめて限られている。どうして捕鯨船団にお金が出せるかというと、これは「創造的復興」という口実が使えるからです。前に戻すのではないので、何でもありです。だから、焼け太りを認めるということになってきています。配分を受けた行政のなかで復興に使い道がなくお金が余ったところは、堤防のお金もいっぱい余ってきて、有明海の堤防にも使ってくれとかという世界がそこに生まれています。

これも予算を厳密に分析しないといけませんが、「創造的」というのは何でもありということで、悪くすると、それはピンはね構造を認めているということになります。メリット・デメリット両方あるので、一概に「創造的復興」は悪いとはいえませんが、「焼け太り禁止の原則」が外れましたので、理屈さえ立てば、復興予算をいろいろなかたちで使えるということになってしまっています。

社会的矛盾の解決としての「復興」

前よりよくするということはどういうことかということがキーポイントだと思います。これは復興の一番本質の問題ですけれど、先ほど、「衰えたのもの」というところでもふれましたが、要するに、災害というのは、その時代、その社会のもっている歪みを一気に表に出してきます。放っておいても10年後、20年後に日本の社会はそうなるであろうという歪みが、災害によって揺すられて一気に前に出てきます。

たとえば、阪神大震災でいうと、インナーシティというか、都会のど真ん中に高齢者だけが取り残されていて、非常に脆弱なコミュニティが都市のなかにあるということが非常にはっきりしました。あるいは高齢化社会のもっている見守り体制の弱さみたいなものも、阪神のときから出てきました。２００４年の中越地震のときには、山間部の集落が、どんどん人が減っていって、林業だとか農業が衰退をしていき、もう消滅の危機にあるという、限界集落の問題などが出てきました。

今回はどうかというと、今回もたくさん問題が出てきます。さきほど言った医療体制の問題もそうですし、第一次産業、漁業、農業の経済基盤が非常に脆弱になってしまっているといった問題から始まって、大きくは、一極集中というか、東北というところが、東京を中心とする日本の大きな力の犠牲的な存在としてしか存在しえないというような問題、それが一気に出てきたわけです。

そうすると、前よりよくするということはどういうことでしょうか。今までの経済成長路線を踏襲して、どんどん金儲けをしよう、どんどん企業誘致をしようとしています。今、企業誘致をしているのですけれども、日本の企業が手を挙げないものですから、アメリカや中国の企業に誘致の説明に行っています。それは復興予算から出しています。土地をつくって、企業立地をして、雇用を創出してという、そういうかたちの、いわゆる従来の成長型の発展を考えるという方向があります。

これも一つのよくなることですが、そういう従来の成長路線というのは、震災で批判をされているというか、その問題点が浮き彫りになったのだから、踏襲すべきではありません。「軸ずらし」という考え方が重要だと思います。今までの成長路線、今までの日本社会のあり方は、ほんとうにそれで良かったのでしょうか。エネルギー問題一つをとってもそうですが、軸ずらしに加えて世直しという視点が必要です。社会全体がもっている歪みが全体的に表に出てきているわけですから、世の中のそういう問題、社会的矛盾を解決することが、復興の中心におかれなければならないと思います。ここが一番「復興」ということを考えるときに重要なところです。

被災地の自立

まず「復興」で重要なのは、被災地が自立をするということです。自立をするというのは、つねにどこかに依存をして、あるいは国から何か予算が降りてくるのをじっと口を開けて待っているような、そういう被災地ではなくて、被災地自身が自らの力で経済発展や地域の発展を勝ち取るような力をもたせるということです。「復興」ということで、周りからいっぱいお金を流し込めば、復興ができる、被災地が元気になるかというと、きっとそういうことではないと思います。

ここから言うことは、ごく一部の現象だと理解してもらいたいのですが、とても重要なことなので指摘しておきます。今回は湯水のようにお金が出ています。さっき被災者のところへいくお金は少ないと言ったのですけれども、20兆円というお金は、全壊した被災者で割ると、1世帯1億円のお金が出ています。

そういうなかで、いろいろなかたちでお金が出ます。義援金もたくさん集まっているということもあるのですけど。では、どんどんお金を出せばよいのかということなのです。先ほど、一部の現象ですと言いましたけれども。何が起きているかというと、被災者はほんとうに自分のやりがいのある仕事が見つからないので、結局、昼間、家の中にじっといるわけです。じっといると体をもてあますので、現金だとか、生活再建支援法で最初に出た基礎支援金といったお見舞金の１００万円に手をつけて、パチンコ屋に通うという現象が出てきています。被災者がみんなそうではありません。一生懸命やっている人はたくさんいるのですが、でもそういう現象が生まれてしまう。お金さえ出せばよいのかというと、そうではないのです。あるいは仕事とか雇用で、泥かきの雇用だとか、いっぱい雇用をつくればよいのかというと、そうではないのですね。

やはり人間は、自分のやりがいとか、生きがいだとか、自分の技能とか能力を活かせる仕事だったら就きたいのです。今起きていることは、4月から、どんどん被災地外に人が出ていくことなのですが、たとえば、機械に強い職人さんは、結局、内陸部の山形の機械工場に就職するということをします。それはどうしてかというと、自分の腕が活かせる仕事をしたいのであって、被災地の中に新たにエネルギー・プラントができて、そのエネルギー・プラントのガードマンみたいなことをしろと言われても、それはできないわけですね。結局、そういうことでいうと、被災者自身が自分でちゃんと生活できることが重要なのです。1年間とか2年間だけの仕事があったとしても、それはみんな好ましいことではないですね。ずっと生き続ける仕事、最終的に言うと、被災地でいうと、たとえば漁業をしていた人はやはり漁業で暮らしていけるということがとても重要なことなのです。しかし、そういうことがきちんと保障されない。でも、ともかく被災者が元気にならないといけない。

復興と安全

今回の復興の最初の段階で失敗したのは、今まで住んでいた場所から人を追い出そうとしたことです。福島は当然そうですし、三陸も、今まで住んでいたところは全部災害危険区域にして、これは建築基準法の世界ですけれども、建物を造ってはいけないという地域にしたのです。住む場所がないので、阪神大震災のときだったら、それでもバラックを造ったりして、元の場所に住んだのですが、今回は住める場所がないので、みんな仙台に行ったり、いろいろなところにバラバラにばらけてしまいます。ばらけてしまって、かつ、将来の展望がないので、がっくりきている。被災地にはほとんど残っていないのです。

そういうなかで、被災地で合意をしろ、すぐに決めろというのですけど、体力も衰えて、自分の地元に帰る展望もないような段階で、あなた方で、高台に行くのか、どこに行くのか決めなさいといっても、決める力がないのです。決めるということは、もうちょっと余裕ができて、いろいろなことが判断できるようになって、さあ、どういうふうにしたらよいかということで考えないといけないのですけど、まさに傷ついた状態で、移転するかどうかを考えさせようとする。そうではなくて、まず元気になることが必要です。これはもう大前提です。

復興の目標の2番目は、安全です。二度と同じような悲しい思い出と犠牲をつくってはいけないということがあります。これは、災害の復興では中心テーマではあるのですね。ただ、安全というのはいったい何なのかということを正しく捉えないといけない。今、被災地で起きていることを簡単に言うと、津波にたいする安全は絶対必要で、津波が来るよりも高いところに行くということになるので、みんな高台移転だというふうになっています。これは、私のような専門の防災学者ではなくても誰でもわかることです。高台に行けば安全だと。ところが、高台には土地があまりなくて、今まで5000戸の集落があったところでは、小さな台地を五つぐらいつくって、1000戸ずつの集落に分かれるというようなことをするのです。

今まで、5000戸というところでは、しっかり商店街があって、コミュニティもあったけれど、1000戸・1000戸……になってしまうと、多分コンビニが1軒ずつ建つようなコミュニティはできるでしょうが、バラバラとばらけてしまいます。高台になって津波から安全にはなるけれども、一方では高台に上ることによってコミュニティが潰れてしまう。コミュニティが潰れることと、高台に上ることのプラス・マイナス、どちらが安全なのかということですね。高台も上手に造成すればよいのですが、盛土といって埋めたりすると、山崩れ、地滑りで大きな被害が出ることがあります。現に、今回の台風でも起きていますし、その前の大雨のときには、高台に造った仮設住宅が崖崩れで壊れました。だから、高台だって、津波にはたしかに安全ですが、いろいろなリスクがあるのです。

そういういろいろなことを考えながら、安全とはいったい何だろうかというと、やはり、コミュニティがあって、アメニティがあって、ほんとうにそこにしっかりとした人の絆があって、初めてそれは安全だといえるものなのです。安全は堤防を造ることだとか、ダムを造ることだとか、高台に上ることと矮小化してしまうと、町そのもののあり方が変わってしまいます。だから、安全にするということはそういうことではないのです。安全にするということはどういうことか、ということを考えないといけないというのが復興で重要なポイントです。

復興の目標の3番目は、先ほど言ったように、理想を追求するということです。この三つをしっかりやりきることが災害復興だというふうに思っています。

過去の復興からの教え

私の復興計画の原点は、1976年の酒田の大火の復興を伊藤滋先生のもとで手伝ったのが最初です。そのときから約40年間、復興計画にいろいろ携わっているのですが、過去の事例をいろいろと調べていて、言えることがあります。

一つは、「復興」というのは、時間はかかりますが、あるいは立ち直っても、よい方向に立ち直ったかどうか疑問が残るところもありますけれど、大きな被害を受けても必ず立ち直ることができるという確信はあるのです。日本でいうと、大正14（1925）年の北但馬地震の城崎の復興とか、昭和9（1938）年の函館大火の復興だとか、広島の復興だとか、非常にすばらしい復興を、経験としてもっているわけですね。そういうものを見ると、ちょっと観念的ですが、災害にたいしてそれを乗り越える力というもの、なにくそという負けじ魂というものを人間はもっているわけです。逆境をバネにするのです。

それから二つ目の重要なことは、助け合うということです。みんな困ったときに助け合う。これはもう人類愛の世界です。人間だけではなくて、哺乳類はだいたいもっていると思いますが、仲間を助け合うということです。

三つ目は、過ちを正そうとするということです。たとえば、大学受験に失敗したら、それは勉強の仕方が悪かった、ちょっと勉強の仕方を変えようとか、いろいろ考えるわけです。それは反省のバネといって、今までと違ったことをやって、必ず過ちを正そうとするのです。世の中が歪んできたら、それを直そうとする力が働きます。今、現代社会にも近いところがあって、いろいろな歪みが出てきています。そのなかで、市民の中からやはりそれを乗り越えようとする力が必ず出てくる。そのような反省のバネがあるのです。

最後は、投資のバネといって、これは非常に具体的ですけれども、お金がいっぱいつくということです。今度は20兆円というお金がつくのです。20兆円のお金がつくということは、すごいことですよね。皆さん方のコミュニティで一人1億円ずつ、人数分お金がきたらどうしようかと思うでしょう。でも、その20兆円をどううまく使うかが重要なのですね。正しく使えばものすごく大きな力になります。だから、この投資のバネを、どのようにうまく引き出して使っていくかということをしなければいけないと思っています。

被災者の声を聴く

私は1976年から復興にかかわっていると言いましたが、そのなかで、三つの原則というか、復興のあり方についての理想形があると思っています。一つは「物語復興」です。1989年、サンフランシスコ地震という、アメリカの大リーグの決勝戦があるときに、サンフランシスコのベイブリッジがドンと落ちたという災害があったのですが、そのとき、そのちょっと南側にサンタクルーズ（Santa Cruz）という、スペインが最初に居留地をつくったところがあって、ここが壊滅するわけです。ここの復興の勉強に行けとアメリカの都市計画の先生に言われて、直後は行かなかったのですが、神戸の地震の1年半後に科研費の予算がついたので、サンタクルーズに行っていろいろ勉強して、もうびっくりしたのです。

日本の復興計画は予算書みたいなものです。日本の計画だったら「1、自然に配慮した町をつくる。2、地域の活性化をはかる」なんて書いて、いろいろなもの、たとえば、環状7号線をつくるとか、いっぱい書いてあります。日本の復興計画は、実際、予算書なので、あそこに何か言葉を書かないと予算がつきませんので、ざっと項目の羅列です。

ところが、このサンタクルーズの復興計画は、そういうものではないのです。僕が読んだところは、町の入り口にあった古い煉瓦造りの教会を元どおりつくりますと書いてありました。12時になると教会の鳩時計が、昔と同じような音色でポッポ、ポッポと鳴いています。その鳴いているハトの下の木陰で、おばあさんが編み物をしながら居眠りをしています。居眠りをしている足元の毛糸にネコがじゃれついています、ということが書いてあるのです。サンタクルーズ港では、若いカップルが木陰でスターバックスのコーヒーを飲みながら、コーヒーの中には木漏れ日が輝いていて、黄色いベンチに座りながら恋を語り合っています、とか書いてあるわけです。３０００人の住民が全部集まって、私はこうしてほしいということを、一人ひとり発言をしたのです。ネコといっしょに遊ぶ広場が欲しいとか、町を花いっぱいに飾りたいとか、昔のスペインのような街をつくりたいとか、それらを全部つないで文章にして、最後に、こういう町をみんなでつくろうとまとめたものが復興計画です。

要するに、被災者の声を聴くということです。被災者に寄り添うと前の総理大臣も言っていたのですけれども、被災者の声を聴きます。だけど、聴くということはどういうことでしょうか。アンケートをやって、あなたは高台ですか、低地ですかと聞いて、高台賛成の人が62％だからみんな高台なのだと。だから、高台に行くというのを決めたと。それは、けっして被災者の声を聴くことではないと思います。

こういう事態が起きると、被災者は自分の思いをなかなか口にしたり、形にはしたりできないですよね。みんな心の中ではいろいろ思う。そういう思いを全部しっかり聴いて、それを形にするのが専門家なり行政の役割ですけど、今は先に形を押しつけているというところが問題ですね。高台移転でないといけない。防災集団促進事業でないといけないとか、あるいは三角形の家じゃないといけないとか。それぞれの思いは悪くはないのかもしれないですけれど、何かそういうものは被災者と必ずしも合わないですよね。レディメイドの復興計画を押しつけていて、寸法の合わない洋服をつくって、この洋服を着てみろと言われているみたいなものです。ほんとうはそうではなくて、みんなの思いを聴かないといけない。

復興の時間軸

２番目は、神戸のときには「二段階復興」と言いましたが、一気に復興はできないのだということです。10

年、20年の長期を見すえながらどういうふうにしてつくっていくかということです。今の復興も真ん中が抜けています。復興計画は、阪神の教訓もあって、今回もまず仮設住宅を造るのですね。それから先、復興事業をやるのですけれども、今から公営住宅を造りますが、それができるのも早くてあと2年はかかります。平成25年度末ですね。今から土地をつくったり、まだ合意ができていないところもあります。土地をつくって、家を造っていくわけですが、そういうみんなの思いの中にある恒久的な住宅に入るのは、少なくとも10年かかるのです。とすると、仮設の2年間と、みんなが住めるようになる10年後までの8年の間はどういう住み方をするのか、ということが見えてこないんですね。私は仮設からの再生というのは、応急仮設から暫定仮設、暫定仮設から応急復旧、応急復旧から恒久復旧というぐらいの、ほんとうは4段階ぐらいの時間軸があって、順番に、どういうふうに移行するかを考えなければならないと思っています。そのなかで、被災者はどんどん力をつけていくと思うのです。

みんな被災地の人は、家だ、家だというのです。それは、阪神のときもそうでした。阪神のときは、私は大学に勤めていましたけど、震災だからと給料がなくなるわけではないのです。それと同じで、阪神の被災者でも大阪に通っている人は、会社が潰れていないから、給料が出たのです。今回は給料が出ない。阪神の人は給料が出たし仕事があるので、住宅だ、住宅だということで、住宅再建支援に力を入れた。生活再建支援法をつくって、住宅が国から援助される制度を引き出したわけです。

今回もその真似をして、みんな住宅だ、住宅だといっているのですけれども、どこに住むかもよくわからなくて、将来の産業もどうなるかわからない。国の考え方というか、県の考え方は、漁業の従事者を半分にするというのです。計画はそうなのです。かなりの集落の漁業は潰すという計画なのです。

そうすると、被災地に行くと怒られるのですが、住宅よりも産業だといっています。自分が将来漁業をやっていけるかどうかもよくわからないなかで、住宅、住宅といってもどうしようもない。僕は、がんばってみんな仕事を取り戻して、この5年間で2000万円蓄えよう、金儲けをしようといっているのです。2000万円金儲けしたら、あと5年間だけバラックで、まあバラックというとちょっと表現は悪いのですけれども、そんなに最初に慌てて言わないで、あと5年間だけバラックで、その2000万円で立派な家を造ったらよいので、時間的な戦略とプランをもつことが大切です。どこで力を溜めて、どう展開していくのかということを考えないといけない。今、コンクリートの公営住宅をボーンと山の上につくられて、そこへ入りなさいと言われて、それで次につながる絵が描けるのかというと、描けないですね。そういう意味での時間軸を考えた段階復興です。

隠し味としての防災

「包括復興」というのは先ほど言ったことです。安全だけが問題ではない。私は、防災は隠し味だと考えています。けっして表に出てはいけない。隠し味だから効かせないといけないのですけど、アメニティがあって、コミュニティがあって、環境がよくて、教育がよくてということが大事です。教育なんかとても重要で、子どもたちの教育がしっかりできる環境をつくって、初めてそこで復興というのができるというふうに考えています。安全だけを考えて町をつくると、とんでもないことになる。京都に地震が起きて、町が全部焼けると。じゃあ京都の町は全部燃えないようにするということで、コンクリートにしたらよいのかというと、誰もそれに賛成する人はいません。

しかし、今やっていることはそれに近いのです。津波だけを問題にして、1000年に1回の津波で家が流されてはいけないのだという考えです。だから今、宮城県でやっていることは、1000年に1回の津波の予測をして、2m以上になるところは災害危険区域にし、そこではもう住んではいけないというのです。ここから先は価値観の問題ですけれども、僕は1000年に1回だから、そのときは逃げればよいと思うのです。家は流されても、保険に入っていればそれでよいのではないかと思うのです。いっさいそういうのはダメで、みんな水がくるところには住まないという選択肢をとろうとしているのです。

今、住民自身が、いや、堤防がなくてもよいとか、いろいろなことを言い出して、少し状況は変わってきていますけど、そういう、安全だけではなくて、きれいな朝日が見える町をつくろう、というようなことを僕は思っています。それがもっと進むと、もっと森と海を活かした自然と向き合った町をつくろうというようなかたちで、考え方が非常に豊かになっていくのですが、今はなかなかそこまでは行きません。ともかく高台だという世界があるのです。

復興計画と瓦礫処理

今、1年3カ月でほんとうにどういう状況にあるのか、データを一つ一つきちんと説明しないといけないのですが、実はどれだけの人が家をなくしたか、よくわからないのです。唯一わかるのは、生活再建支援金の基礎支援金を受け取った世帯が、約17万世帯ということです。ちょっと専門的ですが、生活再建支援法により、基礎支援金と加算支援金からなる生活再建支援金が支払われます。全壊またはそれに匹敵する大規模な損壊を受けた住宅にたいしては、基礎支援金が50万円から100万円支払われます。ということは、家が全壊したか、大規模な住宅ダメージを受けた人が17万世帯です。そのうち加算支援金を受けた人は7万世帯です。加算支援金は、すでに住宅の建設を契約したり、マンションを買ったりする、あるいは借家を購入するという人にたいして出されるもので、7万世帯はすでに住宅再建に着手しているということです。したがって、10万世帯はまだ残っているわけです。ただ、このへんはすごく難しくて、だいたい10万から20万世帯が家を失ったと思うのですが、これは阪神大震災で住宅をなくした人の数とほぼ同じスケールです。

復興計画というのがあって、宮城県と岩手県は、全市町村でようやくできました。早いところは去年の12月末、遅いところは今年の3月末までに復興計画ができました。でも、これは阪神大震災のときに比べるとずっと遅い。阪神のときは、1月に起きて、6月、7月ぐらいで復興計画がまとまっているのですけれども、今回は遅いです。

この状況を、私は汚れたキャンバスに例えて考えています。キャンバスに絵を描こうと思ったら、まず汚れている泥とか瓦礫を除かないといけない。かつ、除いたうえで、基本的には大きな構想図を描かないといけない。そのうえで、絵の具を使って絵を描いていくのだというように言っているのですけれども、一番遅れたのは、まず汚れた泥、これは瓦礫のことですが、これは撤去率80％なので、まだ20％は瓦礫そのものが残っています。これは、壊れた家が放置されているということです。処理率はもっと悪くて16％ですね。全部で2000万トンぐらいあって、今、処理工場をどんどん現地にも造っているのですが、がんばって1年間に処理できるのは500トンですから、2000万トンを500トンで割っていると何年かかるかということです。これはものすごく難しい問題です。

では、延々と汽車で運んで大阪へ持ってきたらよいかというと、それもまた問題がある。瓦礫の処理だけを議論しても答えのない世界で、非常に難しい問題があります。僕は、ますます防災学者にふさわしくないことを言うのですけれども、瓦礫を埋め立てろと思います。埋め立てというと、いや、そこには放射能があるような泥があるかもしれないといわれます。宮城でも岩手でも、ほとんど調べてもいないのですが、それがあるかもしれない。金属と重金属が入っているとか、微生物が入っているとか、いろいろなものが入っているので、そう簡単に環境省はうんと言わないのです。どうして瓦礫の処理は環境省なのかな。瓦礫の処理こそ国交省がやったらもっとよい答えが出たのにと思います。よい答えとは、乱暴というか強引にやるのです。

僕は、優先順位があると思うのです。時間との勝負なので、その時間内でそのときにある最善の選択肢を選んで、それに全力を傾ける。だから、方法がないからといって、ずるずる瓦礫とかそういうものを被災地においたままで、それを大阪に持ってきたら嫌だというなら、被災地の人はもっと大変な状況に置かれているわけです。それを放っておいてよいのかという問題があるので、私は全部埋め立てて、それで土手をつくれと言っています。今、宮城県の岩沼市に森をつくりますし、それから大槌町も、これは全国から募金を集めて、森をつくるために、沿岸部に瓦礫を埋め立てている。瓦礫を埋め立てに使う。そうじゃないと、土がないのです。

どこから土を持ってくるのかといったら、神戸市みたいに、六甲山の裏からベルトコンベアーでザーッと流すようなことができたら、まだ比較的効率的ですけど、流す方法もありません。それから、土をそういうところに、たとえば淡路島の土を持っていったらまた怒られるのです。でも、淡路島の土を持っていって空港をつくったのですが、あれは船で持っていかないといけないのです。陸揚げする港がないので、石巻港と気仙沼港に入れます。そこからまたダンプで運ぼうと思ったら、土を持ってくるだけでも大変です。では山を削れという考えもありますが、山を削るのはとても大変で、これを話していたらまだ長くなるのですが、いずれにしても、そういうことを含めて、復興計画が39市町村で作成されて、ようやく今、コミュニティ段階で議論が始まっています。

高台移転

気仙沼市の本吉の小泉地区なんかは、避難所にいる段階から議論をして、全員で高台に登ろうと早く決めたところは、比較的コミュニティがまとまって、高台移転ということで事業が進んでいっているわけです。４月に入って、仙台市の宮城野区とか、若林区、また私がかかわっている荒浜という、仙台ではすごく古い港町で、とてもよい集落ですが、これらの地区では、かなりの人はみんなで内陸部に移動するということで意気込んでいます。そこは津波が来たら危険な災害危険区域です。住宅をつくってはいけないというのです。

しかし、俺はここに住みたいといって、黄色い旗運動という、黄色い旗をいっぱい立ててがんばろうとする人たちがいて、地域が真っ二つに割れているのです。真っ二つというより、上に上がるという人は7割ぐらいで、下でがんばるという人は3割ぐらいかもうちょっと少ないぐらいです。その上に行く7割の人たちだけで合意をとって、その人たちの住んでいるところだけ災害危険区域ということにして、みんな上がるということです。荒浜は１０００世帯ありますが、それが4月に入ってから、復興庁によって、復興まちづくり交付金というお金がついて、一応前に進むことになりました。

今、被災地全体で高台移転の合意がとれたのは７０００戸ぐらいまでいっています。ただ、７０００戸までいっているのですけど、全部で10万世帯残されていて７０００戸なので、だいたい今1割ぐらいがようやく合意ができたわけです。全部で３００から５００のコミュニティと集落があるなかで、50から60ぐらい、今ようやく合意がとれたというのです。ほんとうはとれていないところも含まれているのですが、予算がついたものはそれで進むわけです。

公営住宅の問題

それと、これからどんどん公営住宅に住みたいという人が増えていくのです。最初は何となく、高台に住んだら家も全部建ててくれるのかなというふうに思っていたのですが、これはコミュニケーションの問題ですね。政府は言っていないというのです。確かめると、言っていないと。でもなんとなく、ずっと大臣の答弁なんかを聞いていると、高台のほうに行ったらみんなしてやるよと。自治体のお金も出さないでいいよとか言うから、みんなタダでできるのかと思ったら、蓋を開けてみるとそうではない。そして土地もないのです。みんなが高台へ行く土地はありません。今、山の上を完全に削って土地をつくるのに、仙台の平野部だったらだいたい2000万円から3000万円かかります。1世帯分の土地をつくるお金です。でも、三陸沿岸へ行くと5000万円ぐらいかかります。3000万円でやれればよいけれども5000万円かかります。釜石の鵜住居(うのすまい)は、今、復興のスターです。「釜石の奇跡」ということで、釜石東中学校で鵜住居といったら、今、こういう復興事業のなかでは、光のあたっているヒーローなのですけれども、そこは7000万円かけています。

ところが、復興まちづくり金といって、復興まちづくりに使う予算は1兆5000億円です。それを5000万円で割ると3万戸、3000万円で割ると5万戸です。土地をつくるだけですよ。そこにライフラインとかの整備にお金を入れるとけっこうまた大変で、要するにもうお金がないのです。お金もないし土地もないので、みんなが上がろうと思ったら、いや、あなたは上に行けませんと言われるのです。じゃあ家はというと、家はもう自力で何とかしてくださいということで、100万円、あと200万円か300万円あげるでしょうというけれども、その最初の100万円は、直後に義援金も届かないし、いっさいの物が流されて何もないので、やはり毎日着るものやふとんは買わないといけないし、食べ物も要るということで、もう使ってしまっています。

多くの人はお金がありません。200万円では家は造れないので、もう自立再建を諦めるということになる。そうすると、みんな公営住宅です。様子見をする人も公営住宅です。自分の町がどうなるか、そこで食べていけるかどうかはわからないけれど、すぐ今仙台に行ってしまうと何か自分の権利放棄をしたみたいだから、しばらくここに居ようと。だけど、持ち家を造ってまでやっても、あとで失敗するかもしれないから、しばらくは様子を見ようということになると、公営住宅はちょうどよくて、みんな公営住宅へ入るので、公営住宅に入りたいという人が、たぶん今は2万世帯ぐらいになっていると思いますが、その予算もまたないのです。

今のところ、公営住宅は、平成24年の着工が約5000戸で、5500戸造っていますが、これも希望からいうと非常に少ない。非常に小さなパイを、今はみんなで奪い合うようなかたちです。コミュニティが、上れる人、上れない人とでケンカになるわけですね。陸前高田市の長洞という集落は、ものすごく団結が強くて、村の上に高台を見つけて、みんないっしょにここに移りたいということを決めた町なのです。みんなで上がろうと思っていたら、いや、公営住宅の人は別のところへ行ってくださいというのです。コンクリートは集中的にやらないといけないというのが理由です。今、長洞の人は、木造の公営住宅を造ってほしいといっています。公営住宅の人も持ち家の人もみんないっしょの場所に住みたい。それがコミュニティだというのですけれども、いや、公営住宅の人は別のところだというので、今はそれですったもんだしているのです。

ずたずたになったコミュニティ

いずれにしても、そういうような状況で、小さなパイを奪いあったり、復興のなかで、むしろ仲間割れというか、公営住宅の人はこっちというような線引きがなされて、コミュニティは今ずたずたになっている状況です。

人口がいくら戻っているかは、よく分かりません。今私が少し手伝っている石巻の雄勝というところでは、ここの中心のまちは、震災前までは３０００人が住んでいましたけれども、今は３００人しか残っていません。では２７００人はどこへ行ったかというと、行方がわかりません。一部はわかっているのですが、遠い石巻市内の仮設住宅とか、仙台市の仮設住宅にいます。今、われわれが支援に行って、地域の人で合意をしようと思ったら、集会をどこでやっているかというと、仙台市に行って、仙台に引っ越した人を少し集めるとかいうことをしないと集まらないのですね。でも、ほとんど住所もわかっていないのです。義援金を配ったりしているので、役所は知っているのかもしれませんが、個人情報保護ということで、みんながどこに行ったのかわからない。多分、もう戻ってこないのだろうと思いますね。

人口の回復についても分かりません。ほんとうに人口を戻そうとしているのかどうかもよく分かりません。僕は、コミュニティがちゃんと元どおりになるのか、人口が元どおりになるのかということが、復興の一番重要な指標だと思っているのですけど、少しよくわからないということです。

合意がとれてうまくいっているところと、合意はとれているのだけれども、行政と折り合いが悪いところもあります。釜石市の唐丹本郷というところは、昭和8年の復興では、すばらしい復興計画をつくったところです。どうしてあれをモデルにしないのかと思うのですけど、ここも今回の震災後の復興では地域の人が山を見つけて、ここの山に移りたいと言ったら、釜石市はお金がないというのです。造成するお金がかからないから、あなた方は元の場所にかさ上げして住みなさいというわけです。

そこは津波の通り道で、私は一般論として高台移転反対で低地居住派なのですけれども、私でもさすがにそこだけは危ないと思います。そこに住んだら危ないと思うところに住めと言われて、高台移転という国の方針とえらく違うじゃないかというのです。場所場所でぜんぜん違う。だから釜石は、みんな高台に上りたいと意見がまとまったら、土地もあるのに上るなと言われているところなのです。だからコミュニティがまとまっていても、行政と折り合いがつかないところもある。

さきほどの荒浜のように、合意がとれず地域が真っ二つになっているところもたくさんあります。もうこれは無理やりケンカをさせられている。それから、立浜というところでは、いったんケンカしていたのですが、今は仲よくなって、ほぼ全員が集まりまちづくりに協力しています。ここは、下から上まで階段状の町をつくって、高台に行きたい人は上の宅地を選び、下に住みたい人は下に住むということで、ようやく高台移転派と、低地で住みたいという人の折り合いができて、いっしょにやろうと思ったのです。いざやろうとすると、いや、そんなところは高台とはいわない、高台というのはもっと遠く離れた奥につくるのだと、行政が今ストップをかけているので、ここもどうなるのかわかりませんけど、今、協議中です。

もう諦めたところもあります。雄勝の明神という地区は、町会長を含めていなくなりました。スレートの硯石の産地の入り口のところで、ほんとうによいところです。あそこだったら関西学院大学のセミナーハウスか何かを造ったらよいなというところなのですが、誰もいなくなっています。ここはもう町をつくりません。ここも数十世帯あったのですが、そういうところもありいろいろです。

ただ、全部がダメなわけではなくて、高台移転のところも、さっき言ったように50地区から60地区ぐらいは合意がとれて移転が始まろうとしているという状況です。

国はどう言っているかというと、行政はこれから合意をとるかどうかの問題だけれども、被災地は、みんなエゴむき出しで、自分のしてほしい要求ばかりぶつけて、被災地コミュニティでケンカしているからうまくいかないのだ、というふうに言っています。復興が遅れているのは、全部被災者やコミュニティの責任だといっていて、いつまでに合意をとらないと、もう予算をつけてやらないぞというのです。そんなことはないと思うのですが、いつまでにと、どんどん尻をたたかれても、被災者がいないから合意形成をとれないという状況があるのです。僕は、小さなパイを押しつけているところに問題があると思っています。いっぱいお金があったら、いくらでも解決できることがあるのですが、お金がない、土地がない。だから被災者の間に対立を生むような構造がもちこまれているように思います。これは難しいです。

ビジョンの壁

理論的に言うと、復興に大切な六つのことが今うまくいっていません。1番目は「ビジョンの壁」というものので、ほんとうに安全な町とか、東北の将来がどうあるべきかという議論が必ずしもじゅうぶんにされていないということです。ともかく防災、防災というだけで考えようとすると、なかなかよい答がなくて、ビジョンが大事です。

これは、5番目の「人材の壁」でもあるのですけれども、「ビジョンの壁」は、国と、私も含めてですが、ちょっとオフレコですが、日本の都市防災まちづくりの研究者のレベルが低いのです。防災の「ぼ」の字もわからない人が、大昔から防災をやっているような顔をして、高台だ、というのです。下に住むという人の気持ちがわからないのでしょうか。みんなが下に住みたいといっているのかどうか、また下に住むというのはそこで豊かな生活ができるという合理性があるはずで、そのなかにあるリスクをちゃんとカバーするのが防災の専門家なのです。防災の専門家からいくと、危険なところに住んでもらわないと仕事がなくなるので、全部高台に上られたら何もすることがありません。防災をやめて、今度は高台の快適な町をどうつくるかということをやらないといけないですね。

しかし、みんな高台に上ればよい、それが防災だ、というふうに、もし日本の防災学者が考えているとしたら、それは非常にレベルが低いと思うのです。それ以外にもいっぱいあるのですが、そういうことを含めて、ほんとうに正しいビジョンが出せていないのです。

制度の壁

それから2番目は、さきほど言ったように、土地がありません。最大の原因は、宮城県は特にそうですが、海辺を災害危険区域にしていることです。災害危険区域というのは、法律上建物を造ってはいけません。政府の防災集団移転事業というのを使うと、元の場所を災害危険区域に指定しないといけないのです。元の場所に住まないことと引き換えに、少し有利な条件で移転をするというのが防災集団移転促進事業です。それですべてやるということなのです。

このような「制度の壁」があるのです。実は防災集団移転促進事業は、昭和47年に、日本中で大雨が降ったときにできたものです。九州などに豪雨があって、山が崩れて、土石流だとか土砂災害で山裾の住宅が直撃を受けて全部潰れたのです。そこは、次に雨が降るとまた直撃を受けるような所で、逃げようがないのです。だから防災集団移転事業というのは、火山が噴火するとか、雪崩が起きるとか、山崩れが起きるような、要するに逃げようがない場所で、かつ、小規模な山間部の集落をイメージしてつくられた法律なのです。小さな集落だから、全員合意ということなのですが、全員合意と義務づけているのではなくて、むしろコミュニティが大切ですよということなのです。コミュニティを大切に守りなさいということで、法律では全員の合意を条件にしているのです。だから、全員が一致するという形式論ではなくて、コミュニティを大切にするということが前提で、小さな村だから、村がいっしょにこぞって移りなさいというのが防災集団移転事業です。今回のような広大な海辺の地域に適用するということは、法律をつくるときにはまったく考えていなかったのです。

奥尻島の災害時も、それを無理やり使おうとしたのですね。このときも、僕は直接ではないけれど関係しているのですが、そのときは、僕は高台移転論者でした。青苗地区という奥尻島の一番南側ですけれども、階段を２００段ちょっと上がると高台があって、そこには空港もできていたし、公営住宅も団地もできていて、すでに町ができていたので、そこに下の漁業集落を上げようと考えたのです。最初は全戸移転案をつくったのですが、半年ほどたって、何人かの人が下に降りたいと言い出しました。漁師は、明日のイカ釣りの準備をするときに、真夜中に風向きをみたり海の匂いをかいで、早朝の準備をするのだと。だから、山の上に上ったら準備ができないので、下に降ろしてくれというのです。聞いてみると、かなり決意が固いのです。

下に降りたい人がいるからというので、下はかさ上げをすることにして、50世帯ぐらい降りて、上は３００世帯残ってもらおうと思って、今度は部分移転案をつくり、それで復興計画を決めて進めました。進めている途中で何が起きたかというと、みんな下に降りている。上に上がったのは50世帯だけだったのです。

漁業集落環境整備事業というのですけれども、これで下にかさ上げをして町をつくったのです。このときは巨大な堤防もつくって、観光客が来なくなったので、結果が良かったかどうか、評価は難しいところです。同じ奥尻島の北のほうに、稲穂地区と初松前という集落があります。ここでも集団移転を考えたのですけど、ここは漁業集落で、最初から全部盛土でいきました。

同じように、雲仙普賢岳の場合も、あそこは山がいっぱいあって、高台移転で全部やろうと思ったのだけれども、あそここそ、普賢岳が噴火したら火砕流が流れて危険なのです。安中（あんなか）の三角地帯もかさ上げをして町をつくりました。

結局人びとは、もともと住んでいる土地とか、文化とか、地域、ふるさとにたいする思いも強いし、仕事とのつながりもあるので、なかなか離れられないのです。だから、奥尻などの経験でいうと、みんなそう簡単に高台には行かないと思うのです。だから、今回もみんな高台、高台というけれど、何年後かに、また降りると僕は思います。

そうだとしたら、下を安全にしておいたほうがよいということなのです。下をそのままにして、みんな上がって、勝手に降りると、下がまた危険な場所になります。下を全部災害危険区域に指定してしまったので、土地がないのと、お金もないことが、すべて制約になっているのです。平野部ですごく使える一番よい土地を、全部建設禁止にして使わないということになると、その土地の部分をどこで補うのか。山の上に求めようとしても、とてもありません。ずっと奥の内陸部のほうに用地を求めるしかない。用地がないので、全員の希望は絶対に高台では実現できないのです。それにお金がありません。ほんとうにお金がないので、うまくいかない。

それから、さっき言った制度の問題です。必ずしも適切でない制度を硬直的に適用しています。前例のないことが起きたので、前例のない制度を使わないといけないのですけれども、それがなかなかうまくいっていないのです。

人材の壁

人材の問題については、たとえば、名取市の閖上(ゆりあげ)というところは、面積で200ヘクタールほど、区画整理とかをやるのですが、神戸市が震災後にやった区画整理と再開発事業の面積よりも、ちょっと多いのです。神戸市は100人とかで、多くの技術系の職員がそれに携わって町をつくったのですけど、閖上などは、ほんとうに5人とか10人でやっています。女川町(おながわ)というところもそうで、ここでは職員は2人ぐらいなのに、膨大な面積の整備事業を担当しています。それで、女川町はどうしているかというと、これはURに頼みます。URはあちこちで頼まれていますが、URにもそれだけの職員はいるはずがないのです。だから、みんなできない相談をURにして、自分の役所では、区画整理事業とか、やる気がない。というか、ほんとうに人がいないのです。みんなやる人がいないのです。しかも、そこに専門家がいないので、まちづくりの知恵はぜんぜん提供できずにいます。

時間の壁

最後は「時間の壁」です。先ほどの白いキャンバスの話でいうと、絵が描けないから、キャンバスの上の泥をきれいにするのは急がないといけません。ここを急がなかったら、この泥を片づけなかったら、スピード感がないと怒られます。それで、泥を片づけたら、キャンバスがきれいになって、絵を描くのは、ゆっくり時間をかけてよかったのです。一晩で上手な絵を描く人もいますが、やはり絵を描こうと思ったら、最高傑作をつくろうと思ったら、1日じゃなくて、1週間とか、場合によれば1年かけて絵を描く芸術家がいるわけだから、急いで描く必要はないのに、急げ急げといわれるので、すごく粗雑なものがつくられてしまっています。時間がない、時間がないといわれるのですが、私はほんとうは、時間はあると思うのです。ただ重要なことは、そうはいうものの、人口がどんどん減っていっているので、そういう意味では時間がありません。だから、人口が減るスピードと、みんなの心をつなぎとめる、よい計画をつくるスピードのせめぎ合いになっているのです。しかしそれがうまくいかないということで、この程度しか進んでいないということなのです。

最後に、今日の話で何を考えたかったというと、暮らしの話をしましたが、目標はコミュニティだとか、文化だとか、地域のガバナンスだとか、何を復興の目標にするかが重要だということです。新しい日本の未来像というものを、もっといろいろなかたちで語らないといけないと思います。個人的には、日本の未来像をしっかり考えながら、その未来像の枠の中で、東北をどう位置づけて、東北の町をどうつくっていくかという議論を、もっともっとしないといけないと思うのです。

〈参考文献〉

室﨑益輝「復興まちづくりの現状と課題」『復興』第5号　日本災害復興学会　2012.9：pp. 98-109

関西学院大学総合政策学部公開講座
「3・11からの復興・展望」第2回

3・11からの展望

――豊かで美しい都市をめざして

◆角野幸博

美しい都市をめざすきっかけ

「豊かで美しい都市を目指して」という副題をつけたのですけれども、「豊か」ということと「美しい」ということは、必ずしも一致しません。経済的に豊かだけれど美しくない都市もありますし、美しいけれども必ずしも経済的に豊かとはいえない町や地域は、世界中にたくさんあります。今日は、豊かさと美しさとを復興のプロセスのなかでどのように考えればよいのかというお話をいたします。

また、たしかに東日本大震災のことにふれるのですけれども、けっしてそのことだけをお話するのではなくて、東日本大震災の復興過程で起こっていることを、他の地域とりわけ関西のこれからのまちづくりのなかで、どのように理解し、参考にすればよいのかも含めてお話させていただきます。

都市が美しさを意識的に求めるきっかけは、大災害からの復興過程など都市が大きな転換期を迎えた時をはじめ、実は世界中でいくつか共通するポイントがあります。それをまず簡単にご紹介いたします。

江戸時代の日本では、徳川幕府の将軍が替わるたびに、朝鮮からの使節団が来訪しました。朝鮮通信使といいます。鎖国中の日本には、簡単に外国人が来ることはできなかったのですけれども、彼らは例外としてもてなされていました。通信使は、博多から瀬戸内海を通って、海路・陸路で江戸へ行ったのですが、そのルートになった港町や街道筋では、珍しい海外からの賓客をもてなすために、恥ずかしくないよう街を美しくせよというお触れが出されました。

大きなイベントがおこなわれるごとに、おおあわてで都市の美化を推し進めるというようなことは、朝鮮通信使にかぎりません。たとえばオリンピックとか、万国博覧会とかの国を挙げての大きなイベントがあるときに、海外などからの来客をもてなすために、都市を美しくしたいというような力が働くのは、どこの国でもよくあることです。

　また19世紀中頃のパリでは、オスマンによる市街地の大改造がおこなわれました。それまでのパリには、他のヨーロッパ中世都市と同じく密集市街地が広がっていました。ナポレオン三世の命を受けたオスマンは、そこに絶大な権力をもって大通りを通していったのです。新しい大通りに面して、豪華なデザインの建築物を新築し、現在に残る壮麗な街並みを築いていきました。権力者たちは、大規模な都市改造のなかに美を求めたのでした。

　一方、19世紀末のアメリカでは、コロンブスによるアメリカ大陸発見の４００年記念に、シカゴで万国博覧会が開催されました。それまでアメリカ人たちが見たこともない壮麗な、ヨーロッパスタイルのパビリオンや建物を目の当たりにして、「アメリカの町も美しくなければならない」というような機運が高まり、その後「都市美運動（シティ・ビューティフル・ムーブメント）」という活動がアメリカ国内に広がります。いかに都市を立派に見せるかということに関心が高まり、新古典主義の公共建築が各地に建設されました。都市美運動は日本にも波及し、１９２０年代には、日本でも都市美協会が設立されています。また大正時代に制定された旧都市計画法では「美観地区」制度が創設され、いくつかの主要都市で美観地区が指定されました。

　これと相前後して関東大震災が起こります。後藤新平による大規模な復興計画をご存じの方も多いと思いますが、巨額の費用を要したので、全部は実現していません。部分的にしか実施されなかったのですけれども、帝都の威厳をいかにアピールするか、近代都市の顔をどのようにつくっていくかが意識されたのです。

　第二次世界大戦が終了すると、各地で戦災復興計画が立てられ、復興まちづくりが進みました。復興事業の一環として、たとえば仙台や名古屋そして姫路などの大都市では、都市の顔となる緑豊かなメインストリートの建設が進みました。もちろんそれは都市防災という効果も強く意識していました。

また戦争直後は、日本は平和国家の道を歩まなければいけない、観光立国を目指すべきだ、そのためにも美しい都市を建設するのだというような動きも出てきました。それに合わせて特別都市建設法という法律がつくられて、それにもとづいて、たとえば別府や熱海などいくつかの観光都市の復興整備が進められました。

阪神淡路大震災の教訓

そして、われわれの記憶に新しいのが阪神淡路大震災からの復興事業です。懸命にもとの豊かさを取り戻そうとしたのですけれども、その結果、気がついてみると復興した街並みはほんとうに美しいのかどうか、以前よりもよくなったのかどうか、ずいぶん悩むべきところが出てまいりました。

われわれも震災直後から被害調査や復興の支援、まちづくりのお手伝いをし始めたのですけれども、その過程でいろいろ悩ましいことが起こりました。たとえば、復興都市計画の枠組みを決めるなかで、予算の都合やその他さまざまな理由によって、区画整理事業と再開発事業を優先的に進めるところと、それに準ずるところと、そして住民たちの自助努力に任せるところという三つの区域に分けられ、それぞれ都市計画決定区域（俗称黒地地域）、重点復興地域（灰色地域）、そして震災復興促進区域（白地地域）と定められました。それぞれの地区で復興事業が進められましたが、都市計画の手続きからいいますと、さまざまな反省すべきこともたくさんありました。しかし、そういうなかで、たとえば二段階の都市計画決定というのが非常に有効であることを学びました。

また住宅復興については復興公営住宅の建設場所と戸数について、さまざまな議論がありました。たくさんの方々が被災し、住宅が全半壊したのですが、それにたいしていったい何万戸の住宅供給が必要なのか、なかなかわかりませんでした。震災復興公営住宅だけでなく、民間の住宅建設もすすんだわけですけれども、気がついてみますと、震災によってたくさんの空き地ができて、そこが次々と民間住宅用地に転用されていきました。たとえば一般企業が持っていた社宅とか保養所が、あるいは酒造会社が酒造りをあきらめた結果出てきた土地が売却され、想定以上に民間のマンション供給が進みました。その結果、西宮、芦屋、神戸市東灘区などでは、他地域から多くの人が転入して震災前よりも人口が増えました。その一方で神戸市長田区などでは再開発事業を優先的におこなったものの、なかなか震災前の人口に戻らないという現象が生じ、地域間格差が生じました。

震災から10年後の２００５年に、兵庫県が中心になっておおがかりな「復興10年総括検証」をおこない、いくつもの教訓を得ております。ごく一部だけを申し上げますと、市街地の復興計画にはできるだけ早く取りかかるとともに、それは柔軟かつ多様性をもつものであるべきということです。早期、柔軟、多様性が必要であるということがまずわかりました。それから2点目は、早い時期からの専門家派遣などの支援制度が非常に有効であったということ。そして3点目は、住宅供給計画や市街地復興などの面整備や施設整備等々を総合的・複合的に進めなければならないことも学びました。さらに、非常時の安全性の確保というのは、日常の安全安心を支えるものであり、またそれは、日常的な快適さにもつながるべきだというような、そういう意味での「防災まちづくり」が必要ということを学びました。

このようなことが東日本大震災の復興プロセスでどのように理解されているのでしょうか。「東日本と阪神とはぜんぜん事情が違う」というふうにいわれております。違うところはたくさんあります。しかし、参考に

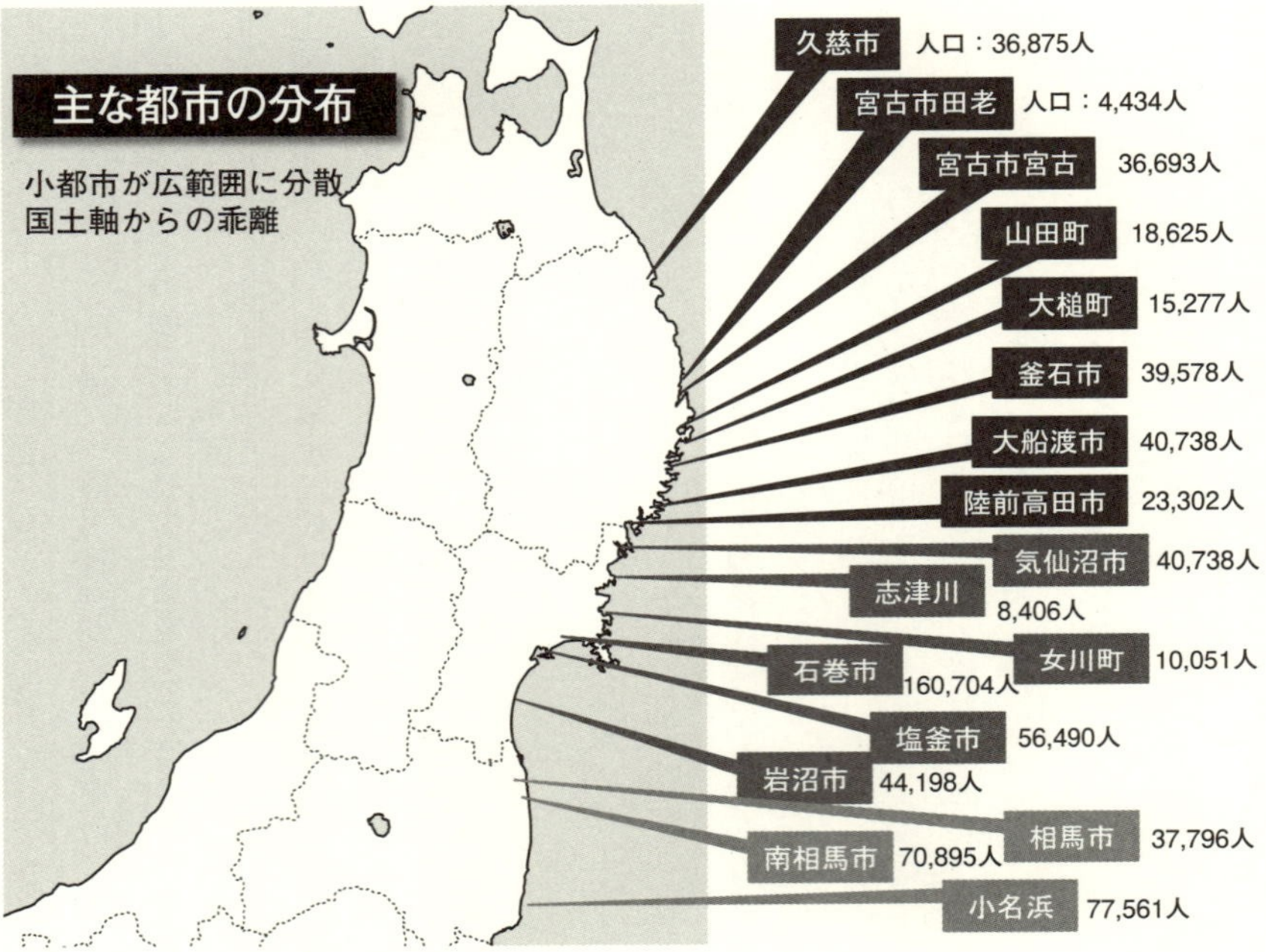

図1

すべきこと、あるいは二度と同じ間違いをしてはいけないことというのはたくさんあると思うわけです。また東日本大震災の復興過程にたいする提案ということと同時に、東日本大震災の復興プロセスから、われわれ関西の人間が学ばなければいけないこともあるのです。

被災市街地のタイプ

東日本大震災の被災地が、阪神大震災はじめ他の大災害に比べてきわめて広範囲に分散していることはご存じのとおりです。しかもそのなかには、あまり大きな都市はありません。人口5万人以下の規模の都市が広範囲に分散しています。さらにそのなかには、ごく小規模な漁村集落が散らばっています（**図1**）。

それからもう一つ大きな問題は、仙台周辺をのぞくと被災地が国土軸から大きく離れていることです。東北新幹線や東北自動車道などの国土軸は内陸側をはしり、沿岸部の被災地に行くのに時間を要することが、復興支援にさまざまな困難を引き起こしました。こういう地域構造をひきずりながら復興を進めなければならないのですが、それがどこまで可能なのかを見極めなければなりません。すでに述べたとおり、沿岸部にあるのはいずれも小さな町です。どこかが大きな拠点都市になって、そこを中心に全体を再生させる、あるいは地域構造を再編することが、必ずしもうまくいかない可能性があります。これらをふまえて、どんな復興の絵姿を描いていくのかを考えるために、われわれはまず、その被災都市・集落のタイプを五つに分けるというような作業をしてみました（**図2**）。

被災都市・集落のタイプ分け

タイプ1　漁港＋漁村集落（小規模）
＊数が多い。1市町村に複数存在。田老等。

タイプ2　漁港＋漁業市街地（中規模）
＊鉄道、水産加工工場有。タイプ1の規模が大きくなったもの。
女川町、大槌町等。

タイプ3　水産城下町
＊漁港＋港湾＋漁業市街地＋一般市街地、鉄道、各種工場。
タイプ2の規模が大きくなり、都市機能がさらに集積。
山田町、大船渡市、陸前高田市、気仙沼市（大規模）。

タイプ4　港湾都市
＊漁業もあるが、港湾を核に多様な都市機能が集積。石巻市等。

タイプ5　海浜郊外都市
＊大都市の郊外で海浜地域に形成。農地が主体でそこに住宅等が立地。仙台市若林区、同宮城野区、名取市等。

図2

もっとも数が多いのが、タイプ1の漁港とそれを支える小さな漁村集落です。このタイプは一つの市町村のなかにも複数存在します。その規模がもう少し大きくなったものがタイプ2です。それぞれの漁港に小規模な漁業系市街地があり、そこに水産加工工場などが立地するタイプのものです。タイプ3はそれがさらに大きくなって、「水産城下町」とでもいえるような町です。漁港や漁業系の市街地に加えて、必ずしも漁業だけで生計を立てているのではない一般の市街地が存在します。漁業以外の産業も立地する都市です。タイプ4はさらにそれらが大きくなって、漁港に加えてそれ以外の港湾機能や工場機能を備えた都市です。そしてタイプ5は、やや性格が異なるのですけれども、仙台以南の海浜地域に広がる、平坦な農地と住宅系の市街地です。タイプ5の市街地では、ご存じのように津波が内陸部まで押し寄せて、広範囲に被害が広がりました。

どの市街地タイプも大きな被害を受けたわけですが、それぞれのタイプごとに復興の目標やそのプロセスは異なります。さらに問題なのは、すべてのタイプの市街地がすべて同じように復興できるのかどうかということです。タイプの異なる市街地が、それぞれ今後どうなるのかという問題は、冒頭で申し上げたように、けっして東日本の被災地だけの問題として捉えることはできません。たとえば関西で同様のことが起こったときに、復興の中核になる都市はどこなのか、それよりも規模の小さな町や集落はどうなるのか。関西にも、三陸海岸のようにリアス式の地形をもったところは、若狭湾にも三重県にもあります。一方では、大阪湾岸など比較的平坦なところもあるわけです。さらに、紀伊半島南部は都市軸からも離れ、急峻な山地が海の近くまで広がっています。そのような地形条件のなかで、どこを拠点に地域構造が再編されるのだろうかということも考えていかなければいけないのです。

生業と風景の復興

東日本大震災からの市街地再生の議論に戻りましょう。室崎先生も指摘されましたように、この地域は災害があろうがなかろうが、すでに人口が減少過程に入っています。また、高齢化も著しく進展しています。今回の災害を契機に、そのスピードが加速する恐れがあります。

また、二度と津波の被害にさらされないように、集落全体を高所移転するかどうかという議論が続いています。明治三陸大津波のときに高台へ移転し、現在まで継続している集落もあれば、いったん高地移転したのだけれども、漁業を続けるためにもう一度下に戻ってきて、被災されたという例もあります。過去の行動についても、もう一度しっかり学ぶ必要があるのですが、すべての被災集落が同じように高いところに移転することはきわめて難しいでしょう。あるものは高所に移転し、あるものは元の場所に残る、あるいはすべて消え去ってしまう集落もあるでしょう。

生業との関係でいいますと、漁師というのは海から離れて暮らすことには抵抗を感じることが多いのです。一つの漁村のなかでも、高地移転を求める住民ともとの場所での再建を願う住民とに意見が分かれることが少なくありません。北海道南西沖地震で大変な被害を受けた奥尻島でも、高所移転するのか、それとももとの町を再建するのかというふうに意見が分かれました。

漁村集落では、漁業そのものの復興が不可欠です。海といっしょにくらしていた人びとが、住まいと仕事を同時になくしてしまいました。生業としての漁業とその関連産業を復興させなければ人びとは戻ってきません。そういう前提でわれわれは復興を進めなければいけないのです。阪神淡路大震災の被災者の大半はサラリーマンでした。家は無くしたけれど、仕事場は大阪に残っていたという人が多かったのです。東日本の場合は、まず仕事の復興を考えなければ何も始まりません。仕事がなければ人びとはそこから離れなければならないのです。

阪神・淡路大震災の復興計画のなかにはいくつもの反省点があるのですけれども、その一つにそれぞれの町や市街地ごとの復興の姿、復興後の風景というのが共有されていたのだろうかという反省があります。もともとどんな風景がそこにあって、どの部分が消えて何が残ったのか、何をよりどころにして美しい町を取り戻していくのかというような、風景の回復あるいは記憶の継承という問題です。震災後の2、3年間は、「そんなこと、考えている余裕がない」ということであまり議論になりませんでした。それが10年たち、15年たっていくなかで、「いや、やっぱりあのときこうしておけばよかった」というようなことがいくつも出てきています。そういうことにも、東日本の復興過程では配慮する必要があるように思います。つまり、それぞれの集落ごと、あるいは都市ごとに、目指すべき復興景観を共有し、経済的な豊かさを取り戻す努力とともに、失われた美しさをどうやって再生していくのかも考えていただきたいのです。阪神・淡路大震災のときにもそうであったように、復興の初期には景観の問題というのは置き去りにされがちなのですが、あとでじわっと効いてくるテーマなのだと思います。

都市間の関係

東日本の被災地には、先ほど申し上げたように、小さな漁業集落がたくさんあります。そして、それぞれが再生に向けて苦闘しています。それぞれの母都市や、国土軸上にある仙台や盛岡、あるいは一関や北上などとの関係は、今後どうなるのでしょうか。震災直後の岩手県の場合、遠野が復興の拠点になりました。遠野は海岸部と盛岡とのちょうど中間点にあり、被害もありませんでした。そういう場所というのは今後、地域構造の再編のなかでどのような役割を果たすことになるのでしょうか。沿岸部にあるたくさんの町や村と、より大きな拠点都市とをどうネットワークし、どう機能分散させるのか考えなければなりません。放っておくと中核となる都市のほうに仕事がありますから、小さな町や村からの人口移動が止まらないおそれもあります。結局は小さな町での仕事の復興が決め手になるのかもしれません。

それから、もっと小さな漁村集落はどうすればよいのでしょう。ほんとうに小さな漁村集落は、現地に行きますと今はほんとうに誰も住んでいないところがたくさんあります。そこに住民が戻って来られるかどうかも疑問です。そういった小規模な漁村は隣接する集落といっしょになって新しい町をつくったらよいじゃないかという意見もあります。しかしながら、漁業権などの権利関係、あるいは集落コミュニティの個別性などの理由で、そう簡単には統合できないこともわかってきています。

再生のための検討課題

さて、以上のような実態をふまえて、次に何を考えなければいけないのかをお話しします。生活を再建するというのは、単に住宅を建てることではありません。特に東日本大震災の場合は、まず仕事をいかに復興させるかという課題があります。2番目は当然のことながら安全性の確保が必要です。そして3番目が今日のテーマであります美しさをどのように取り戻すかという課題です。この三つの課題は、いうまでもなく相互に関係をもっています（**図3**）。

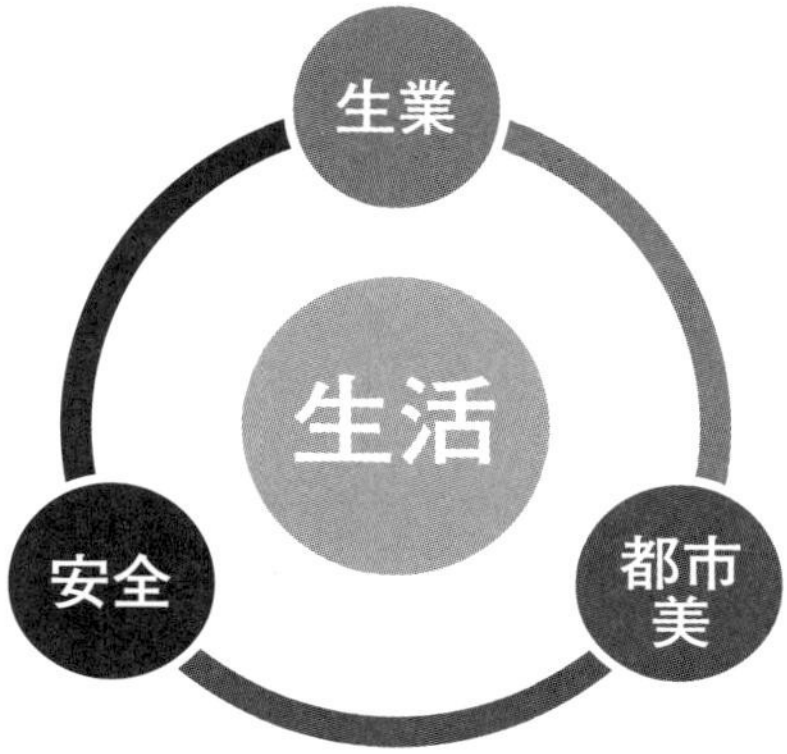

図3

たとえば、安全を考えるスケール感覚について、生業や景観の面からもきちんと議論されているのか気にかかります。安全のスケールというのは、時間のスケールと空間のスケールがあります。100年に1回大災害が起こる確率と、1000年に1回大災害が起こる確率の差は、数字でいうと10倍なのですけれども、10倍の違いを実感をもって理解しているかというとそうとはいえません。100年というと3世代ぐらい、つまりおじいさんと孫との関係くらいですので、じゅうぶん実感をもって考えられる長さです。ところが1000年といいますと30世代以上になりますね。災害の有無にかかわらず町が存在し続けるかどうかも怪しいのです。

それから、空間スケールでいいますと、たとえば巨大津波から生活を守るために、「堤防の高さは20mにすべき」という話があったとします。20mというと普通のビルにしますと5階か6階建てくらいの高さです。5、6階建てのビルと同じくらいの高さの堤防が海側にずらっと並ぶという景観を実感している人は少ないのではないでしょうか。

こういうような議論は、すでに30年以上前の大阪にもありました。地盤沈下対策で高く積み上げられた河川の堤防が、市民の生活と水辺とを分断してしまったことにたいして、どのようにして水辺と市街地とのつながりを取り戻すべきかという議論が重ねられていました。その成果が、この30年来の水辺空間整備事業や近年の「水都大阪」イベントにつながっているのです。高さが2～3mぐらいの堤防によって水辺から遠ざけられた結果、もう一度水辺を眺められる町をつくりたいといって、ウォーターフロントの再生事業を一生懸命進めてきたのです。

こうした経緯と、安全のためには高い堤防を建てたほうがよいという議論とをつなぐ必要があるのです。けっして安全をないがしろにするのではなく、スケール感をちゃんと理解したうえで、日常的な生活実感をもって、ハード、ソフト両面からの対策を考える必要があると思います。次の大災害の危険が迫っている大阪や西日本のこれからのまちづくりを考えたときにも、この時間的、空間的スケール感覚は不可欠です。

また高台移転も、さまざまなリスクをともないます。大規模な造成をすると、今度は地滑りや土砂崩れなどの危険に対応しなければなりません。全員が高台に行くわけではなくて人口が分散すると、低密度に分散する住民の生活支援サービスをどのようにおこなうのか、あるいは商業施設などは経営が成り立つのだろうかといったことも考えなければなりません。

話は変わりますが、同じような懸念が近年の都市再生に関する規制緩和ブームに向けられます。都市再生特別地区では、容積率規制を撤廃して民間の投資を呼び込みやすくするということが当然のように受け入れられています。でも、50年100年後の都市の姿を思い描いた時に、今の決断はどの程度妥当なのかを考えなければいけません。再生事業の寿命という言い方は適切ではないかもしれませんが、今進めようとしている都市再生事業は、われわれの都市を50年間もたせられるのか、100年間なのか、あるいは次の世代に何を残そうとしているのかを意識したものでなければいけないのです。そういう長期的視点に立つとともに、日常的なくらしや個々の経済活動の継続、そして美しい都市空間の創造にまで思いを致す必要があると思うのです。

また、仕事の問題についていいますと、漁業というのはある意味で特殊な産業です。たとえば国際化などはずっと前から当たり前のことでした。魚を獲る現場も、それを取引する現場も同様です。そのことが国際的にさまざまな問題を引き起こします。それからもう一つ、東日本大震災では、製造業のサプライチェーンの分断という問題も出てきました。そういったことをふまえて、国際的なセンスをもって産業復興にも取りくまなければいけないのです。

繰り返し申し上げますが、産業の復興や安全の確保という命題のなかで、「美」についても忘れずに考えておいていただきたいのです。大災害からの復興のプロセスでも、阪神・淡路大震災の教訓をふまえて、もとの記憶と風景が、まったくそのままの再現ではないとしても、呼び覚まされるような景観復興が必要だったのではないでしょうか。そういう視点からの「美」を考える必要があります。

産業復興やくらしの復興という立場からも、集客力をもつ「美」が必要になりますね。被災地ではさまざまな方が、観光による復興を主張されています。今日の冒頭でもご紹介したように、第二次世界大戦で日本の国土が焼け野原になったあと、観光立国をかなり声高にアピールしている論文や記事がたくさんあります。それが特別都市建設法にもつながったのです。被災地に限らず、世界各地でおこなわれている都市再生事業は、デザインを強く意識しています。

人口減少への対応

それからもう一つ、人口が減少するという現実に向き合わなければならないことです。災害の有無にかかわらず日本は人口減少過程に入っています。ただし日本全国が同じように減るわけではありません。急激に減ってしまうところとそれほどでもないところ、現時点ではまだ増えているけれどいずれ減少に転じるところなどが混在して、非常にいびつな縮退構造になっております。たとえば、京阪神大都市圏でいいますと、実は２０１０年の国勢調査の数字をみても、周辺都市では従業者数が増えています。今までは大都市の都心に通勤することが当たり前だったし、これからもそうするのかなと思っていたのに、けっしてそうではなくなっているのです。大阪市内ですら、昼間の従業者数が減り始めました。大阪のオフィス需要を考えるうえで非常に深刻な事実です。都市の縮退と人口減少そして都市圏の再編というのは、もう待ったなしで進んでいます。

震災復興計画のなかで、人口が減るのだから、数を少なめに見積もるべきということは誰もが言いづらいですね。となると、間違いなく供給過剰気味になります。公営住宅も、市街地のオフィスビルも空床が増えるでしょうから、復興段階から用途転用を見越した建築あるは市街地の計画をしておかなければいけないのです。たとえば公営住宅などは今後、高齢者福祉施設に用途転換することを事前に想定しておくことを考えなければならない時代になってきています。

計画論として難しいのは百も承知で言っているのですけれども、この視点を無視するわけにはいきません。さらに言うならば、その復興する町の中核になる機能というのは、何なのかを考えなければならないのです。たとえば郊外ニュータウンでは、センター地区にショッピングセンターをつくったり、あるいは生活に最小限必要な施設をつくることが当然のこととして進められてきたのですけれども、そういう消費核とか生活サービス核だけで、新しい町の中心が成立するとは思えないのです。どのような業務核をつくるか、あるいは業務といわなくても、そこでなんらかの仕事が発生することを考えなければなりません。これが東日本の復興プロセスでも非常に悩ましい点です。

それで、そういうなかで一つだけ御紹介したいことがあります。あまりくわしくはないのですけれども、「空間経済学」という研究ジャンルがあって、「内生的集積力の蓄積」というのが一つのキーワードになっているそうです。多くの経済活動というのは、一箇所に集積しようとする力と、分散させようとする力に影響されます。たとえば、地価やさまざまな規制内容が集積力と分散力を発生させ、両者のせめぎ合いのなかで自己組織化、再編が起こり、それが安定的な空間構造につながっていくという議論です。今まで存在していた安定的な空間構造が、大災害によって不安定になります。安定していた経済構造を大きく揺り動かし、新しい空間構造に移そうとする力が内生的集積力であり、それを獲得することが地域活性化の条件になるという趣旨のことを藤田昌久先生がおっしゃっています。

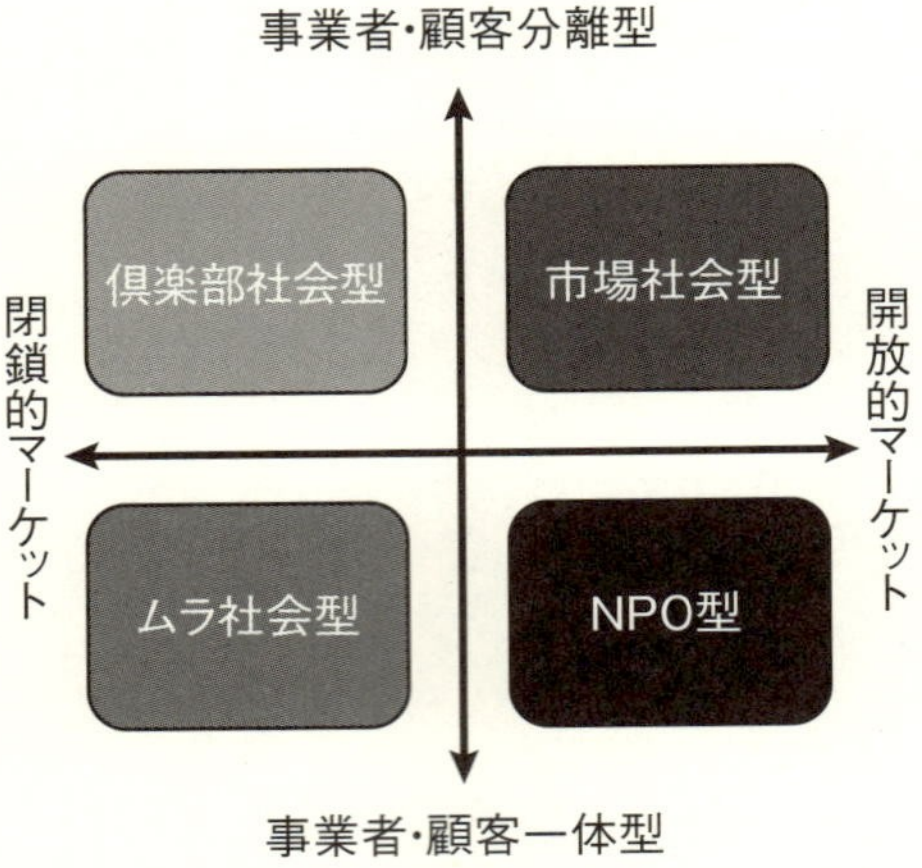

地域の核を支えるシステム

図４

　それではどういうものを地域の核にもってきたら人口や経済活動は集まるのでしょうか。今までは市場社会型の集積力一本でやってきたわけですね。それだけではなかなか対応できそうにありません。人口は減るし、都市間や地域間の競争が今以上に激しくなるなかで、いわゆる市場社会型のしくみだけに依存し続けられるのでしょうか。開放的なマーケットのもとで事業者と顧客が完全に分離しているというシステムだけではなしに、ほかのシステムと組み合わせることはできないでしょうか。たとえば事業者と顧客が一体となった地産地消型のものであったり、小さなコミュニティ・ビジネス型のものも組合せてみる。

　開放的なマーケットのもとに成立するものと、そうではないものというふうに整理してみたときに、市場社会型だけではなくて、たとえばクラブ社会型のもの、あるいは村社会型のもの、あるいはＮＰＯが主役になっていくようなしくみもあるかもしれません（**図４**）。こういうような仕組みがそれぞれの地区の産業や文化や、あるいは観光や福祉などの機能を支えていく仕組みができないでしょうか。

　とはいうものの、集積力を高める具体的な土地利用や建物の用途は何で、誰が経営するのかということに応えなければなりません。たとえば業務床や住宅床といっても、ほんとうにどれだけの需要があるのかが不安になります。大阪などの大都市ですらそうです。過大な床面積は必要ないけれども、その町の個性や特徴を示せるような何かを町固有のコンテンツとして、誘致する必要があると思います。

被災地に限らず、人口が減少過程に入った成熟都市にはさまざまな課題が出てきます（図5）。たとえば郊外でも中心市街地でも空洞化が進む一方で、老朽化する社会資本の更新はなかなか進みません。行財政が悪化するなかで市民参画や「新しい公」への期待が進みます。低炭素社会への移行が叫ばれるなか、いったいどのような都市像をえがくべきかも大きな課題です。

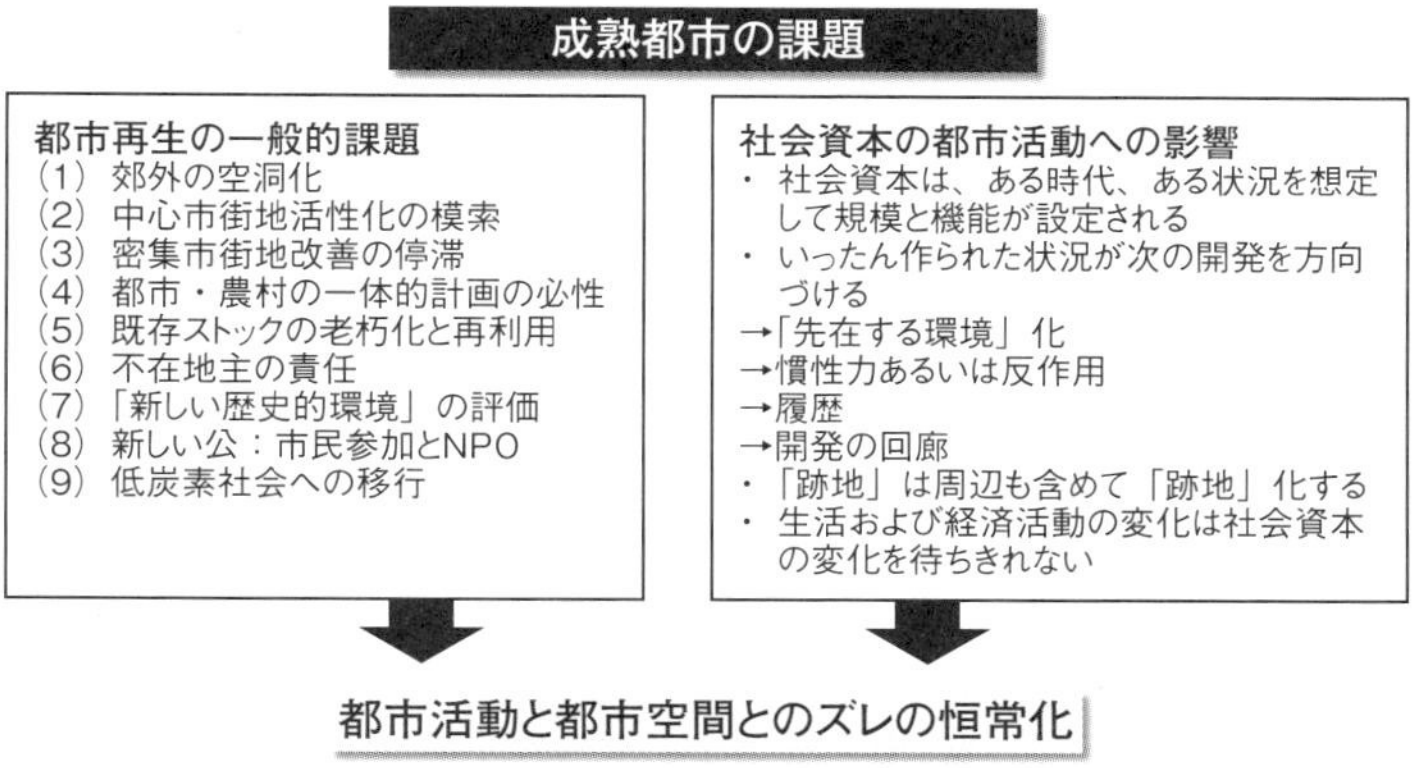

成熟都市の課題
都市再生の一般的課題
(1) 郊外の空洞化
(2) 中心市街地活性化の模索
(3) 密集市街地改善の停滞
(4) 都市・農村の一体的計画の必性
(5) 既存ストックの老朽化と再利用
(6) 不在地主の責任
(7) 「新しい歴史的環境」の評価
(8) 新しい公：市民参加とNPO
(9) 低炭素社会への移行
社会資本の都市活動への影響
・ 社会資本は、ある時代、ある状況を想定して規模と機能が設定される
・ いったん作られた状況が次の開発を方向づける
→「先在する環境」化
→慣性力あるいは反作用
→履歴
→開発の回廊
・ 「跡地」は周辺も含めて「跡地」化する
・ 生活および経済活動の変化は社会資本の変化を待ちきれない
都市活動と都市空間とのズレの恒常化

図5 成熟都市の課題

すべての社会資本はある時代、ある状況を想定して、そしてそこから5年とか10年、あるいは数十年先のことを見越して計画され建設されるはずです。ところが実際は、場当たり的になったり、更新や維持管理費用に無頓着であったりすることが多いのです。また、ある開発行為は次に別の開発を誘発・誘導します。最初から全体像がドーンとあるのではなくて、なんらかのアクションが起こることによって、それが周辺の土地利用の変化なり都市活動を誘導します。つまり、先にある環境が、その次につくられる環境にきわめて大きな影響を与えるのです。その連鎖のシナリオは、高度経済成長期には積極的に描かれてきました。

しかし、今は人口増に合わせた成長型のシナリオではなくて、人口縮減のなかでどのような幸福のシナリオを描くかを考えなければなりません。たとえばある工場が操業をやめたとします。そうすると当然、その工場に関連していたさまざまな産業や、周辺の土地利用が変化を強要されます。全体のシナリオとしてみていかなければいけません。ただしこのような社会動向と都市空間の変化との間には、若干のタイムラグがあります。空間の変化は社会・経済の変化からやや遅れて顕在化します。この時間的ズレを理解するとともに、これをいかに上手に使っていく智恵を働かせることが必要なのではないかと思います。

再び都市美について

再生とか復興のなかで都市美が注目されることについて、冒頭でいくつかの歴史的な事例を申し上げました。そうしたなかで、いったい「美」というのは何なのだろうか、豊かさとどういう関係にあるのだろうか、ということを再度、整理してみようと思います。ずいぶん前に、足達冨士夫先生が博士論文の中で、日本の戦前の美観思潮の変遷についてまとめられました。都市美の効果について戦前は次の3点が意識されていたとの御意見です。一つ目は、「美」は絶対無条件に必要であるということ。それから二つ目が、「美」は都市の経済活動を活性化し生産力を高めてくれるのだということ。そして3点目は、戦前の特徴でもあるのですけども、国威発揚といいますか、日本の存在を世界にアピールするために「美」は必要なのだということです。

これがそのまま現代の日本にも当てはまるかどうかは別にして、復興あるいは再生という枠組みのなかで、「美」の必要性を考える際にも参考になるのではないでしょうか。経済活動の活性化への効果すなわち「集客力のある美」というのがあるかということですね。美しいふるさとづくりが、観光開発につながったり町の賑わいを生み出したりするということですね。また近年モダンアートをテーマとするイベントによる地域活性化事例が散見されます。すでに評価が確定した美ではなくて、今まさにその価値を探っている、そういう美の創造現場にこそ人は集まってくるのではないかということです。これは美についてだけいえることではなく、ベンチャービジネスなんかもそうかもしれません。復興の過程で、新しい価値を生み出そうとしている状況をつくれないかということです。

図6

普通の風景の再生

それから、震災、大災害との絡みでいいますと、災害前の記憶の保存とか再生という視点での「美」のあり方を考えるという視点も重要です。震災はごく普通の日常生活の風景を消し去っていきました。それを取り戻すことができないだろうかということです。いわゆる観光名所ではなくとも、ある時代にはごく普通にあった風景、いわゆる平凡な風景にこそ価値があるということです。

被災地の「普通の風景」とは何だろうかということを、実はこの1年ぐらい考えてきました。たとえばこの図（**図6**）は、津波で浸水した場所を示しています。太い線が浸水したところの境界線です。実はこの境界線ぎりぎりのところに立地しながら浸水しなかった神社がたくさんあることに気づきました。そのことを２０１１年夏に、研究室の学生たちといっしょに調べてみました。震災と神社、あるいは避難と神社との関係については、もうすでに多くの専門家の方々がさまざまな指摘ないし提案をされています。それと同じことを言うつもりはないのですけれども、とにかく事実として、ぎりぎりのところで助かっている神社がたくさんあり、しかも多くの場合、集落のなかのけっこう目立つところに位置しています。たとえばこの写真（**図７**）は、わかりづらいかもしれませんが、気仙沼市の唐桑半島の写真なのですが、下の民家は完全に水に浸かったのですが、そのすぐ裏で８ｍぐらい上がったところにあったお社はちゃんと残っています。このような事例が無数にあるのです。

図７

津波と震災は多くの生活景を消し去りました。復興は以前とはまったく異なる風景を生み出すかもしれません。しかしながら、復興の風景を模索する際に、拠り所となる風景を探すことは可能です。たとえばこのような神社の存在をみていくことで何かが見つかるかもしれません。神社の建立時期というのは圧倒的多数が近世以前です。つまり、少なくとも５００年、１０００年ぐらいの間におこった災害を経験してきているものが多いのです。

東北の被災地には漁業振興を願う神社がたくさんあります。厄災除けを願う神社もあります。そういう願いが込められたランドマークであり、地域の人たちが寄り集まる広場としても使われていました。こういう背景をもつ神社を、風景の再生のシンボルにうまく使えないでしょうか。もちろんたくさんの犠牲者の方々の鎮魂の空間として、あるいは日常的なコミュニティ活動の拠点とすることも可能です。当然のことながら、多くの方が指摘されているように、避難所としての役割も重要です。

さらに言うとすれば、被災地では今までも人口が減ってきていましたし、これからも人口は減っていくでしょう。不在地主や離村者というのがこれからも増えると思います。そういった人たちがふるさとに帰ってくるときの、あるいはふるさととなんらかの連絡をとろうとしたときの、そういう拠点としても使えるかもしれません。

というようなことを含めて、ふるさとの風景の大きな構造を再生するためのよりどころとして、神社あるいはそれを取り囲む鎮守の森に、なんらかの役割を期待できるのではないかと思います。必ずしも神社でなくともよいかもしれませんが、原風景のよりどころとなるものがあるはずです。

おわりに

ふるさとの美しさを体現する景観は、実は歴史を遡ってみるならば、日常生活や生業と深いかかわりをもっていたし、当然、歴史的な蓄積も表現されています。また、よその町にはない固有の物語というのがあるはずです。そして、そういった大きな風景、大きな景観の構造といったものは長い時間軸でみたときに、そう簡単には消耗されない価値をもったものとして、永らえるのではないかと思います。

先日来（2012年夏）、広島県福山市の鞆の浦の話が新聞やニュースを賑わしています。長年、景観論争があったのはご存じだと思いますけれども、ついに道路建設のための埋め立てを止めてトンネルを造ることが決定しました。住民の利便性を短期的にみれば埋め立てのほうがよいのかもしれないけれども、中長期的に考えたときに、今まで長期にわたって培ってきた価値を将来に残すためにはそちらのほうがよいということになったのです。

それから、景観そのものが地域の安全、安心を表現していることにも気づかなければなりません。風景を見ただけで「ああ、ここは、大丈夫」と思えるようなまちづくりが可能だろうということです。そのような景観をつくり維持していくための多彩なプレイヤーが必要になります。

生活の復興再生といったものを、今回は都市美との関係性のなかで考えてみました。もちろん、ほかの切り口もたくさんあると思いますけれども、最初に申し上げたように、豊かで美しいということは、必ずしも両立しないと思われがちです。でも、そこをいかにつなぐかということに、都市計画の、あるいは都市政策の智恵を働かさなければいけないと思っております。

〈参考文献〉

鳴海邦碩・田端修・榊原和彦編『都市デザインの手法　改訂版』学芸出版社　1998
復興10年委員会『阪神・淡路大震災復興10年総括検証・提言報告』（財）阪神・淡路大震災記念協会　2005
藤田昌久「グローバル化と知の時代における空間経済学」『RIETI Highlight』34号　独立行政法人経済産業研究所　2011

足達富士夫『地域景観の計画に関する研究』京都大学学位論文　1970

多面的視点からみた
これからの
都市づくり提案

Ⅰ　政策面から

都市空間政策の現在 ―「計画の論理」と「市場の論理」

斉藤　憲晃

1　都市空間政策を考える視点

現代の日本人の多くは都市に生まれ、都市に住む。「私の家は田舎だ」という学生でも、よく聞けば「大都市ではない」という場合がほとんどで、農業や漁業が自分の住む地域の主産業だということは滅多にない。田舎の主要産業とされてきた農業に従事する人口は、２０１０年には２６１万人、平均年齢66歳で、75歳以上が3割を占める（農林水産省 2013：p. 227）。１９６０年の農業就業人口は１４５４万人なので、半世紀の間に１／５以下に激減したことになる。ちなみにこの間、日本の総人口は９３４２万人から1億２８０６万人へと4割近く増加した。田舎が遠くなるのも無理はない。

実際どの程度の人が都市に住んでいるのだろうか。これを正確に知ることは案外難しい。「都市」をどのように定義するかによるからだ。日本では、人口密度が４０００人／㎢以上で、５０００人以上が集まって住む地域を「人口集中地区」と定義し、統計上はこれに該当する地域を都市域（urban area）

とすることが多い。人口集中地区の人口を都市人口とみると、２０１０年現在で日本の総人口の67％が都市に住んでいることになる。この数値をみて、日本の都市化率（都市人口／総人口）は案外低いと思われるかもしれない。ヨーロッパ各国の都市化率は総じて日本よりも高いとされるが、これはヨーロッパ各国の都市域の定義が日本よりも緩やかなためのようだ。日本の都市化率をヨーロッパの基準で算出すると、いずれの国の基準を用いても90％を超えるという（土屋 2009：pp. 8-9）。国連経済社会局のホームページで各国の都市化率をみると、日本91％、フランス85％、ドイツ74％、イギリス80％、アメリカ82％であった（United Nations Department of Economic and Social Affairs：2001）。国連が各国のどのようなデータを用いて算出したかは明らかではないが、日本がきわめて都市化の進んだ国の一つであることは確かであろう。

このように国民のほとんどが都市に居住する国で、あらためて都市政策を語ることの意味をどのように考えればよいのであろうか。あえて「都市」を切り取り、論ずることにどのような意味があるのか。

ここで都市と対置できそうな言葉を考えてみる。「都市と田舎」、「都市と田園」。これらの組み合せから何を思い浮かべるだろうか。「都市」からは建ち並ぶ高層ビルや雑踏が、「田舎」や「田園」からは木々の緑や小川のせせらぎを思い浮かべる人もいるかもしれない。

私たちの多くは都市と都市以外を対比的に思い浮かべようとするとき、まず異なる性格の「空間」としてイメージするのではないか。少なくとも国家の空間である国土全体とは区分された空間としての都市を、私たちは思い浮かべることができる。この空間としての都市、「都市空間」は、また人間が人工的につくり上げた“built environment”であり、自然的要素を包含する場合があったとしても、本来自然である“natural environment”とは明らかに異なる環境を形成している。私たちは、建物や道路、公園などをつくることによって都市空間を改変していると同時に、また私たちの日々の生活や企業の生産活動は、その環境変化からおおいに影響を受けている。都市空間には、独立した空間として論ずべき固有の価値と意味が存するといえよう。

ところで、これまでの都市空間をめぐる政策には、二つの大きく異なる潮流がある。一つは経済価値が最大となるように土地空間を利用すべきとする考え方である。また他方は、個々の土地の使い方を制限することによって、地域コミュニティ全体として、なんらかの空間価値の向上を実現しようとする考え方である。

日本のように土地を市場で自由に売買できる国では、多くの場合、より高い価格を提示した人がその土地を使用する権利を取得する。したがって土地の権利を取得した人は、その価格に見合う最大の経済的利益を得られる空間利用を目指すと考えられる。このような空間利用についての考え方を、仮に「市場の論理」とよぶことにしよう。

一方、静かな住環境を保護するなど、地域コミュニティの共通価値実現のために、各人が権利を有する土地の利用を制限しようとすれば、その制限を正当化するなんらかの合意された計画が事前に存在する必要がある。特段の計画性、論理性なく、あるときには制限が課され、またあるときには制限が課されないというのでは、規制措置の正当性が失われる。ここではこのような空間利用の考え方を、「計画の論理」とよぶことにする。

市場の論理と計画の論理は、必ずしも敵対関係にあるというわけではない。空間利用の制限が、その土地の市場価値を高めると考えられる場合は、市場論理派にとっても、空間利用規制に異議を唱える理由はない。また空間利用の基礎となる土地が個々の権利者に細分化され、それぞれの私有財産となっている以上、あまりにその利用を規制することにも問題がある。

とはいえ、市場の論理と計画の論理は基本的なところで立場を異にし、これまでの都市空間政策はその両者の緊張関係のなかで揺れ動いてきたといえる。

本稿では、都市空間政策体系の根幹をなす都市計画制度を対象に、市場の論理と計画の論理がどのように政策をかたちづくってきたのかを概観し、現代都市空間政策を、それら二つの要因に着目して理解しようと試みる。ここではまず計画の論理を取り上げ、こんにちの都市計画の原型が、市場の自由な経済活動から生じた社会的問題に対応しようとしてかたちづくられてきたことを述べ、さらに近代資本主義のエートスとされる私的利益追求の精神のもとで、都市計画による私的空間利用への干渉が意味するところを検討する。次に市場の論理の底に流れるプライバティズム（privatism）の概念と、近年の経済学の視点からの市場重視の考え方を取り上げる。以上を踏まえ、日本の都市空間政策において、この両者がどのように具体政策の形成に影響を及ぼしてきたかを考察することとしたい。

2　計画の論理

(1)　近代都市計画成立の背景

「都市計画」ということばが日本語の語彙となったのは、それほど古いことではない。「当たり前じゃないか、まさか江戸時代にこの四文字漢語があったなどとは誰も思わないだろう」という人もいるだろう。たしかに「都市計画」はいかにも翻訳語の匂いがするし、事実翻訳語である。翻訳語である都市計画の元は、イギリスの“town planning”だ。アメリカでは“city planning”となる。その内容は別として、用語としての“town planning”が日本に知られるのは明治末期だが、訳語は相当に迷走した。「都市設計」、「市街計画」、さらには「都市経営」などという訳語まであったようだが、大正の半ばまでには「都市計画」に落ち着く（渡辺 1993：pp. 79-97）。ちなみに現在の都市計画法の前身である（旧）都市計画法が成立したのは、１９１９年（大正８年）である。

訳語が迷走した最大の理由は、“town planning”の意味するところが、当時の人たちにはよく理解できなかったことにある（渡辺 1993：pp. 79-97）。なんらかの計画にもとづいて都市をつくるという行為は、古代からあった。日本にも奈良の平城京や京都の平安京があるし、さらにそれ以前の都の遺構も発掘されている。世界各地にも古くからの都市の遺構が残り、その都市空間の構成原理には各々独自性があることがわかっている。

しかし“town planning”は、そのような都市の設計図を意味するものではない。では何なのか。“Town planning”は、こんにちでは“country planning”を含む概念として、単に“planning”と称されることが多い。Alexander はプランニング（planning）を論じた著書の中で、「プランニングとは何か」と問い、なんと「合意を得た答は存在しない」と述べている（Alexander 1992：p. 69）。「タウン」も「シティ」も除いて裸の「プランニング」としてしまうと、経済・社会政策をも含むきわめて広範な概念と理解することも可能になる。Alexander によれば、「プランニング」は、アメリカでは経済開発計画から環境計画までを含む広範な概念と理解され、一方、西ヨーロッパでは国土あるいは地域を対象とする空間的な計画として理解される傾向にある。また南ヨーロッパ、ラテンアメリカ、アジアでは、土地利用計画とアーバンデザインに特化した建築的行為と理解されている（Alexander 1992：pp. 73-74）。

たとえプランニングを定義することは難しくとも、遠く極東の国に伝えられた“town planning”がどのような経緯で成立したのかを説明することはできる。

18世紀後半にイギリスではじまった産業革命は、それまでの、ものを人力でつくるやり方から、工場に機械をいれて大量につくるというやり方に生産方式を根本的に変えた。その影響は、はじめは小さな小川のせせらぎに過ぎなかったが、やがて濁流の大河となり、産業構造のみならず社会構造をも一変させることとなる。「革命」と称される所以である。

当時イギリスの首都ロンドンは、すでに世界有数の大都市であった。スペインから「太陽の沈まない国」の尊称を奪ったイギリスは、世界各地に植民地を擁し、ロンドンは交易都市として栄えた。大ロンドン庁のデータ（London. go. uk 2013）によれば、ロンドン（Greater London）の人口は１８０１年にはすでに１００万人を超えていた。しかし１９０１年には６５１万人と、1世紀の間に６・５倍の人口を擁するにいたる。

このような急激な人口増加は、相次ぐ工場建設によってもたらされた。現代のわれわれにとって、工場は「人に代わって自動化された機械がただ黙々と働く場」というイメージがある。しかし当時の機械はごく単純なことしかできないので、機械作業の前後の工程には、多くの人力による作業を必要とした。映画モダン・タイムズで、チャップリンがベルト・コンベアに次々と流れてくる部品と悪戦苦闘するのは20世紀のアメリカだが、ベルト・コンベアが誕生する以前の19世紀には、さらに多くの人手を必要とした。

このような急激な人口増加は、ロンドンの都市空間と、そこに住む人びとの生活に大混乱をもたらした。農村から都市への大量の人口流入をビジネスチャンスととらえた人たちは、粗悪で劣悪な環境の建物に人びとを詰め込み、家賃収入を極大化しようとした。一方、農村からの流入者は、安い賃金と高い家賃、さらには不安定な雇用に苦しんだ。不衛生な環境や治安の悪化から地区環境は荒廃し、ここに「スラム」という語が、19世紀初めには英単語として登場することになる（Oxford University Press OED）。スラムは、「将来、刑務所行きの人間を育てている場所」と看做され、現に犯罪者が警察に追われた時に逃げ込む場所でもあった（横山1998：p. 58）。

劣悪な環境の影響は、スラムの住民に止まらない。不衛生な環境から、いったんコレラやチフスなどの伝染病が発生すると、スラムに住んでいるか否かを問わず、多くの人が亡くなった。

スラムの存在は、やがて政治的な意思決定をする力をもっている人たちにも深刻な社会問題と認識されるようになる。19世紀には公衆衛生を確保するための法律が制定され、これが“town planning”の端緒とされる（Cullingworth and Nadin 2006：p. 15）。この法律により、地方自治体は、街路の幅員や建物の高さ・構造・レイアウトを規制する権限が与えられ、劣悪で不衛生な環境の住宅や住宅地の形成を防止することが可能となった。とはいえ、現実としての環境改善は遅々として進まなかったようだ。

一方、非人間的な環境の都市を脱出し、新たに「都市と田園が結婚した」理想的な都市をつくろうとした人物も現れた。E. Howardである。彼の「田園都市（Garden City）」のイメージは、ヨーロッパ、アメリカ、さらに遠く日本にまで大きな影響をあたえた。こんにちの日本に、田園都市を冠した地名や鉄道路線があるのは、その名残である。

理想的な都市がつくられるべき田園は、しかしながら、危機に瀕していた。ロンドンはじめ、イギリス各地の都市は、人口が増えるにつれしだいに周囲の田園を侵食し、住宅や工場、作業所がそこかしこに建ち並んだ。まさに「田園スラム」が出現しようとしていたのである（Cullingworth *et al.* 2006：p. 17, *Parliamentary Debate, 12 May 1908*）。

「住宅・都市計画等法１９０９年（Housing, Town Planning Etc. Act 1909）」の制定は、このような時代を

背景としていた。この法律は、衛生・快適・利便などの広範な目的を達成するために、地方自治に都市計画（town planning）の権限を与えるものであった。

ここで、少し脇道の説明をする。「地方自治体に……権限を与える」という表現が、あるいはわかりにくいかもしれない。「○○市などの地方自治体は、国から権限を与えられないと何もできないのか」という疑問をもつ人がいると思う。そのとおりである。イギリスは連合王国（the United Kingdom）であり、連合を構成する各地域、たとえばスコットランドはイングランドとは異なる法体系をもち、ロンドンの中央政府にたいし一定の自治権がみとめられている。しかし、その地域内の自治体、特に歴史的経緯からしてイングランドの各自治体にたいしては、きわめて中央集権的な統治体制となっており、地方自治体は国から権限が与えられていないことはすることができない。事情は日本では異なる。ただしあとでもふれるが、都市計画には本質的に、土地という私人の財産の使い方を制限する側面があり、このような私有財産にたいする制限は、憲法が保障する財産権との調整が必要になる。したがって、日本でも都市計画法という法律を国が制定し、地方自治体はこの法律にもとづいて都市計画をおこなうようになっている。一方、アメリカは合衆国（the United States）であり、本来国としての権限を有する各州（state）が、外交等その権限の一部を連邦政府にゆだねることにより、アメリカ合衆国という国が成立している。都市計画の権限は連邦政府にゆだねられていないので、当然ながらアメリカ全体に適用される都市計画法などは存在しない。では各州に州法としての都市計画法があるかというと、実はそれもなくて、各州は州内の各自治体に都市計画の権限を与える授権法を制定し、都市計画が必要と考える自治体は、授権された権限に基づき土地利用規制等をおこなうことになる。

さて、「住宅・都市計画等法１９０９年」は、イギリスではじめての都市計画に関する法律とされるが、現行の計画法とは異なり、新しく開発される住宅地にかぎり、地方自治体が適切な水準を確保するための「都市計画スキーム」をつくることとしていた。対象は郊外の比較的小規模な住宅地開発であり、「都市」計画というより、「地区」計画に近いものであった（渡辺 1993：p. 31）。住宅地としての適切な水準確保の手法は、先に述べた公衆衛生法で培った街路幅員や建物構造などにたいする規制手法を用いた（Cullingworth *et al.* 2006：p. 17）。すでに存在するスラム地区の改善などは、法律の対象外ということになる。「田園スラム」の出現を防止することこそが、その主目的だったといえよう。

ところで「田園スラム」の出現を一番恐れたのは誰か。もちろんスラムの弊害は、そのような環境に居住せざるをえない人たちを含め、社会全体に及ぶ。したがって、その出現を阻止することは広く社会全体を益するものともいえるが、もっとも田園スラムの出現を恐れた人たちといえば、環境の悪化した大都市から脱出して郊外の住宅に住み始めた人たち、あるいはこれからそのような良好な環境の住宅地に住もうとしている人たちだろう。せっかく田園の理想的住宅地に引っ越してきても、そこにまた工場が建設されてスラムが形成されるのでは、なんのために高いお金を出して引っ越してきたのかわからない。彼らの多くは、昔からの大地主というよりも、むしろ産業構造が近代化していくなかで、しだいに経済基盤を確立していった、いわゆる中産階級とよばれる人たちだった。このことは、実は都市計画というシステムの基本的性格を考えるにあたって、かなり重要な問題を含んでおり、後にまたふれることにしたい。

以上、イギリスでの都市計画の成立過程について述べたが、ドイツなどヨーロッパのほかの国でも都市が無秩序に膨張するのをコントロールしようとする動きがあり、さらにアメリカでも都市にたいする関心が高まっていく。お互いがその経験から学びあうなかで、都市計画の姿がしだいにはっきりしたものとなっていくのである。

（2）計画の内容と実現手段

都市計画のイメージをもう少しはっきりさせるために、都市計画では何を計画するのか、計画をどのように実現しようとするのかを説明したい。

先に、規制による制限を課すためには、前提としてなんらかの合意された計画が必要とされることを述べた。都市計画は都市の具体的なカタチを扱うものであり、都市の将来像とそれをどのように実現していくかは、図面と文書で示される。日本では都市計画法第14条により、都市計画は総括図・計画図・計画書の三点セットで表示することになっている。総括図は、地図に道路や公園など都市の骨格となるインフラ（infrastructure）の計画と、地区の性格に応じた建物にたいする規制（それぞれの場所で許容される建物種類や大きさなど）、将来の開発（再開発など）予定地などを書き込んだものであり、詳細は、計画図・計画書により知ることができる。

では、どのような手段で実現するのか。

道路や公園などは、例外もあるが、通常は国や県、市町村などの公的機関が整備する。誰もが使うものだから、みんなの負担で税金を使ってつくろうというわけだ。経済学の概念では、「社会資本」ということになる。

建物にたいしては、規制措置が主となる。「１００㎡未満の土地には建築できない」という規制のために自分の土地に家を建てられないとしても、役所が金銭補償してくれることはない。「規制措置が主」と書いたが、実は「誘導」という措置もある。ある公共的目的を達成するために、一部規制を緩めるというものだ。補助金とセットになっている場合も、たまにある。たとえば、建物を建てる際は道路と敷地の境界線から1m下がらなければならないという規制があったとする。この際、自主的に2m下がることと引き換えに、本来の規制では3階までしか建てられないところを、4階まで建ててもよいとするものである。これにより、より望ましいカタチ、この例では1m余分に下がることにより、たとえばそのスペースを歩道と一体として歩行者空間に利用することが可能となる。規制も誘導も、基本は補助金などを使わないで建物のカタチを望ましいものにしていこうというものなので、ひとくくりにして規制・誘導というような言い方もよくする。

再開発などは、市が直接実施することもあるが、日本では地権者が事業実施のための組合をつくって、市がそれを支援するというタイプが多い。環境水準が低下している地区を再開発することに、もちろん公的意義はあるが、再開発したあとの建物に入るのは個人や企業なので、自治体が直接実施するにはハードルが高いというわけだろう。

(3) 私人の土地利用規制をめぐる議論

近代都市計画の特徴の一つは、国家により私人の財産権が認められ保護される一方で、主要な財産である土地の自由な利用が、なんら金銭的補償なしに規制されるということにある。もちろん昔から土地やその上に立つ建物にたいする規制はあった。たとえば江戸時代には士農工商の身分制度にもとづき住む場所が制限されていたし、住宅のつくりにも規制があった。商人はいくらお金があっても、格式ある武家の屋敷をつくることは許されなかった。しかし封建時代と現代では、そもそも権利保護にたいする考え方がまったく異なる。

この財産権と利用規制の緊張関係がもっとも厳しい国の一つが、自由の国アメリカであろう。建物にたいする規制、より一般的には自分の土地にたいする利用規制が、財産権を侵害しているとの訴訟が過去いくつも提起されてきた。判決はケースによってさまざまである。

ここでしばらくアメリカでの私人の土地に関する財産権と規制の考え方をみることとしたい。

アメリカの土地利用規制の手法はゾーニング（zoning）とよばれる。これは住宅地や商業地など各地区の性格に応じてゾーン（zone）を設定し、そのゾーンごとに建物の用途（住宅・店舗・工場等）、高さ、ボリュームなどをワンセットで規制するものである。日本の土地利用規制も、具体的な規制内容は異なるが、ゾーニングを基本にしている。

アメリカでゾーニングが普及していったのは、本稿のはじめにもふれたように、郊外に脱出してつくった理想的住宅地、広々とした庭をもつ家族向けの戸建て住宅地の環境を守るためであった。しかし当初は、現在のゾーニングのように「これからの土地利用」についての規制ではなく、「現にコミュニティになんらかの不都合（nuisance）が生じている状態」を解決するものであった（Cullingworth and Caves 2009：p. 69）。そのような土地利用を規制することは、警察が犯罪を取り締まることと同じ（これを“police power”という）で、取り締まられた方に金銭補償する必要はないというのが基本的な考え方だったのである。

アメリカは広大な国なので、しばらくの間は規制される方が大きな声をあげることもなく、規制は受け入れられた。「ココではダメ」と言われれば「アソコでやればイイ」、「どうせ土地はまわりに有り余るほどある」というわけだ。

しかし都市化が進み、土地の値段が高くなっていくと、そうもいかない。問題となったのが、アメリカ合衆国憲法修正第5条に規定されている「財産権の保障」との関係である。修正第5条には、「いかなる人も……

法の適正な過程（due process）によらずに、生命、自由または財産を奪われることはない」、また「いかなる人も、正当な補償なしに、私有財産を公共の用のために収用される（be taken for public use）ことはない」とある。ちなみに日本国憲法第29条でも、「財産権はこれを侵してはならない」、「私有財産は、正当な補償のもとに、これを公共のために用いることができる」と、アメリカの憲法と同様の趣旨の条文がある。

さて、それでは、マンション用地としてなら５０００万円の価値があるが、一戸建てしか建てられなければ３０００万円の価値しかない場合、「マンションはダメ」と規制をすることは、正当な補償なしに私有財産を公共の用のために用いることにならないのか。

現代のゾーニングにつながる総合ゾーニング条例（comprehensive zoning ordinance）は、１９１６年にニューヨーク市で制定されたのが最初といわれる。日本では国が定める法を「法律」、都道府県や市町村が定める法を「条例」とよぶことになっているので、ここでの訳も「条例」としておく。

Cullingworth 他により、条例制定の背景をみることとする（Cullingworth *et al.* 2009：pp. 68-69）。当時ニューヨーク五番街では、二つの闘いが同時進行していた。一方では富裕層相手の商人 vs. 侵攻してくる被服縫製業との闘い、他方では居住する富裕層 vs. 侵攻してくる小売業との闘いである。被服縫製工場の相次ぐ操業によって高級住宅地としての価値が失われ、五番街の不動産価値は50％もの下落を経験したという。財産価値が半分になってしまったわけだ。またこれら建物用途をめぐる闘いとは別に、林立する高層ビルが周囲に落す日影が批判を浴びてもいた。このような状況のもとで、ついに市は関係する委員会の提言を受け入れ、１９１６年に総合ゾーニング条例を制定するにいたる。

この条例は、それまでの“police power”による規制にくらべ、二つの点で画期的だったとされる。まず一つは、市内それぞれの地区により状況が異なることから、全市を建物規制にたいするニーズに応じて区分けしたことだ。お互いに相容れないと考えられた建物用途、たとえば住宅と工場、商業店舗と工場は混在しないように規制された。もう一つは、この条例がこれから生じるであろう将来の土地利用にたいする規制であって、現に生じている問題に対処するものではない、ということだ。先ほどのニューヨーク五番街の例では、すでに侵入してしまった被服縫製業にたいしては手をつけない、ということになる。ちなみにこの「新たな規制措置が導入される以前に適法に存在していたものは、たとえ新しく導入された規制に適合していなくとも『違法』ではない」という考え方は、現代日本の建築規制にも採用されており、違法と区別するために、特に「既存不適格」という用語が用いられている。

ところでこのようなゾーニング条例が、憲法の「財産権の保障」と矛盾するのではないかという疑念は、条例制定時点ではなお払拭されていなかった。そもそも地区ごとに異なる規制が適用されるということは、差別的で恣意的であり、不当に私人の財産権を侵害することにならないのか。このような疑念は、ゾーニングを当然のように受け入れているこんにちの感覚からは想像しがたいことだが、当時の人びとにとってゾーニングの考え方はきわめて新奇なものだった。

この新奇な概念であるゾーニングに、合憲とのお墨付きを与えたのが、都市計画史上有名なユークリッド判決（1926年連邦最高裁）である。ユークリッドの名は幾何学の定理でおなじみだが、ここでは村の名前である。

クリーブランド市郊外に位置するユークリッド村に、やがてクリーブランドから工場立地の波が押し寄せてくる。ユークリッド村は村域を6区域にゾーニングし、土地利用を規制していた。一番厳しい規制のU-1ゾーンでは一戸建て（1建物1家族）住宅と給水塔などのみが許容され、その次に厳しいU-2ゾーンでは、U-1ゾーンで許容される土地利用に加え2戸が隣壁を共有する住宅（1建物2家族、日本ではほとんど例がない）を許容する、といった具合に規制はしだいに緩やかになっていく。このタイプのゾーニングは、一戸建て住宅地が保護すべきもっとも望ましい土地利用との考え方にもとづいており、のちにユークリッド・ゾーニングの名前でよばれることとなる。

さて、ある不動産業者が村内の土地を工場用地として開発しようとするが、村はゾーニングに適合しないことを理由にこの計画を拒否する。不動産業者は、周辺の開発動向からすれば工場用地としての開発は適切であり、村のゾーニング条例は合理的な理由なく自分の所有する土地の価値を失わせる一方、条例により保護される他人の土地の価値を高める恣意的なものであって、財産権を侵害しているとの主張を展開する。

裁判は連邦最高裁までもつれこむ。連邦最高裁は、指定ゾーニング内での共同住宅、工場、商業・業務などの用途は、戸建て住宅地の閑静な環境を阻害する恐れがあり、条例には合理性があるとして合憲の判断を下した。もちろんこの判決によって、どのようなゾーニング規制でも憲法の財産権の保障に抵触しないということではないが、連邦最高裁のお墨付きを得た意味は大変大きなものがあった。この判決により、従来"police power"が出動する大義名分とされた"nuisance"の概念が大きく拡張されたことになる。ユークリッド判決を受けて、ゾーニングは、特に郊外住宅地の環境保全のために急速に普及していく。一方この判決は、ゾーニング規制という装いで、高額所得者向け住宅地に低所得者用住宅が建設されることを排除することをも可能とし、後に社会的に大きな問題を生じさせることともなった。

このようなゾーニングの成立背景からわかるように、伝統的なゾーニングの基本的性格は、現状の環境を保全し環境の変化による資産価値の低下を防ぐことにある。したがって、これを「既得権益の保護」というならば、まさに既得権益の保護に違いない。しかし既得権益の保護が、ただちに社会的悪だというわけでもない。既得権益と新規権益のいずれの保護が大事なのか。平穏な生活と所有する不動産の資産価値を護ろうとすることが、ただちに社会的非難に値するとまではいえないだろう。

問題はゾーニングが、コミュニティにとって望ましくないと考えられる特定の社会階層を排除するために使われるときである。富裕なコミュニティや自治体には、つねにこの種の誘惑があり得る。資産価値の低下だけではない。自治体経営として考えるならば、貧困層がコミュニティへ流入することは自治体の福祉的支出の増大を招き、これを負担するためには余裕ある住民への課税を強化せざるをえない。住民の大部分が富裕層だとすれば、自分たちへの増税につながる事態が生じるのは避けたい、と考えることはじゅうぶん予想されることである。アメリカのように地方自治権が強い国では、特にその傾向が強い。アメリカでは排他的ゾーニングに関し、すでにいくつかのよく知られた裁判事例がある。

一方、日本でこのような問題が取り上げられることは、ほとんどない。理由の一つは、日本のゾーニング規制がかなり緩やかで、建築の自由度が高いことであろう。日本ではむしろ、規制が緩やかであることに起因する裁判事例が数多くある。たとえば二階建て住宅がほとんどの地域に高層マンションが計画され、紛争になるというような事例は珍しくない。

アメリカの排他的ゾーニングでよく使われる手法が、"sub-division control"とよばれる、建物敷地の最低規模規制を利用したものだ。アパート建築などの共同住宅を禁止して、戸建て住宅のみを許容する用途規制をかけたうえで、その戸建て住宅の最低敷地規模をきわめて大きく設定するというものである。これにより大邸宅しか建てられないことになるので、実質的に所得の低い層を排除することが可能となる。

日本では、最低敷地規模の規制を設けている自治体自体が少ない上、規制内容も１００㎡以上とか１５０㎡以上とかいったレベルで、富裕層の権益を守るというようなレベルではない。もっともマスコミが事件にしようとした事例がないわけではない。兵庫県芦屋市が、高級住宅地として知られる六麓荘地区を対象に、最低敷地規模を４００㎡とする条例を制定した。これにたいし複数の大手新聞社が、「豪邸条例を可決」などと揶揄的なタイトルをつけたが、市への批判は広がらなかった。むしろ市は環境保全のために努力した、という評価が多かったように思う。

芦屋市の条例が、アメリカの排他的ゾーニングとは異なる、いくつかの理由を挙げることができる。まず、六麓荘はもともと別荘地として開発された住宅地で、ブランド住宅地ではあるが、利便性を重視する庶民にとっては、必ずしも魅力的な立地とはいえない。

またこの条例により環境が保全されることは確かだが、資産価値については、かなり微妙なところがある。この条例が制定された背景には、遺産相続によって敷地が分割され、小さな敷地いっぱいに住宅が建つような事態を避けたい、という意図があったようだ。最低敷地規模が４００㎡となれば、相続の際に分割して３００㎡の土地にしてしまうと建物を建てられないことになるので、敷地の細分化防止には有効だ。しかし敷地規模が大きいと、こんどは価格が高くなって買い手がつきにくく、面積のわりには安く売却せざるをえない、ということも生じる。おそらく住民からは土地を売却しにくくなることへの抵抗がかなりあったのではないかと推測される。

さらにそもそも４００㎡の土地が「お屋敷」か、という疑問もある。大都市近郊の住宅としてはたしかに立派な敷地規模だが、地方都市ではさほど珍しい規模ともいえない。

最後に自治体経営として考えても、芦屋市には高級住宅地もあるが、かなり庶民的な地区も多く、庶民が住みにくい六麓荘に大きめの最低敷地規模を設定したからといって、お金持ち以外が市に入ってくることを阻止することにはならない。

（4）計画することの意義と内在する問題

ゾーニングは都市計画のきわめて重要なツールであるが、これが都市計画のすべてということではない。ゾーニングの基本的性格は、現状の土地利用を固定しようとするものであり、「環境を守る」という言葉は、しばしば「土地利用の変化を阻止する」ということと同義になる。

一方、都市計画という行為は、よりよき未来の姿を想定し、それを実現しようとするものだ。保全の概念が内包されているとしても、都市全体としてみれば、より望ましい将来像に向かっての変化を前提としている。あるいは、私たちのおかれている社会・経済環境が急速に変化しつつあるなかで、自らの環境の価値を保全し高めようとすれば、絶え間ない変化への計画的対応が必要になるという言い方もできよう。

都市計画については、これまで大きく二つの課題が指摘されていた。一つは「誰が計画するのか」という課題、他方は「計画と現実の差異をどのように調整するのか」という課題である。むろんこのほか、「計画をどのようにして実現するのか」という実現手段の課題は、実務的にはきわめて重要である。

「誰が計画するのか」が重要である所以は、都市計画が、広く都市に生活し、また活動する人びとや産業にかかわるということの他、これまでに述べてきたように、それが個々の財産権の行使を制約する側面があるからである。歴史的にみれば、しばしば都市の計画に国家が深く関与してきた。特に、首都や軍事関連施設・主要産業が集積する都市の計画は、国家的見地から重要と考えられてきた。日本においても、2000年にいたるまで、都市計画制度は国の関与が大きい法体系が維持されてきた。これはこんにちでは、地方自治体が権限と責任をもつ制度に改められている。しかしこのことは、「誰が計画するのか」という課題が解消されたことを意味するものではない。計画の策定権限が法律上、地方自治体にあるとしても、計画の実施によって影響を受ける人、計画の実施に影響を与え得る人たちの意見を、どの程度、どのようにして計画策定の過程に反映させていくのかは依然として重要である。

「計画と現実の差異」は、ここでは時間の要因によるものを考える。そもそも計画は、完成した時点ですでに現実に後れをとっている。多くの人の意見を聴き、総合的に、丁寧に時間をかけてつくろうとすればするほど、計画が完成した時点で現実はすでに変化している。さらに計画期間が始まると、現実は計画の想定を超えて変化する。もちろん計画には、現実の変化にあわせて計画を見直すプロセスが組み込まれてはいるが、見直しのプロセスでもまた同じことが起こり得る。計画の前提である「現実」が、実際の「現実」と甚だしく異なれば、計画にたいする人びとの信頼が失われることとなりかねない。

イギリスの経験は、この問題の興味深い例である。1968年に制定された都市・田園計画法は、各自治体に開発計画（development plan）を策定することを義務づけた。これは日本でいう都市計画に相当するものと考えてよい。ただし、当時のイギリスの計画体系は2層構造になっていて、日本の都道府県に相当する自治体が策定するストラクチャー・プランと、日本の市町村に相当する基礎自治体が策定するローカル・プランに分かれていた。このうち、個別の土地利用規制に直接かかわるのは、基礎自治体が策定するローカル・プランである。このローカル・プランの策定は遅れに遅れ、最初のローカル・プランが自治体の議会で承認されたのは1975年であったという。1987年までに、ようやく495の基礎自治体でローカル・プランが承認されるにいたる。ストラクチャー・プラン策定の遅れも、足を引っ張った。開発計画（development plan）は、「遅延と柔軟性の欠如、過剰な詳細へのこだわり、より広範な政策課題とのかかわりのあいまいさ」ゆえに、強く批判されることとなる（Cullingworth *et al.* 2006：pp. 110-111）。

（5）計画の論理への批判

ところで都市計画は、都市をどこまで計画し、規制すべきであろうか。

近代都市計画は、都市への産業・人口の集中によって生じた社会的矛盾を、空間の秩序ある利用により解消しようとする試みであった。それは現に存する問題の解消から、将来生ずる可能性のある問題への予防的対応へ、さらにはより望ましい都市の将来像を提示し、実現への方向性を示すものへと発展した。

しかしながら、都市が都市として存在する基盤となる経済活動は、少なくとも自由主義経済の国家では、一定の制約はあるにしても、個々の主体の経済的利益にもとづいておこなわれている。経済社会の変化はすさまじく、その器である都市空間の形態もまた大きく変貌している。

都市計画が「計画」であるならば、そのような変化の時代に、どのような都市をめざすのかを明らかにする必要があるし、またそれを期待されてもいる。しかしこれは甚だ困難な使命といえよう。たとえ抽象的な将来像を描くことができたとしても、具体に都市のどこでなにが生じるかを知ることは不可能といってよい。かつての社会主義国のように、国家が経済活動全体を管理下におき、具体の土地利用も決定するシステムであれば、あるいは詳細な計画をつくり実行することも可能であろうが、すでに世界の大部分の国はそのような試みがきわめて不幸な結果をもたらすことを知っている。将来の予測をすることも、計画どおりに実現することも困難だとすれば、計画することにどのような意味があるのか。それは、都市にとってより有益であるかもしれない経済活動の可能性を阻害しているだけではないのか。

1980年代に、アメリカ、イギリスにおいて、経済的疲弊からの脱却をめざしてとられた市場機能重視の経済政策は、都市空間政策にも大きな影響を与えた。特に広範な社会的課題をも空間計画の対象として取り込んできたイギリスでは、計画の権限を有する地方自治体と、計画の範囲を限定して経済活動により大きな自由度を与えようとする中央政府の間で、深刻な対立を生じる。このアメリカ、イギリスでの新たな空間政策の動きは、日本にも伝播し、当時の首相の名を冠した中曽根民活が出現する。そしてさらに、小泉構造改革による都市再生政策を通じて、この市場機能重視の空間政策の動きは、現代のわが国の空間政策にも直接つながっていくのである。

3　市場の論理

(1)　プライバティズム

プライバティズム（privatism）という語が、都市政策分野にはじめて現れたのは、1987年のWarnerの著「プライベイト・シティ」であるという。「私的主義」とでも訳せばいいのだろうか。

「プライバティズムは、とりわけアメリカの都市的伝統を特徴づける特質である。（企業等の）私的機関が都市の変化に支配的な役割を果たし、（公ではなく民の）私的決定が大きくアメリカ都市開発のパターンを決定している。プライバティズムの伝統は、コミュニティのパフォーマンスが、主に経済生産性を基準として判断されることを意味してきた」（Barnekov, Boyle and Rich 1989 : p. 14）。

少々乱暴にまとめるならば、「プライバティズムのもとでは、もっとも経済生産性の高いコミュニティがもっとも価値あるコミュニティであり、このような価値観はアメリカの都市が公的主体よりもむしろ民の活動によって形成されてきたことに由来する」ということになる。なおここでのコミュニティという語は、おおむね自治体を指すものと考えてよいと思われる。これまで述べてきたように、近代都市計画は、民の自由な経済活動によって生ずる社会的問題をコントロールすることを主眼に発展してきたわけで、プライバティズムはその対極にあるともいえる。

ここでしばらく、Barnekov 他により、プライバティズムの内容をみることとしたい。

アメリカ都市の形成・発展過程は、ヨーロッパとは大きく異なる。アメリカ人にとって、都市にはおよそ歴史とよべるようなものは何もない。進取の精神に富んだ企業家が新たに都市をつくり、成長させた。特に内陸部や西部では、投機的な動機にかられた人たちが荒野に町を拓き、新聞編集者・商業主・住民はこぞって、ライバル都市に負けまいと入植者を勧誘した。19世紀初頭でも都市の公的サービス機能はきわめて弱く、大部分の都市で公立の学校も公的な給水設備もなかった。一方、富裕層は資金を出し合って自分たちの地域に消防機能を整備し、夜間警備のため警官を雇う。都市の公的サービス機能の強化は、ヨーロッパよりも著しく遅れ、20世紀アメリカ都市に特徴的とされるさまざまな公的サービス（除雪・消防・福祉・刑務所）への民間企業の関与は、このような文脈のもとに理解される必要がある（Barnekov *et al.* 1989 : pp. 14-17）。

産業の発展と人口増加、さらに20世紀後半における製造業衰退による都市の疲弊は政府の役割を拡大させたが、1981年に大統領に就任したロナルド・レーガンは、政府の介入こそがアメリカ経済衰退の元凶と断じ、個人とコミュニティの自立、民間経済活動の公的束縛からの解放を主張した。1930年代以降、アメリカの都市政策は、都市が国家の繁栄にとってきわめて重要であるとの前提に立っていたが、1980年代以降、連邦政府はこの前提を放棄した。国家の繁栄は市場の効率性向上によってのみ可能であり、そのためには企業の投資や立地選択にたいする公的束縛は抑制されるべきである。結果として、企業から選ばれなかった都市が衰退することは、国家レベルでの繁栄のためにはやむをえないコストとみなされた（Barnekov *et al.* 1989：pp. 100-101）。

一方、第二次世界大戦後、福祉国家の道を歩みはじめたイギリスでは、1970年代にはきわめて深刻な経済危機に陥った。特に製造業に依存する都市の衰退は、数十年にわたる政府の地域振興策によっても回復することはなかった。1979年に政権の座に就いたマーガレット・サッチャーは、衰退からの再生のためには、企業家精神が発揮されるような環境整備が必須であるとして政府の役割をドラスティックに縮小した。国の関与を縮小したのみならず、自治体の機能を実質的に大きく制限する措置を講じたのである。都市計画制度、特に土地利用規制にかかわる制度もまた、民の自由な経済活動を制限するものとして変革の対象となった（Barnekov *et al.* 1989：pp. 158-177）。

イギリスで土地利用規制制度が、経済政策における重要な政策課題となる理由は、その独特なシステムにある。イギリスでは、ある開発を自治体が許可するか否かについて、自治体が大きな裁量権をもっている。先に述べた日本の都市計画に相当するローカル・プランは、開発を許可するかどうかの重要な判断材料ではあるが、絶対的基準というわけではない。自治体は、それが適切であると考えるならば、ローカル・プランの内容にとらわれず条件を付加することもできるし、開発申請を拒否することもできる。このことは計画に柔軟性を与えるものではあるが、他方、開発をしようとする者にとっては、役所に申請書を出してみないと開発できるかどうかわからない、ということになる。しかもイギリスの開発（development）の定義は、日本の都市計画法での開発の定義と異なり、たとえば建物に手を加えず住宅の一部を店舗として使おうとするような、建物用途の変更のみの場合でも開発に該当し、開発計画申請の手続きが必要になる。したがってこのような結果を事前に予想することが困難なシステムは、自分の住宅になんらかの手を加えようとする個人はもとより、とりわけ企業の投資活動に大きな影響を与える。

日本やアメリカのシステムは、イギリスとは異なる。先に述べたように日本はゾーニング制を、アメリカも一部例外はあるが、ほとんどの都市でゾーニング制を採用している。この場合、ゾーニングごとにあらかじめ示されている建物用途・ボリューム等の条件を満足していれば、自治体は「許可しなければならない」ことになっている。ゾーニングに適合していない場合でも、周辺にネガティブな影響を与えないことなどが確認されれば許可される場合もあるが、少なくともゾーニングに明示されている条件に適合する建物は、他の法令の規定は別として、確定的に建設することができる。したがって申請者は、安心して計画を進めることができる。日本では個別の建築計画がゾーニングの規制内容に適合しているかどうかを、建築基準法上「確認」するシステムになっており、「許可」の用語はまた別の意味あいで使われるが、事前確定的であることに相違はない。なおイギリスにおいても、その後なんどか大きな制度変更があり、自治体が裁量性を有するという制度の根幹は維持しつつも、現在ではかなり事前確定性が高いシステムにあらためられている。

ところでレーガン政権、サッチャー政権は、市場機能を重視し、市場の効率的な資源配分機能を最大限生かすことにより、総体としての富の拡大をめざしたのであるが、同時に企業・個人の自立と自主的な社会貢献を奨励もした。利潤の追求と社会的貢献は、政府の役割を縮小するという目的からは矛盾しない。ここ十数年、日本でもアメリカのエリアマネジメント手法にたいする関心が高いが、企業や市民が自分たちのエリアをマネジメントしようとする志向は、プライバティズムの伝統の一つの現れとも理解できる。さらに、コミュニティへの自由な出入りを物理的に制限し、自らの負担でコミュニティの防犯性やアメニティを高めようとするゲーテッド・コミュニティ（gated community）もまた、プライバティズムの流れを受け継ぐものといえよう。

レーガン政権、サッチャー政権の、プライバティズムの再発見とその徹底の影響は、アメリカ、イギリスに止まらなかった。経済状況では両国とまったく対照的であった当時の日本でも民活（民間活力）が重要な政策課題となり、さらに途上国を含め、各国の都市政策にも影響を与えていくのである。

(2) 経済学の視点

プライバティズムの再発見とその徹底の過程では、経済学の思考が大きな影響を与えた。経済学的思考では、市場経済のもとで、個人や企業が私的利益を追求する行為は、価格による調整メカニズムを通じて、もっとも効率的な資源配分を達成する。したがって、政府の介入が必要となるのは、なんらかの理由により市場メカニズムがじゅうぶんに機能しない場合か、そもそも効率的な資源配分が社会的な目的として相応しくない場合に限られる。

この考え方は、レーガン政権、サッチャー政権の経済政策の根幹をなしている。国家の経済的衰退は、国内に競争力ある産業を育成するための投資がなされないからであり、そのような投資がなされない所以は、国・自治体の介入により市場が歪められているためである。したがって、公的規制が撤廃されるならば、市場の機能が回復し、個人や企業の私的利益の追求がより活発になり、結果として国の総体としての経済的豊かさが達成されるはずだということになる。ただし、ここで達成されると想定されている豊かさは、原理的に、総体としての豊かさであり、地理的にみれば、産業構造の変化によって企業から選ばれなくなった都市は衰退し、企業が立地優位と考える都市は、成長力ある企業の立地により、経済的により豊かになることは起こりえる。経済学的視点では、このようなことが生ずるのは、資源がより効率的に使われるべく成長都市に移っているのであり、これをたとえば、大都市への工場立地制限や衰退都市への補助金交付によりコントロールする政策は、かえって総体としての豊かさを減じることになる。

このような考え方は、当然ながら衰退都市からは猛反発を受ける。たしかにロンドン・ドックランド地区は、元からの居住者の運命を別にすれば、市場重視の政策により生まれ変わった。しかしこれは世界の金融の中心地であるシティに近接するという、立地優位性があってのことである。そもそも経済ポテンシャルが低い都市は、国からの支援がなくなれば立ち行かない。市場重視の政策は、仮に経済合理性があったとしても、政治的には大きな困難をともなう。しかしサッチャー政権はこの政治的困難を、当時の反市場主義的な労働党が支配する衰退都市をその束縛から解放し、市場に親和的な環境をつくる好機ととらえ闘志を燃やしたのである(Barnekov *et al.* 1989 : p. 219)。

では、ゾーニング等の土地利用規制を、経済学はどのように理解するのであろうか。「市場経済においては土地利用構造も基本的には市場メカニズムによって決定され、土地利用に関する公共政策の目的は、市場メカニズムにまかせておいては不都合が生じる場合に、公共部門の介入によって土地利用を改善しようとするものである」（金本 1997：p. 182）。

これはいわば自明のことのようにも思われるが、その意味するところを注意深くみておく必要がある。経済学の視点では、企業や個人が利益を最大にすべく土地を利用することによって、土地という資源がもっとも効率的に配分されると考える。したがって、土地利用についての公的な介入が正当化されるのは、なんらかの理由により、経済学的意味で、土地資源が効率的に配分されない場合に限られる。ここで「経済学的意味で」とわざわざ断ったのは、「貨幣価値に換算することが可能という前提のもとで」ということである。優れた景観はそれによって地価が上昇するのであれば考慮の対象となりえるが、貨幣換算できないのであれば対象とすることはできない。もっとも経済学では貨幣換算とは別に、効用（utility）の概念があるが、ここではふれない。

資源が効率的に配分されない代表例は、外部性の存在である。これは市場で取り引きされるときに、その取引価格に、本来であれば反映されるべきであるが実際は反映されていない、すなわち取引価格の「外」にある、という意味である。自動車の例がよく外部性の説明に使われる。自動車は、排気ガスによる大気汚染や道路に面する建物への振動など、走行によって環境に負の影響を与える側面がある。甚だしい場合は、健康被害をもたらすが、このような負の経済効果にたいして、自動車の所有者はそれに見合う経済的負担をしていない。端的に言えば、ガソリン価格に反映されていない。健康被害などが貨幣換算され、それがガソリン価格に反映されるならば、ガソリン価格は現在より高くなり、自動車の使用は抑制される。現実はそのようになっていないので、過剰に自動車が使用され、資源が効率的に配分されていないことになる。

山崎他が、住宅地と工場地をゾーニングで区分し住宅と工場の混在を防止するほうが望ましいか、それともゾーニングを設定せず住宅と工場の混在を許容するほうが望ましいかについて、経済学的思考をわかりやすく説明している。詳細は同書を参照いただきたいが、要点は以下のようなことである。

ゾーニングを設定すると、住宅地が工場からの騒音・煙害などの影響を受ける心配がなくなるので、住宅地としての価格が上昇する。経済学では地価上昇はプラスの経済効果と考えるので、住宅と工場が混在する場合よりも、住宅用地のゾーニングを拡大することが望ましい。その分、工場用地としてゾーニングされる面積は少なくなり、工場用地が稀少となるため、こちらの地価も上昇する。住宅地面積と工場地面積を合算した全体で、すなわち単位面積の地価に各用途のゾーニング面積を乗じた値が最大となるゾーニングが、経済学的には理想のゾーニング設定ということになる。

しかしながら、現実にはこの理想のゾーニングを設定するための住宅地必要面積と工場地必要面積を事前に知ることはできないので、たとえば住宅地としてのゾーニング面積が理想より大きく、工場地としてのゾーニング面積が理想より小さく設定されることがあり得る。このような場合にゾーニングを設定することが、ゾーニングを設定しない場合に比べて、経済的にプラスであるかマイナスであるかはいちがいに言えない。ゾーニング設定による住宅地の価格上昇による経済メリットと、理想ゾーニングの住工面積配分からずれることによって失われる経済メリットを比較して、損得どちらが大きいかを判断するということになる（山崎・浅田 2008：pp. 135-140）。

以上は、山崎他に記載のある消費者余剰の説明をしていないので、説明としてはいささか不十分ではあるが、経済学的思考の雰囲気は感じ取れるのではないかと思う。

経済学的視点での公的介入是非の判断は、このゾーニングの説明でもわかるように、公的介入のコストとそれによってもたらされる経済的メリットを差し引きした結果が、公的介入をしなかった場合に比べてプラスかマイナスかで判断する。このためには、世の中の諸々の事象を貨幣換算する必要があり、そのための手法が考えられてきた。

人の命も生涯に稼ぐ金銭として計算し、経済学的に公的介入の是非を議論することは当然可能である。例がないわけではないが、あまり大っぴらに議論することは憚られるということであろう。その人が存在することの価値が、生涯収入の金額ですべて代替されるわけではない。

また自動車の例で述べた外部性を考慮するためには、外部性をなんらかの手法を用いて貨幣換算する必要がある。これを正確に算定することがきわめて困難なことは容易に想像がつく。仮定する条件を変えれば、結果もまた異なる。そもそも外部性すべてをあらかじめ知ることができるとは限らない。思いもよらぬ物質が健康に被害を与えることもある。

そのように考えると、経済学の知見は有用ではあるが、現実の政策判断をそれのみに委ねることには慎重であるべきと思われる。それは現在の科学的知見のみで現実をみることが適当ではないのと同じことである。

(3) 市場の論理の意味するところ

市場の論理は、計画の論理の価値観にたいする異議申し立てである。古典派経済学の祖アダム・スミスの名を冠し、サッチャー政権の政策に強い影響を与えたとされるアダム・スミス協会が、1982年に公にしたレポートの主張をここに挙げたい。

「中産階級の目で、都市の特質の保護とか、混乱ではなく秩序だとかされるものは、労働者階級の目には、可能性と利便性の否定と映るかもしれない。活気にあふれ成長・繁栄する都市、あらゆる種類の活発な開発により、変化し、見る間に発展する都市は、静かで計画された停滞よりも、よほど魅力的かもしれない」(Barnekov *et al.* 1989：p. 166)。

アダム・スミス協会が労働者階級の利益を代弁する組織ではまったくないことに留意する必要はあるが、たとえば先のゾーニングについての記載を思い起こせば、この主張の趣旨もある程度理解できよう。

国連人間居住計画（UN-HABITAT）は、「持続可能都市のプランニング」と冠した２００９年報告書の中で、急速に成長し、しかもその大部分の住民が貧しい都市では、近代都市計画的アプローチは、かえって住民を社会的・空間的に周辺の位置に追いやっているとし、特にゾーニングはヨーロッパの比較的豊かな国のためにつくられたもので、途上国の貧困層がゾーニング規定に適合できる可能性はほとんどない、と記している(United Nations Human Settlements Programme 2009：p. 12)。

しかし同報告書はまた、１９７０年代、８０年代の市場の論理のみを重視する政策は、１９９０年代後半からはプランニングの役割を再評価する動きに変わりつつある、とも述べている。これは、市場の論理による都市開発が、環境や社会に深刻かつ甚大な影響を与えていることが、しだいに明らかになってきたためである(United Nations Human Settlements Programme 2009：p. 13)。

市場機能を十全に発揮させることが社会的正義であるという思考に限界があるとしても、それは従来の計画の論理がそのまま復活するということではない。市場の論理は近代都市計画に、自らの意義の再検討を迫ったといえよう。

4　日本の都市空間政策における計画の論理と市場の論理

(1)（新）都市計画法の成立と計画の論理の強化

現在の都市計画法を、ときに新法と称することがある。ほぼ半世紀前の1968年に制定された法律をいまさら新法というのもないが、これは1919年に制定された都市計画法を廃止して、新しい法律として制定したことによる。新法を必要とした所以は、経済成長にともなう都市人口の急激な増加がもたらした土地利用の混乱と社会的矛盾が、看過できないレベルに達していたためだ。しかし高度経済成長の期間が、1950年代半ばから1973年の石油ショックまでとされていることを考えると、1968年という制定の時期はあまりに遅い。すでに国土は乱開発といわれる状況を呈していた。

旧法を抜本的に改正しようとする動きは1950年代はじめにかけて何度かあったようだが、実現には至らず、その理由も明らかではない（成田 2004：pp. 192-195）。新たな都市計画法体系で、具体の土地利用規制を担うこととなる建築規制に関する法律は、すでに1950年に市街地建築物法から建築基準法に切り替わっていたが、都市計画法がそのような状態なので、建築基準法にも都市計画にかかわる新たな内容はほとんど盛り込むことができなかった。建築基準法が改正され、（新）都市計画法の土地利用規制が実際に効力を発揮するのは、実に1970年になってからである。高度経済成長はすでに終わろうとしていた。

消防車も入れない迷路のような住宅地開発や、住宅地としては不適当な場所が開発されてしまう事態を、適切にコントロールできなかったという思いは、都市計画関係者に強く残った。また都市計画法は新しくはなったが、厳しい規制を適用するとすでにある建物を大量に法律に適合しない状態にしてしまうので、規制内容自体もかなり緩やかなものにせざるを得なかった。このため低層住宅地に大規模な建物が計画され、たとえ合法的であったとしても、日照を奪われる住民が強く反発するなど、いわゆる近隣紛争が頻発し、多くの訴訟が提起された。日本の土地利用規制をヨーロッパのような詳細なものにしたい、という思いは、いわば都市計画関係者の悲願となり、「計画なければ開発なし」が時代のスローガンとなった。

日陰の問題については、他人に迷惑をかける範囲を限定する、すなわち敷地の外に出る日陰の範囲を制限するというかたちで、いわゆる日影規制が１９７６年の建築基準法改正により制度化された。

また１９８０年には、ドイツの地区詳細計画（B-Plan：Bebauungsplan）を参考に、都市計画法と建築基準法の改正により、より詳細な計画と規制を可能とする地区計画を制度化した。日本の地区計画制度はドイツのものとは異なり、地区計画が定められていないと住宅地として開発できないとか、建物を建てられない、ということにはなっていない。地区計画を定めるか、定めないかは、任意である。したがって「計画なければ開発なし」とはなっていないわけだが、都市計画の枠組みの中で、詳細な土地利用計画が可能となったという意味では画期的だった。計画の論理が達成した一つの到達点といえよう。しかし時代は以後、急速に変化していく。

（2）市場の論理の復権と規制緩和

イギリスでマーガレット・サッチャーが首相となり、アメリカでロナルド・レーガンが大統領であったころ、日本で政権を担ったのは中曽根康弘首相であった。中曽根首相の経済政策は、中曽根民活の名で知られるように、規制を緩和し民間の経済活動を活性化させようというものであった。日本国有鉄道が分割民営化され、

JRとなったのもその時代である。

3か国の経済政策は、いずれも民間の経済活動を活性化させようという点では共通するが、当時のイギリス・アメリカと日本とでは、国内の経済状況に大きな差があった。すなわちイギリス・アメリカは、製造業を中心とする国内産業の不振により経済衰退に苦しんでいたが、日本は工業製品を世界に輸出し、一人勝ちとよばれる状態で貿易黒字をためこんでいた。

イギリスとアメリカは、経済への公的介入を抑制し、経済学でいうところの効率的な資源配分を達成することによって、国家経済の復活をはかろうとした。すなわち衰退産業の都市がさらに衰退することになったとしても、そこでの人・金融・その他の資源が成長産業の都市のさらなる成長に寄与し、国家全体が総和で成長するのであれば、それをよしとするという思考である。

一方、当時の日本に、そこまでの市場重視の信念があったようには思われない。当時の中曽根政権の最大の課題は、各国を貿易赤字に追い込みながらひとり黒字をためこみ世界から厳しい非難を浴びる状況を、なんとか脱出する方法をみつけることだった。1986年4月に発表され、その後の日本の経済政策に大きな影響を与えることとなる、いわゆる前川レポートの名称が「国際協調のための経済構造調整研究会報告書」であることからも、事情が知れよう。前川レポートには、たしかに「市場原理を基調とした施策」のことばもあるのだが、その前提となる基本的考え方は「自由貿易体制の維持・強化、世界経済の持続的かつ安定的成長を図るため、わが国経済の拡大均衡およびそれにともなう輸入の増大」であった。

このためには、日本国内での需要、すなわち内需の創出が是が非でも必要であり、都市の建設活動を活発化させることは内需創出に効果が高いと考えられた。道路・公園などの公共事業は政府資金を主に用いるので財政的制約があるが、民間の住宅やオフィスビルなどは民間の資金によるものなので需用拡大の余地が大きい。民間建設投資の拡大のため、都市計画・建築規制の緩和、国公有地の民間への売却、政府系金融機関の低利住宅融資枠の拡大など、当時考え得るあらゆる政策手段が動員された。なかには東京山手線の線路の上に、ずらっと高層住宅を建設するという構想まで発表された。この「線路の長城」が実現していれば、たしかに世界の注目を集めはしただろうが、はたして後世、日本の都市景観の価値を高めたとの評価を得ることができたであろうか。

この中曽根民活路線は、当時の過剰な金融緩和のもとで、開発期待から猛烈な地価高騰を招き、バブル経済の発生とその崩壊へとつながっていく。その意味では、その後の日本の経済・社会に与えた影響はきわめて深刻かつ甚大なものがあった。日本の都市景観も、中曽根民活とそれに続くバブル経済の前後で大きく様変わりするのであるが、都市空間政策の枠組み自体には、案外、根本的な変化は少なかったように思われる。たしかに大規模な建築を可能とするために、都市計画の指定容積率をより高い容積率に指定替えするようなことはしばしばおこなわれたが、どちらかというと既存の制度体系の枠組みの中で、より民間建設投資を活発化させるための手段が、いわば「工夫」されたといえる。後継政権時代に、民間投資促進のための制度が次々と現れるが、都市空間政策の制度体系自体が根本的に揺さぶられるのは、小泉政権の時代に入ってではあるまいか。

いわゆる小泉構造改革は、2001年6月に閣議決定された「今後の経済財政運営および経済社会の構造改革に関する基本方針」に示されているように、「日本の潜在力の発揮を妨げる規制・慣行や制度を根本から改革」し、「明確なルールと自己責任原則を確立し、同時に自らの潜在力を高める新しい仕組み」をつくろうとするものであった。そのような仕組みのもとで、「効率性の低い部門から効率性や社会的ニーズの高い成長部門へヒトと資本を移動」することにより経済成長が生まれ、「資源の移動は、『市場』と『競争』を通じて進んでいく」。この認識は明らかに、サッチャー政権、レーガン政権のそれと同一である。中曽根政権時代とは異なり、日本経済は、経済衰退に苦しんだ当時のイギリス、アメリカの様相を呈していた。

小泉構造改革を都市政策の面で担うのが、「都市再生」である。2001年12月に総合規制改革会議議長宮内義彦から内閣総理大臣小泉純一郎あてに提出された「規制改革の推進に関する第1次答申」では、特に重点6分野の一つとして、都市再生が取り上げられた。

その問題意識は、1970年代以降の「大都市圏への『過度の集中』をコントロールする政策が（略）東京をはじめとする大都市、ひいてはわが国全体の生産性の伸びを低速させてきた」のであり、「効率的な資源配分を実現する観点から、経済社会活動の中心となる都市の魅力と国際競争力を高め、その機能をじゅうぶんに発揮させることが重要」というものである。同年6月に閣議決定された構造改革に関する基本方針と呼応していることが見てとれる。

答申ではさらに具体的施策として、「都市計画制度等の改革」の項が立てられ、「都市のグランドデザインの策定」、「民間提案型の都市計画手続きの導入」、「都市計画・建築規制の事前明示性の確保」、「集団規定等の性能規定化の推進」、「都市計画・建築規制の説明責任」などが挙げられた。これらの具体施策は、それぞれいつまでに措置すべきかの期限も明示されているので、関係省庁の担当部局はなんらかの対応をせざるをえないということになる。記載内容をみると、担当部局の意向を反映したと思われる個所もあれば、担当部局の抵抗を押し切って記載したと思われる個所もある。それぞれの施策内容は、あまりに専門技術的なのでここでは立ち入らないが、一点、自治体の裁量性の問題についてのみ、以下、ふれておきたい。

建築規制分野の手法に、都市環境の改善に役立つような建物については、一般的な規制を緩和するというものがある。先に述べた、いわゆる誘導的施策である。たとえばある敷地があって、都市計画によれば合計床面積1万㎡以下の建物しか建てられないが、道路に面する敷地の一部を歩行者空間として整備し、実質的に歩道を拡幅したような利用が可能な建築計画であれば、合計床面積を1万２０００㎡まで認める、というようなものである。規制緩和を可能とする根拠は、当然ながら法律に条文として規定されているが、実際にどのような条件のもとで、あるいはどのようなデザインであれば緩和が可能であるかは、建築を計画する事業者と建築規制を担当する自治体の部局との交渉に委ねられる余地が大きかった。自治体側からみれば、緩和というメリットを事業者に提示しつつ、より都市環境の改善に資するような計画に誘導するための手段であった。

この手法の代表例は、建築基準法第59条の2の規定による、いわゆる総合設計制度である。しかしながら２００２年7月の建築基準法改正により新たに第52条第8項が設けられ、それまで総合設計制度の対象であった建物のうち、その一部に住宅を含むものについては、一定の条件を満たせば、いわば機械的に、都市計画により定まる上限床面積の1・5倍までの床面積をもつ建物を建てることが可能となった。すなわち、自治体が事業者と交渉する余地が大きく狭められたことになる。

この法改正は、答申にある「都市計画・建築規制の事前明示性の確保」に対応したものである。経済学の教えるところによれば、市場が機能するためには取引にかかわるルールが明確であり、必要な情報があらかじめ関係者に開示されている必要がある。

どのような場合に建築規制が緩和されるかについて自治体の裁量の余地が大きいという状況は、上記の立場からは、ルールが明確ではなく、情報も開示されていないということになる。建築事業者側からみれば、事業採算性についての不確定性が高い。したがって自治体の裁量を制限し、ルールをあらかじめ明らかにしておくことが望ましいことになる。総合設計制度の改変は、以上のような経済学分野からの主張に対応したものであった。なお、2002年7月の建築基準法改正にたいする批判として、大方・小泉（2002）がくわしい。

ところで都市再生については、2001年5月に総理大臣を本部長とする都市再生本部が設置され、翌2002年7月には都市再生特別措置法の制定、同年7月には都市再生基本方針が決定されるなど、展開は迅速であった。興味深いことは、7月の都市再生基本方針に先立ち、同年4月に決定された「全国都市再生のための緊急措置」が、「稚内から石垣まで」をそのキャッチフレーズとしていることである。これは2001年6月の「構造改革に関する基本方針」や、同年12月の「規制改革の推進に関する第1次答申」が主張した「効率的な資源配分」の視点とは明らかに異なる。市場の論理にたいし、政治の論理が巻き返しをはかったということであろう。

(3) 都市空間政策はどこにゆくのか

都市にとって、経済活動は必須である。宗教都市、行政都市といったところで、そこで経済活動がおこなわれ、人が居住するからこそ都市が成り立つ。神殿のみがあり、儀式のときはよそから神官がやってくる、という場所を都市とよぶことはできないだろう。

近代都市計画は、経済発展による都市の急激な膨張と、それがもたらした都市環境の悪化をコントロールすべく形成されてきた。成熟化し、もはや経済発展を暗黙の前提とすることができない先進国において、計画の論理を見直そうとする動きが生ずることは当然ともいえる。

各都市が経済成長を確保しようと、雇用をもたらしてくれる企業へのマーケティングにいそしむ一方、企業のほうは情報・物流の技術革新によって、立地自由度を格段に高めた。日本で生まれ育った企業だとしても、本社機能を国外に移す動きはすでにある。

サッセンは、「経済活動が地理的に分散していくにつれ、中心での支配力・管理力を強める必要性が生じ」、「グローバル産業の活動が国外へと拡大」する一方、それら企業の支配・管理機能は「逆に少ない金融のセンターに集まってきて」おり、そのような都市は単なる管理機能が集積するだけの場ではなく、新たな高度専門サービスが生み出される場でもあると述べた。サッセンは、このような「世界経済を組み立てるうえでの司令塔が密集する場」をグローバル・シティとよび、ニューヨーク・ロンドン・東京・フランクフルト・パリをその代表例として挙げた。一方、工業製品の生産場所が世界各地に分散する結果、かつて工業生産・輸出拠点として栄えた都市は衰える（サスキア・サッセン　2008：pp. 4-10）。こんにち、東京の世界都市としての地位が安泰と信ずるのは、もはや少数派であろう。

企業は利潤を求め、リスクをとる。公共目的のために私権を制限するプランニング／都市計画に求められるのは説明責任である（Cullingworth *et al.* 2009：p. 19）。「規制改革の推進に関する第1次答申」が「都市計画・建築規制の説明責任」を求めることは至極妥当といえよう。

一方でプランニング／都市計画は、未来にむかってさまざまな利害関係を調整するプロセスである。説明責任は、経済的利害関係者にたいしてだけではなく、多様なステークホルダーにたいしても存する。現時点で技術的に明らかになっていることのみを守るべきルールとし、都市形成プロセス全体を市場の論理に委ねるということにも無理があるように思われる。

本稿ではふれることができなかったが、計画の論理と市場の論理を調和させようとする種々の試みが各国でなされている。両者の論理を止揚したところに、新たな可能性が生まれることを信じたい。

〈参考文献〉

石田頼房『日本近現代都市計画の展開　1868―2003』自治体研究社　2004

大方潤一郎・小泉秀樹『建築基準法改正案にたいする反対声明』2002　〈http://up. t.u-tokyo.ac.jp/doc/statement020326.html〉

金本良嗣『都市経済学』東洋経済新報社　1997

サスキア・サッセン（大井由紀・高橋華生子訳）『グローバル・シティ――ニューヨーク・ロンドン・東京から世界を読む』筑摩書房　2008

土屋宰貴『わが国の「都市化率」に関する事実整理と考察――地域経済の視点から』日本銀行　2009

農林水産省『平成22年度食糧・農業・農村白書』財団法人農林統計協会　2011

山崎福寿・浅田義久『都市経済学』日本評論社　2008

横山北斗『福祉国家の住宅政策――イギリスの一五〇年』ドメス出版　1998

渡辺俊一『「都市計画」の誕生――国際比較からみた日本近代都市計画』柏書房　1993

Alexander, Ernest R. (1992) *Approaches to planning: introducing current planning theories, concepts, and issues.* 2nd ed. Philadelphia: Gordon and Breach Science Publishers.

Barnekov, Timothy K., Boyle, Robin and Rich Daniel (1989) *Privatism and urban policy in Britain and the United*

States. Oxford: Oxford University Press.

Cullingworth, Barry and Caves, Roger W. (2009) *Planning in the USA: policies, issues, and processes.* 3rd ed. Abingdon: Routledge.

Cullingworth, Barry and Nadin, Vincent (2006) *Town and country planning in the UK.* 14th ed. Abingdon: Routledge.

London.gov.uk (November 2013) *Historic Census Population* 〈http://data.london.gov.uk/datastore/package/historic-census-population〉（アクセス日：２０１３年12月20日）

Oxford University Press *Oxford English Dictionary online* 〈http://www.oed.com/view/Entry/182267?rskey=clbHJw&result=1#eid〉（アクセス日：２０１３年12月21日）

United Nations Department of Economic and Social Affairs (2001) *World Urbanization Prospects, the 2011 revision* 〈http://esa.un.org/unup/unup/index_panel3.html〉

United Nations Human Settlements Programme (2009) *Planning sustainable cities: Global report on human settlements 2009.* London: Earthscan.

まちづくりのダイナミズムと秩序の自生

長谷川 計二

はじめに

「都市は社会構造／社会動態の写像である」とは学習院大学の遠藤薫教授の言葉である。これはなかなかの名言だと思う。たしかに、社会のあり方や動きは、都市においてもっとも明瞭なかたちで写し撮られる。たとえば、１８００年代後半に工業化が急速に進展したシカゴでは、のちにシカゴ学派とよばれることになる一群の人びとによって移民社会の縮図としての混沌とした都市における社会秩序の発見が目指されたし、日本においても１９５４年にはじまった集団就職という若年層の都市への大規模移動が、一方で高度経済成長を下支えするとともに、他方で革新都政やその後の若者文化の基盤を準備した。都市は社会構造／社会動態の縮図なのである。

しかし都市は社会の単なる縮図なのではなく、都市はそれ自体で自律するある種の自己組織的・自己維持的な性格も備えている。都市はまずもってそこで暮らし学び働く人びとの生活の場であり、対立や反目も含む人びとの日常的な相互作用が集積する場である。同時に、都市は交換や取引を通じた経済活動の場であり市場をめぐる競争の場でもある。さらに、都市はこうした競争を一定のルールのもとで方向づけコントロールしようとする政治的な場でもある。都市のカタチを決めるこれらの要素を西村（2005）は居住原理、市場原理、統治原理とよんでいる（**図1**参照）。主として統治原理と市場原理によって形作られる都市の空間的編成（空間秩序）とその秩序を一定程度前提としながらも主として居住原理によって生み出される社会的編成（社会秩序）、そしてこれらが相互に作用しあう系、それが都市である。

これまで、統治原理と市場原理については主として工学、政治学、行政学、経済学などの領域で対象とされ、統治原理、市場原理を前提あるいはそれらに対抗しつつももっぱら居住原理にもとづいた人びとの諸活動を主に社会学系の領域が取り扱ってきたように思う。本稿の目的は、まちづくりの視点から居住原理にかかわる部分に焦点をあて、まちづくり活動において人びとが織りなすダイナミズムとその結果として生じるある種の秩序の自生についてごく単純なモデルを使って考察することである。

さて、かつてあるプロジェクト（２００６年度総合政策研究科課題研究）の報告書に次のように書いたことがある。

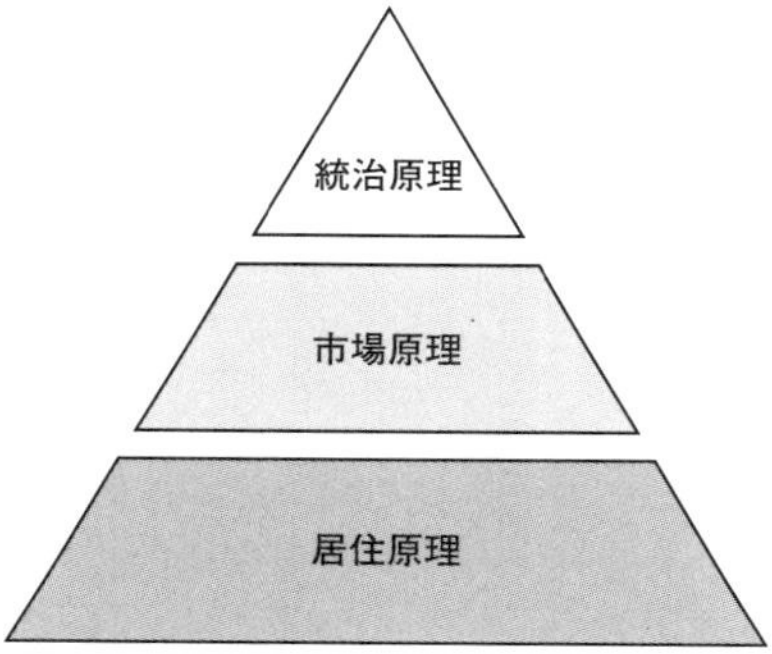

図1

まちというものは「造られる」ものであると同時に「できていってしまう」ものでもある。まちはたしかに「造られる」。ある施設をどこにつくり、どのように道路をめぐらすかによって、まちの姿や人びとの動き方はずいぶんと異なったものになるだろう。このように、それぞれのまちに固有の歴史性と現在の姿／情況とを制約条件としつつも、どのような都市機能をどのような形で空間的に配置するか、さらにそれらの諸機能をどのようにして具現化し、かつ有機的に連携させるかについて構想しそれを実現することで、たしかにまちは造られていく。他方、まちはまた間違いなく「できていってしまう」ものでもある。そのまちに暮らす人びとの日々の生活を通じて、また、そのまちを訪れる人びととの交流を通して、そしてさまざまな情報が行き交うことによって、まちの雰囲気やイメージ、まちの魅力は、当初の構想を超えて不断に更新されていく。それゆえ、まちに活力があるとすれば、それは、住民間の、そして住民とその外側からやってくる人びととの間の、こうしたダイナミックなプロセスを通じて最終的に産み出されるほかない。

このようにして産み出される秩序は、人びとがもつ共通の「社会的世界」にもとづいた予定調和的な秩序ではありえないし、統治の原理からアノミー的な大衆社会状況をコントロールすることによってつくられる秩序でも、市場原理に唯々諾々と従うことによって作り出される秩序でもない。以下で扱うのは、人びとの営みの中から自生的に産み出される秩序であり、それが産み出されるメカニズムや秩序形成への働きかけに関するものである。

なお、以下で述べることは現実の具体的な問題を対象としたものでも、それを説明するものでもない。むしろ、問題をきわめて単純なモデルとして表現し、その挙動や働きかけの意味を探ることが中心となる。抽象化された単純なモデルから得られる含意をもとに、具体的な問題に向き直ってみることにも意味があると考えるからである。

集まる：趣味の会に意味はあるか

一人ひとりの意識的（あるいは無意識的）な選択の結果として、ある地区にはAという特性をもつ人びとと、別の地区にはBという特性をもつ人びとが集中することがある。この過程はsegregation（凝離、分居）とよばれている。高所得者の多い地区、熟練労働者が多く住む町などは、その一例である。住み分けはある意味で、「集まり」を創り出すことである。したがって、以下の議論は住み分けとは別種のさまざまな「集まり」についても適用できる。では、このような住み分けがどのようにして生じるのかをSchelling（1978）のモデルをもとに考えてみよう。

まず、8×8＝64のマス目をもつ空間を想像してみよう。**図2a**は、この空間の四隅を除いた60個のマス目に●と○を交互においたものである。ここで、●はAという特性をもつ人びと、○はBという特性をもつ人びとを表す。たとえば、●は英語を話す人、○はスペイン語を話す人といった具合である。

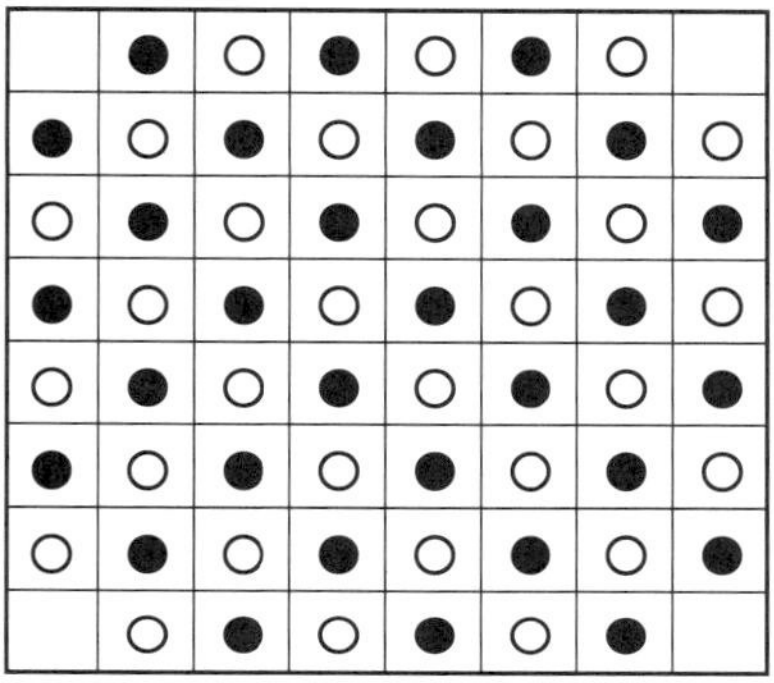

図2a

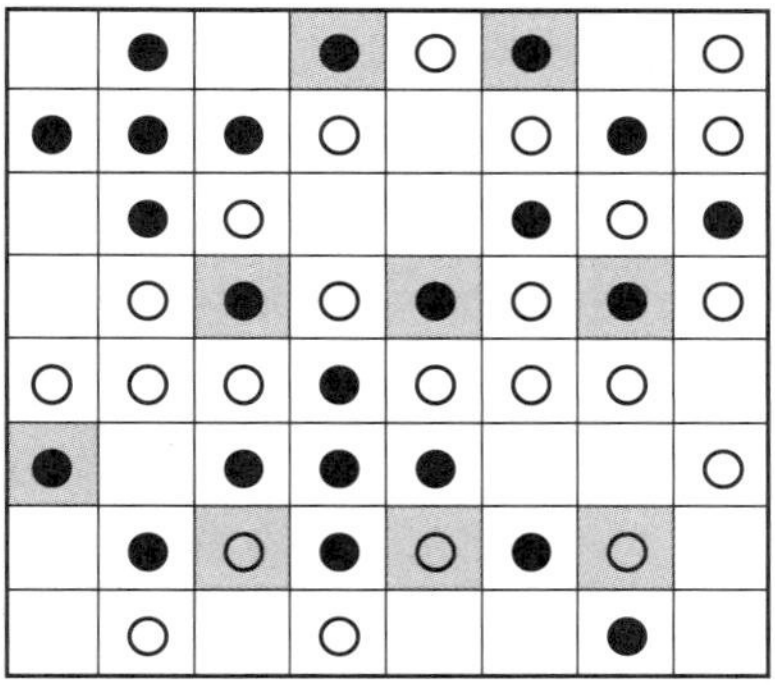

図2b

次に、ここからランダムに●もしくは○を20個取り除いたうえで、新たに五つのマス目を選んで再びランダムに

●もしくは○をおいてみる（**図2b**）。この状態が初期状態である。

さて、この中の●の一つが私であるとすると、私の隣人は自分のいるマス目の周辺にいる●と○である。最大の隣人数は、もし私が四隅のいずれかにいれば3、四隅を除いた周辺上にいれば5、それ以外の場所にいれば8となる。

私も含めこの空間上にいる人びとはすべて、「自分と同じタイプの隣人が、1／3より多いこと」を望んでいるものとしよう。言い換えれば、隣人が1人しかいなければ、その人が自分と同じタイプでなければ不満をもち、隣人が2人の場合は、そのうちの1人は自分と同じタイプでなければ不満をもつということである（隣人数が3以上の場合も同様に考える）。

次に、不満をもつ人びとは、その不満を解消するために自分と同じタイプの隣人が1／3より多くなる地点に移動するものとしよう。**図2b**でグレーのマス目にいる人びとはそのような不満をもつ人びとである。たとえば、この図の1行4列目の●の隣人をみると●は1人で○が2人だから隣人構成について不満をもち移動を試みる。その際、不満が解消される（つまり自分と同じタイプの隣人が1／3より多い）場所で現在地からもっとも距離が近いところに移動するものとしよう（移動距離が等しい場合はランダムに移動先を選択する）。**図2c**は1行4列目の●が3行4列目に移動したことを表している。ここで、移動距離は2、移動後の隣人の構成は●が3人で○が3人となり●が1／3を超えていることを確認しておこう。同様にして、図の左上から右下にかけて順番に移動していくものとする（**図2d**）。

移動によって、これまで不満をもっていた人は不満を解消することができるが、その移動によって、これまで不満をもっていなかった人が逆に不満をもつようになることもありうる。しかし、こうした移動を繰り返して最終的に不満をもつ人がいなくなった時点で移動は止まり安定する。その状態を示したものが**図2e**である。**図2b**と**図2e**を比べてみると、●と○がほぼ均等に分布している状態から、きわめて単純な規則に従って人びとが移動を繰り返すことにより、●と○とが明確に分離したパターンが現れてくることがわかる。もちろん、初期状態や移動順序、移動規則の与え方などによって最終的に得られるパターンは異なるが、●集団と○集団の分離という全体的な特徴はきわめて安定して見出されるのである。

ところで、これを「社会の分節化」ということもできるだろうが、ここではむしろ「社会の統合可能性」を示唆しているものとしてとらえたい。もちろん「自分と同じタイプの隣人が1/3より多いこと」がただ一つの絶対的な基準であれば社会はなにがしかのかたちで分節化されることになるが、タイプといってもさまざまなものがあり、1/3でなければならないという理由もない。また、限られた地理的な範域に空間が限定

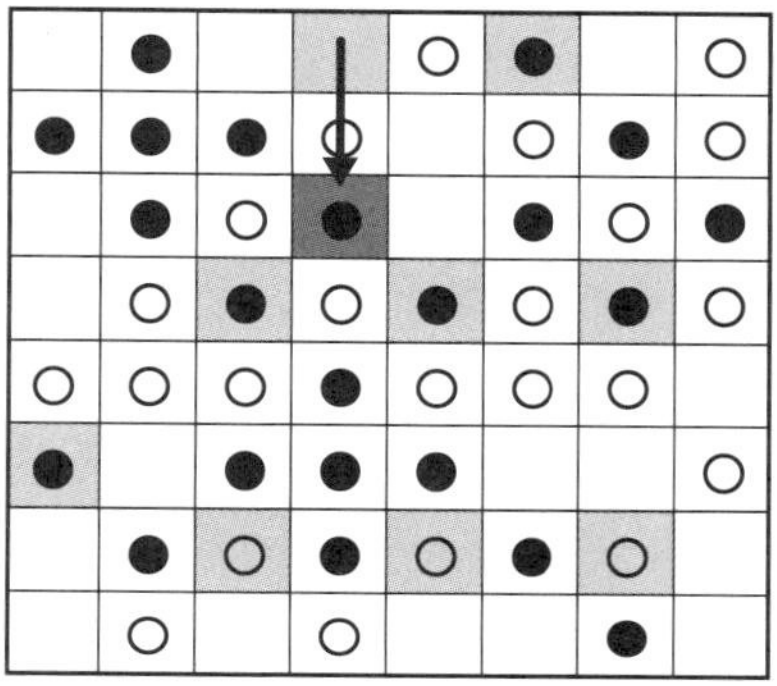

図 2c

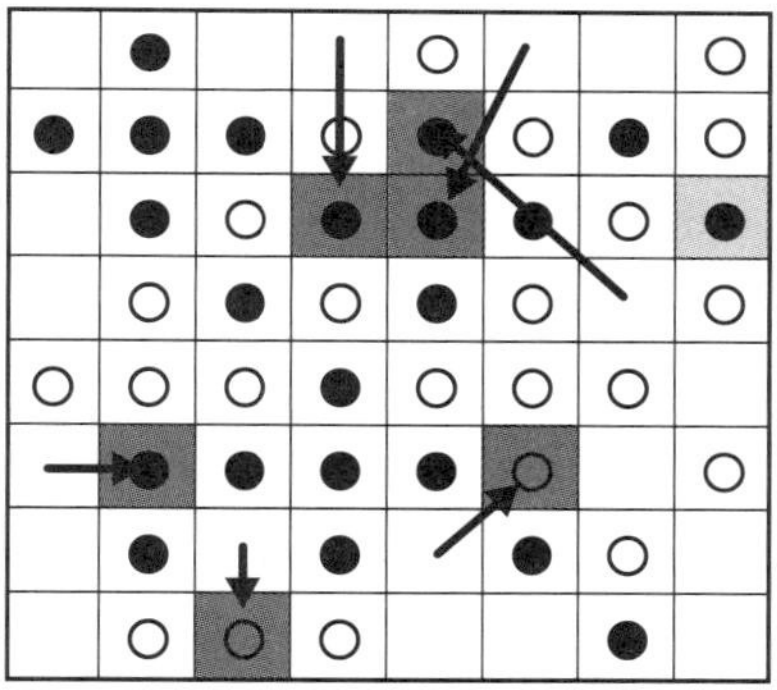

図 2d

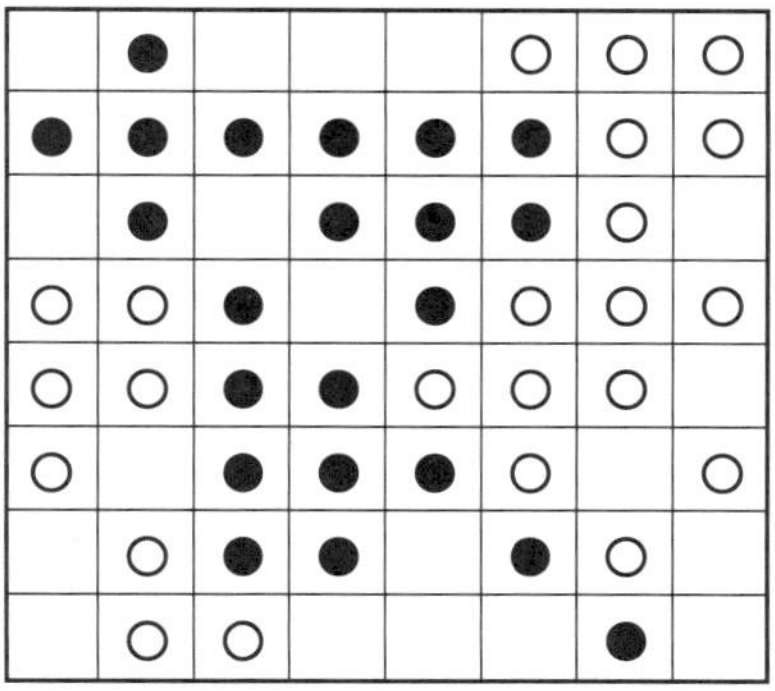

図 2e

される必然性もない。

人びとは多様な観点からさまざまな集団に属しており、それぞれの集団で人的ネットワークを作り上げているわけで、その意味では、**図2e**に示したようなものが空間的に積みあがっているような状態、すなわち重層したネットワークをそこに想定することができる。これは、人びとが異なるネットワークを通じて多様な人びととなにがしかのかたちで結びついているということでもあり、Patnum（1993）のいう「社会関係資本」（social capital）に関する議論とも通じるところがあるように思う。

さて、政策的な観点からそのような「集まり」について課題となるのは、それぞれの「集まりがそれ自体で閉じてしまいがちだ」というよくいわれることのなかにあるのではなく、メンバーがその集まりとは別の集まりに参加していくことを後押しするための仕組みをいかに構築するかという課題である。近年、各地でさまざまな市民活動支援のための条例が作られてきたが、いわゆる「協働」の推進というよりはむしろ、上に述べたような目に見えない重層したネットワークづくりのためにこそ、その意味があるというべきだろう。そのためには、多くの自治体で市民活動を支援するための一つの要件とされてきた「出入り自由」の原則もある程度緩める方向で見直す必要がある。支援のために税金を投入している以上、すべての市民に開かれた活動でなければならないという理屈もよく理解できるが、多様な集まりのあり方を認めたうえで、新たな参加機会を提供するような市民活動のレパートリーを増やしていくことが必要なのではないだろうか。趣味の会もそれはそれで意味があるのである。

焦点化する：「よそ者」「若者」「馬鹿者」はなぜ必要か（その1）

まちづくりの文脈では、よそ者・若者・馬鹿者が一つのキーワードになっているようだ。よそ者はまちの外部からまちづくりの新しい視点をもたらすのだろうし、若者はまさにその若さとしがらみのなさのゆえにまちづくりに新鮮さと活力を与える。そして何よりも目立つ。また、馬鹿者は私生活のかなり大きな部分をまちづくり活動に捧げることによって、まちづくりをけん引する役割を果たす。こう書けばなるほどそうだなとも思うのだが、よそ者・若者と馬鹿者とは、上に記した以上にその役割には決定的な違いがあるように思う。その役割とは「焦点化」と「動員」である。

まちに長く暮らす人びとにとって、まちの風景はあまりに見慣れたものであり、そこになにがしかの新しさを感じることは難しい。これにたいして、よそ者と若者にとって、そのまちのそこかしこに新しい発見があふれている。彼ら／彼女らは、これまでまちに暮らす人びとにとって当たり前のものとして見過ごされてきた風景や行事、産物などをそのまちの「地域資源」として再発見する。もちろんこうした発見がなければ始まらないわけだが、問題は、その発見にたいして人びとの視線を引きつけること、すなわちいかに「焦点化」するかということである。焦点化はまた、発見された地域資源にたいする人びとの期待やエネルギーを暗黙裡に調整するということでもある。

この点に関して参考になるのは先に挙げたシェリングによるもう一つ別の考察（シェリングの考察はもちろんこれらだけにとどまるものではない）である（Shelling, 1980 = 2008）。

いま航空機の不調で2人の兵士がパラシュートで脱出しある村の別々の地点に着地したという状況を考え

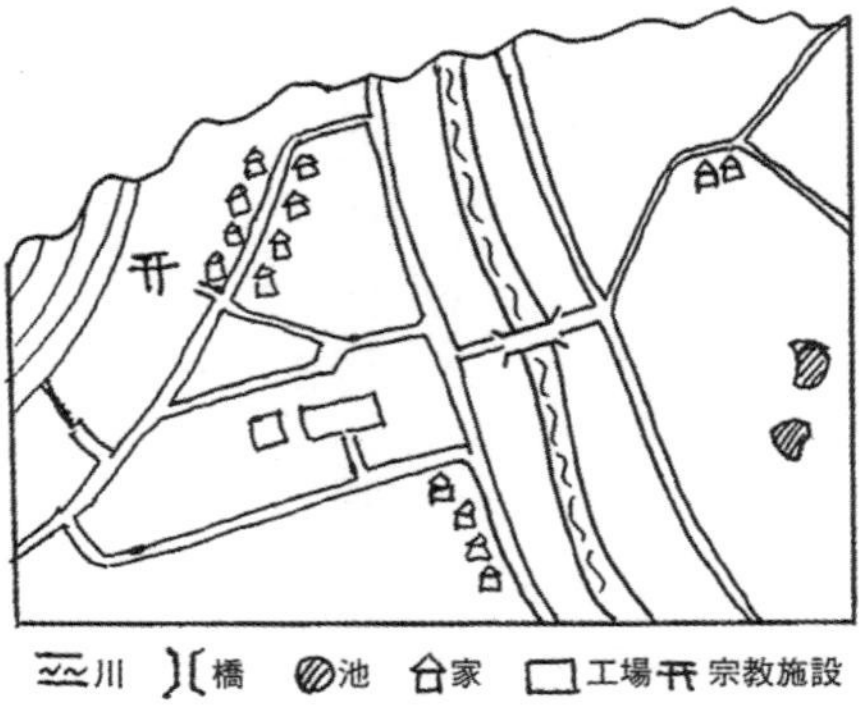

図3

てみよう。図3はその際に兵士たちそれぞれが持っていた村の地図である。2人の兵士はできるだけ早く落ち合わなければならない。しかし、2人はもう一方の兵士がどこに着地したかを知らない。連絡を取り合うこともできない。落ち合うために彼らはいったいどこに向かうことになるだろうか。

たとえばもしこの地図を持っているのが村人であれば、彼らの集合場所は地図の左側の宗教施設であるかもしれない。それがこの村の人びとにとって常識として観念されていればである。しかし兵士たちにとっては事情が異なる。兵士たちの目にまず入るのは村の中央寄りを南北に流れている川とそれに架かる橋であろう。とすれば、2人の兵士それぞれが、「もう1人の兵士が向かうのは橋である」と考えることにはじゅうぶんな蓋然性があるように思われる。この場合重要なのは、自分はどこに向かうかと考えることではなく、相手がどこに向かおうとしているのかを予測し、その予測に合わせて自分の行動を調整することである。このような相手の行動の予測にもとづいて自分の行動を調整する必要があるときに、予測の焦点となる対象をフォーカル・ポイント（focal point）という。たとえば、領土争いをしている二つの国がこの村の分割の仕方に同意するとすれば、中央よりを流れる川ということになろう（おそらくそれ以外では合意できない）。この場合のフォーカル・ポイントは「川」である。

よそ者と若者の役割は、村人の常識の外にある地点にフォーカル・ポイントを設定し、それに向けて人びとの期待とエネルギーを調整すること、すなわち焦点化することである。

フォーカル・ポイントは他と比べて目立つものでなければならない。しかしそれだけではじゅうぶんではない。自分以外の多くの人びともまたそれ（そこ）に注目していると、多数の人びとが予期しうるようなもの、あるいはそのようなものにする必要がある。フォーカル・ポイントを何に（どこに）設定するかは、極論すればどんなものでもどんな場所でもよい。どのようなものであれ、どう「焦点化」するかが問題なのである。これもまた、妙なこだわりから自由なよそ者と若者が必要とされるゆえんでもある。

動員する：「よそ者」「若者」「馬鹿者」はなぜ必要か（その2）

次に「馬鹿者」の役割を考えてみよう。すでに述べたとおり「馬鹿者」とは、多くの場合、地元に住み、私生活のかなり大きな部分をまちづくり活動に費やして、何とかしてまちを活性化しようとさまざまな活動を試みている人あるいは人びとのことを指す。もちろんけっして「馬鹿」なのではない。むしろ熱いながらも冷静にまちのあり方や行く末をみている人びとだといっていいのかもしれない。ではこのような人びとの存在がまちづくりに必要だといわれるのはいったいなぜなのだろうか。

まちづくりの成功あるいは失敗を定義することは難しいが、どれだけ多くの人びとがまちづくりに関心をもちその活動に携わっているかということは、少なくともその目安の一つにはなるだろう。かかわる人が少なければまちづくりの便益は小さく、かかわる人が多くなるほどその便益も大きいと考えられるからである。このように、かかわる人びとの数、ここでは参加者ということにするが、参加者が多いほど便益（あるいは効用）が高まるという性質は経済学において「ネットワーク外部性」（network externality）とよばれている。たとえば、携帯電話やメールなど、加入者が多い（加入率が高い）ほど、それらを利用することの便益は高まる（逆に言えば、自分しか携帯電話を持っていないという状況ではほかの誰とも携帯で連絡をとることができないわけで、携帯をもつことにさほどの意味もない）。

まちづくりもこのような意味でネットワーク外部性をもつと考えれば、人びとがまちづくり活動に参加するかどうかは、どれだけの他者がまちづくり活動に参加しているかが重要な要因としてかかわってくることになる。

以下では、次のような想定のもとにまちづくり活動への参加／不参加の問題を考えてみることにしよう。

① まちづくり活動に参加するかどうかは、参加にともなうコストと参加することによって得られる便益を比較することによって決定される。参加コストが便益を下回る場合にのみ参加し、参加コストが便益を上回る場合には参加しない。この意味で人びとは合理的に行動する。

② 人びとはまちづくりについてなんらかの価値判断をしており、低い価値づけしか与えていない（言い換えればまちづくり活動に参加することに意味がないと考える）人もいれば、高い価値づけを与えている人もいる。この価値づけは人びとの間で一様に分布しているものとする。

③ 参加によって得られる便益は、まちづくりにたいする価値づけと自分以外の参加者数（参加率）を掛け合わせたもので表現できる。したがって、参加者数（参加率）が多ければ受け取る便益も大きくなるが（ネットワーク外部性）、参加者数（参加率）が同じでもまちづくりにたいする価値づけのいかんによって参加の便益は異なる。なお、ここでいう便益は金銭的なものに限られない。満足や喜びなどの内面的なものや他者

からの賞賛など金銭で表すことのできない報酬も含む（その意味では「効用」というべきかもしれない）。

④　まちづくり活動への参加コストは一定とする。

いま、１人の「馬鹿者」とそれ以外の１００人からなる集団を考えることにして、「馬鹿者」を除くまちづくり活動への参加率をｆ、まちづくり活動にたいする個人ｉの価値づけをwi、参加コストをｃで表すことにしよう。なお、wiは一様に分布していると想定しているので、価値づけ０の人から１００の人まで、その間に１人ずつ存在することにしよう。ちなみに「馬鹿者」は価値づけが１００の人であり、その他の１００人の価値づけは０から99の範囲に１人ずつ分布している。なお③より、参加率ｆのときの個人ｉの便益はｆ×wiとなる。

価値づけwiが高い順にまちづくり活動に参加していくものと仮定すると、最後に参加する人（つまりそれより価値づけの低い人は誰も参加しない）について、次の式が成り立っているはずである（経済学風に言えば限界効用がゼロ）。

$$f \times wi = c$$

この最後の参加者にとってのまちづくり活動にたいする価値づけは100（１－ｆ）となるから（たとえば、ｆ＝０〈誰も参加しない状況〉で参加している人〈つまり「馬鹿者」〉のまちづくり活動への価値づけはｆに０を代入すれば１００になることから確認できる）、上の式は次のように書き換えることができる。

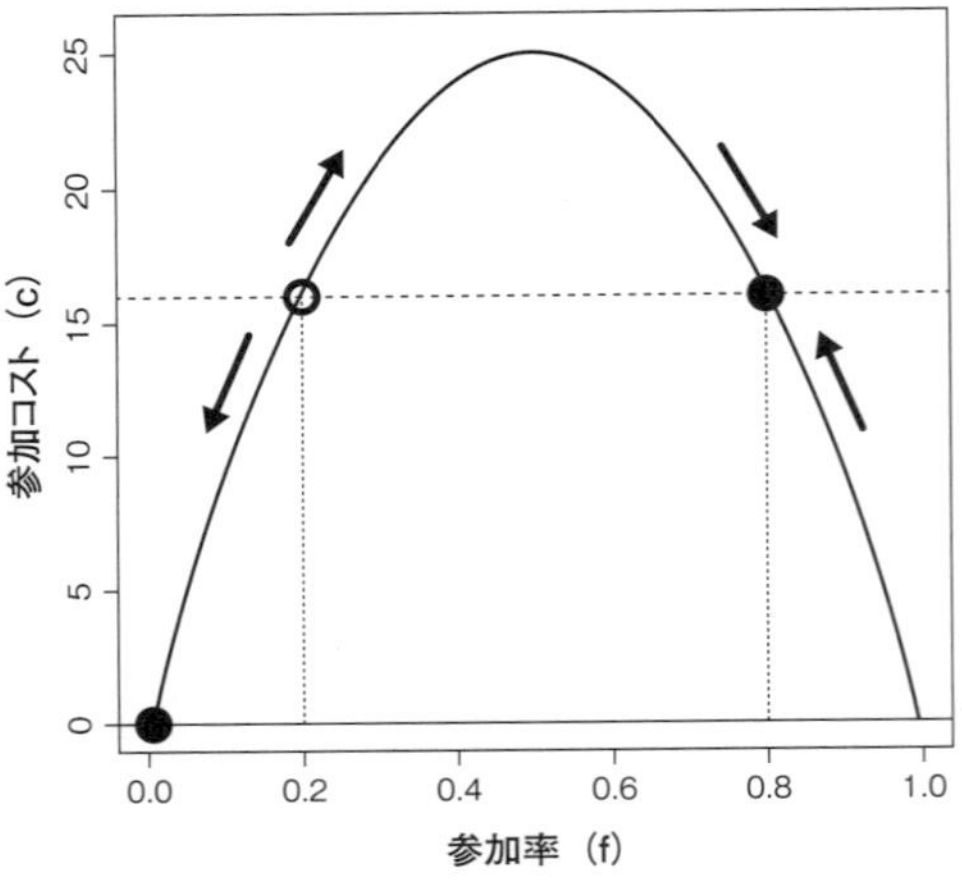

図4

$$100f(1-f)=c$$

これを図示したものが次の**図4**である。この図の縦軸は参加コストc、横軸は参加率fである。たとえば、参加コストcが16の場合（横の破線）、参加率fは0・2（20％）となる（実際は先の式で表される二次方程式を解くことになるが、単にそれぞれの値を代入してみることで確認できる）。

参加コストcが16の場合にたまたま20％の人びとがまちづくり活動に参加していたというこの状態は実はきわめて不安定な状態である。というのも、わずかでも参加率が下がれば、これまで参加していた人びとが雪崩をうって撤退し、ついには「馬鹿者」以外は誰も参加しないという状態にいたるからである（コストを表す横の破線が便益を表す実線（二次曲線）の上にあることに注意）。同様に、なんらかの理由で参加率fが20％を超えれば、今度は逆に次々と人びとがまちづくり活動に加わり最終的な参加率は80％に達することになる（破線より実線のほうが上にあることに注意）。

ここで20％という参加率は、何かの間違いか、気まぐれでたまたま参加している人がそれだけいたらという仮定の話である。初期状態は「馬鹿者」以外誰も参加していない状態（つまりf＝0）であるから、合理的な行為者を想定するかぎり誰も参加しないという状態は安定状態であり、このままではその状態から抜け出すことはできない。

まちづくり活動に多数の人びとが参加するか否かは、図中の○で示した点を超えられるか否かにかかっている（なお、このような点を指して「限界質量」（critical mass）ということがある。この場合、参加コストが低いほど越えなければならない限界質量は小さくなり、逆に参加コストが高くなるほど限界質量は大きくなる）。

いかにして限界質量を超えるかという問題に関して、ここでは次のように考えることにしよう。もし限界質量を超える人びとを動員できれば、最終的に多数の人びとがまちづくり活動に参加することになる（**図4**でいえば、○の点を超えることができれば右側の●の点まで参加率が高まる）。そのとき、まちづくりにたいする価値づけがもっとも高い「馬鹿者」にとっての便益はほぼ確実に参加コストを上回るだろうから、そのときに期待しうる便益から参加コストを差し引いた余剰分をいまだ活動に参加していない人びとに振り替えることによって、ある程度の人びとをまちづくり活動に動員できるはずである。

簡単のため以下では参加コストｃが9の場合で計算してみよう。この場合の限界質量は０・１（10％）であり、これを超えた場合に最終的に達成される参加率は０・９（90％）である。このとき「馬鹿者」が期待しうる便益は 0.9 × 100 − 9 = 81 となる。いま、活動をおこなっているのは「馬鹿者」ただ１人であるから、彼／彼女以外の人びとは参加率ｆが１／１００（１％）という前提のもとで活動に参加するか否かを判断することになる。たとえば、価値づけが2番目に高い人にとって、参加することの便益 は0.01 × 99 − 9 = − 8.01 となりコストが便益を上回る。しかし「馬鹿者」が彼の期待便益をもとにしてこのマイナス分を埋め合わせる（負担を肩代わりする）ことができれば、価値づけが2番目に高い人も合理的な選択としてまちづくり活動に

n	wi	f×wi－c
1	99	－8.01
2	98	－7.04
3	97	－6.09
4	96	－5.16
5	95	－4.25
6	94	－3.36
7	93	－2.49
8	92	－1.64
9	91	－0.81
10	90	0
	計	－38.85

表１

参加することになる。これで参加率ｆは２／１００（２％）になるから、残る人びとはこれを前提として参加の可否を判断することになる。このように、価値づけの高い人から順に参加にともなうマイナス分を埋め合わせることで、埋め合わせに要した費用が「馬鹿者」の期待便益を超えないかぎりにおいて、それらの人びとをまちづくり活動に動員することができる。

表１は、価値づけの高い人から順にマイナス分を埋め合わせていくことによって、「馬鹿者」が限界質量（この場合は10％すなわち10人）を達成できるかをみたものである（ｎは「馬鹿者」以外の参加者数）。この表から「馬鹿者」が埋め合わせなければならない費用は38・85であり、これは彼／彼女の期待便益81より小さい。つまり、「馬鹿者」は単独で限界質量まで人びとを動員できるということになる。

ただし次のことは注意しておかなければならない。一つは、負担の埋め合わせに利用される余剰便益はまちづくり活動に多数の人びとを動員できた時に初めて得られる将来便益だという点である。つまり、限界質量まで人びとを動員する途上においては、「馬鹿者」の一方的な持ち出し（つまり短期的な損失）にならざるをえない。肩代わりされる負担は、実際にはまちづくり活動そのものに費やす時間や労力、他部局・団体との交渉のかなりの部分そして若干の資金を「馬鹿者」が引き受けるといったかたちをとるのであろうが、はたしてこうした負担に耐えられるだけの余力が「馬鹿者」にあるかどうかが問題となる。

もう一つは、まちづくり活動にたいする価値づけの高い人から順に負担を肩代わりしていくことが効率的であるが、それははたしてどの程度可能なのかという点である。もっとも地元在住もしくは出身であり地元をよく知っている「馬鹿者」はこの意味での効率性にとって有利な位置にいるとも考えられる。

ところで、ここで例示した１０１人のうち「馬鹿者」を除く１００人はすべて合理的な選択の結果としてまちづくり活動への参加／不参加を判断している。これにたいして唯一「馬鹿者」のみがその合理性を欠く。これがなぜ「馬鹿者」とよばれるかの理由であり、合理的な行為者からはそのようなものにしか見えないのである。しかし、「馬鹿者」の背後には、参加コストや限界質量、まちづくり活動にたいする人びとの価値づけの分布、そして自身の負担能力などを冷静にみつめるだけのスマートさがある。「馬鹿者」は実は相当にかしこい「馬鹿者」でなければならない。

		B			
		協調		強硬	
A	協調		2		3
		2		0	
	強硬		0		1
		3		1	

表２　囚人のジレンマ型

決める：拘束力のある合意は可能か

囚人のジレンマ

それぞれが自分の主張に固執するあまり結局会議がまとまらないということはよくあることだ。それぞれが歩み寄れば会議はまとまるしそのほうがよいとそれぞれが思っていたとしてもである。このような状況は、よく知られた「囚人のジレンマ」（prisoners' dilemma）と同型の構造として表現することができる。

表2は、その構造を標準形ゲームの利得行列で表したものである。２人のプレイヤー（会議の参加者）Ａ、Ｂがおり、それぞれが「協調」（歩み寄り）と「強硬」（主

		B			
		協調		強硬	
A	協調		2		3
		2		1	
	強硬		1		0
		3		0	

表３　チキンゲーム型

張の貫徹）の二つの選択肢をもっている。また、表中の各組合せの左下はＡの利得、右上はＢの利得を表す。２人のプレイヤーは合理的で、それぞれが利得の最大化を目指して会議に臨んでいるものとしよう（**表３**、**表４**も同様）。

この会議では、２人が歩み寄ればそれぞれが２の利得を得ることができるが、それぞれが「強硬」に自説を主張し合えば利得は１にとどまる。双方とも自分は「強硬」をとり相手がそれに歩み寄ってくれることがもっともよく、その場合の利得は３である。逆に相手の主張に歩み寄った側は利得０となる。このように、この会議から得られる利得は自分の選択だけでなく相手の選択にも依存して決まる。

この利得構造をもつ会議は、**表２**の網掛け部分で示されるように、双方が「強硬」を選択し結局何も決められないまま終わることになる（相手がどのような選択をしようとも「強硬」は「協調」よりも利得が大きくなることに注意。このような戦略を「支配戦略」という）。お互いに歩み寄ればよりよい結果が得られることを双方ともにわかっていながらも、それが実現できないのである。

チキンゲーム

あるいは次のような利得構造をもつ会議を考えることもできる。これはチキン（弱虫）ゲームとよばれるもので、一方が「強硬」に主張した場合に、他方はそれに歩み寄ること（「協調」）しかできないような、ある意味で力関係（あるいは肝の太さ）が反映されるような「言ったもの勝ち」の会議である。**表３**の網掛け部分が会議の行く末であり、どちらが「強硬」をとり得るかで会議の結果は変わる。

ところで、囚人のジレンマ型の会議とチキンゲーム型の会議には重要な共通点がある。それは、互いに「協調」を選択することに合意できたとしても、その合意は必ず破られるということである。

信頼ゲーム

他方、次のような利得構造をもつ会議もあり得るだろう。これは信頼ゲームとよばれているもので、2人が同じ選択をすることで利益が得られるという構造をもつものである。この場合、相手と違う選択をすることにメリットはないので、なんらかの仕方で合意ができればその合意は破られることがない。つまり合意は拘束力をもつ。双方が合意して会議を反故にすることもできるわけだ。ただしこの型の会議の場合、表には明示的に示していないけれども、たとえば双方「協調」の場合はAの利得がBよりも高く、双方「強硬」の場合は逆にBの利得がAの利得よりも高くなるといったこともありうる。そのような場合、どちらの地点で合意するかについて紛糾することになる。

		B			
		協調		強硬	
A	協調		3		2
		3		0	
	強硬		0		1
		2		1	

表4　信頼ゲーム型

さて、どのような仕組みをつくるのであれ、それが関係者の利得に影響を与えるならば、（権力的、暴力的な強制を除いて）当該関係者の合意を調達することが不可欠だろう。そして、その合意はその遵守について拘束力をもつ必要がある。さらに加えれば分配的公正にもかなうものでなければならないだろう。

ゲームの繰り返し

先に挙げた囚人のジレンマ型の会議（**表2**）を例にとってこの問題を考えてみよう。会議は1回で終わる場合もあるだろうが、たいていの場合、ある程度継続されるものである。つまり**表2**のゲームが繰り返されるということだ。

いま、ある回まで会議は和やかに進行し双方が「協調」をとり続けてきたのだが、その次の会議で一方のメンバーがとつぜん「強硬」路線を取り始め、そのためもう一方のメンバーの態度も硬化してしまい、その後もこう着状態が続いているという状況を思い描いてみよう。その会議では、どちらかが「強硬」に転じれば他方はその後「強硬」をとり続けるしかないことを双方とも知っている（ゲーム理論ではこのような戦略を「トリガー（引き金）戦略」という）。つまりどちらかが一度でも「強硬」を選択すればその後は双方「強硬」のこう着状態に陥るということである。このような事態を生じさせないためには何が必要なのだろうか。

その一つは、将来利得にたいする重みづけを考えてみることである。すなわち、会議は繰り返されそのつど、**表2**のいずれかの利得が得られるとすれば、将来の会議で得られるであろう利得も現在の利得に組み込んだうえで「協調」「強硬」のいずれかを選択するということである。もちろん将来利得は現在の利得よりも割り引かれたものになる。来年の1万円より今日の1万円である。

さて、将来利得にたいする割引因子をδとおくと、ある回まで相互に「協調」を選択しつづけ、それ以降も相互に「協調」を選択し続ける場合に得られる利得は次のようになる。

$$2+2\delta+2\delta^2+\cdot\cdot\cdot=2/(1-\delta)$$

これにたいして、ある回まで「協調」してその次の会に「強硬」に転じた場合の利得は、

$$3+\delta+\delta^2+\cdot\cdot\cdot=3+1/(1-\delta)$$

となる（利得の計算では会議に無限回の繰り返しを想定していることに注意）。したがって、

$$2/(1-\delta)>3+1/(1-\delta)$$

が成り立てば、つまり割引因子δが2／3より大きければ、あえて「強硬」を選択する理由がなくなる。つまり、将来利得への重みづけがある程度以上大きければ、「協調」を採ることが合理的な選択となる。「未来の影」（shadow of future）が「強硬」を思いとどまらせ、その結果として双方「協調」という合意に拘束力が備わることになる。

さて、このように囚人のジレンマの構造を保持したまま合意に拘束力を担保するという場合、他者にとっての「将来の影」をこちら側がコントロールすることは相当難しいことであるはずだ。「将来のために」という説得の仕方がどれほど説得力をもつかということである。それよりはむしろ構造そのものを変換することによ

		B			
		協調		強硬	
A	協調		2		0
		2		0	
	強硬		0		1
		3		1	

表5　囚人のジレンマから信頼ゲームへ

り、つまり囚人のジレンマを信頼ゲームに変換することにより拘束力のある合意を実現するということを考えた方がよいかもしれない（信頼ゲームでは合意に拘束力があることを思い出そう）。

約束

その一つの方法として、相手（ここではA）が「協調」を選択した場合には、かならず「協調」で応え、相手が「強硬」を選択した場合には自分（ここではB）もかならず「強硬」を選択するという戦略をとることである（初回には必ず「協調」を採るという点が付加されたものは「しっぺ返し戦略」（Tit-for-Tat strategy）とよばれている）。

この戦略は相手の「協調」にたいして自分の「強硬」という応答を捨てるということでもある。その利得行列を**表5**に示した。**表2**との違いは、右上のマス目のBの利得が3から0に変わったという点だけである。

また、上に述べたことにすでに含意されているのだが、選択に時間的な先後も考える必要がある。というのもAにとって「強硬」は依然として支配戦略であるため、少なくとも同時手番のゲームでは双方とも「強硬」という状態を帰結するからである。

図5は、「相手」を先手とした場合のゲームの連鎖（これを「ゲームの木」（game tree）という）からそれぞれが1回ずつ選択する部分だけを取り出したものである。図中の数値は、上が「相手」の利得、下が「自分」

の利得を表している。

さて、先手である「相手」は「協調」「強硬」のいずれかを選択した場合に、「相手」の相手である「自分」がどう反応するかを考えるだろう。仮に「協調」を選択すれば「自分」も「協調」を選択するはずであるし、「強硬」を選択すれば「自分」も「強硬」を選択するはずだということは容易にわかる。その結果、双方「協調」という状況と双方「強硬」という状況を比較することになるから、より利得の高い双方「協調」、つまり「相手」は合理的な判断の結果として「協調」を選択することになる（ちなみに双方「協調」はこのゲームの部分

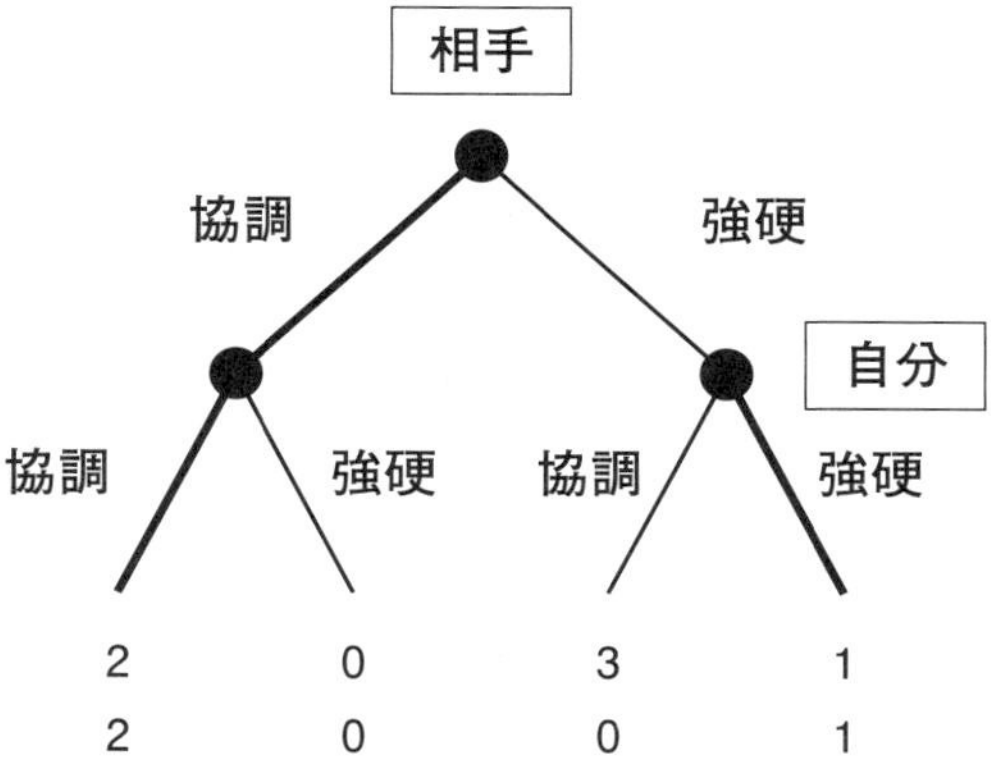

図5

ゲーム完全均衡である）。また、ゲームの連鎖のいずれかの時点で「相手」が「強硬」を選択した場合、それ以降の利得は1でしかなく「協調」を選択した場合の利得を下回る。つまり、ゲームの途中で「相手」が「協調」から「強硬」に選択を変更する誘因は存在しない（このことは「自分」が先手の場合もまったく同様である）。ただし、このゲームに終わりがあり、その最後の手番が「相手」にある場合、その手番で「相手」は「強硬」を選択することに注意しよう。なぜなら「相手」において「強硬」は依然として支配戦略であり、かつ最終回であるその手番以降のことは考えなくてよいからである。

「相手」の「強硬」にたいして「強硬」で応え、「協調」にたいしてかならず「協調」で応えるという戦略は、一方で「相手」の「強硬」選択を威嚇しつつ他方で「相手」の「協調」選択にたいして安心を

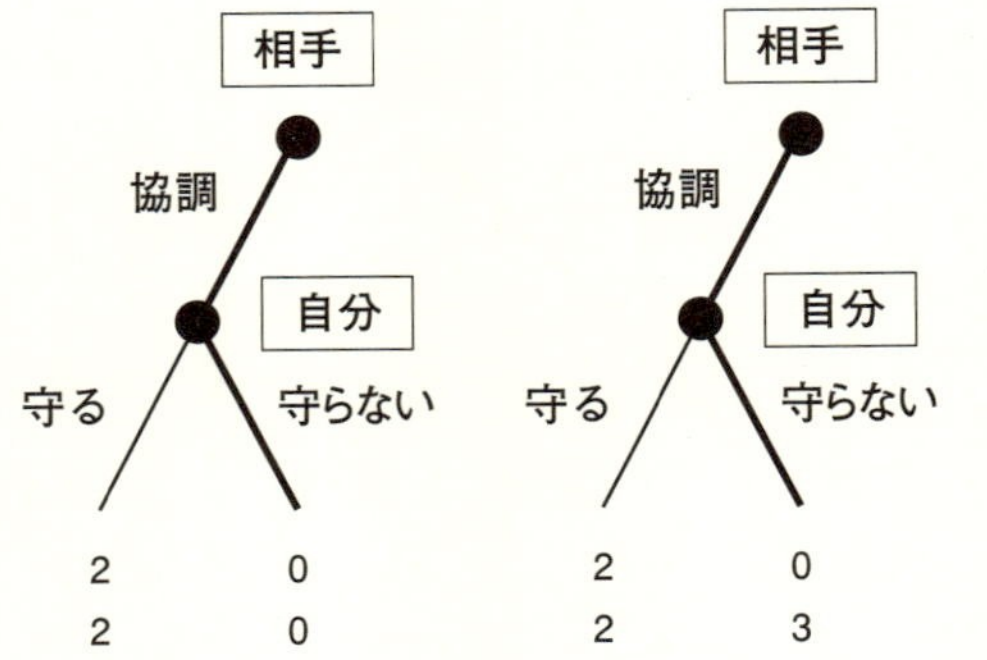

図6

与える戦略でもある（なお、ここでの議論に関して石田（2013）がとても参考になる）。しかし、威嚇に信憑性はあるとしても（「相手」が「強硬」の場合、「自分」は「強硬」で応える方が「協調」で応えるよりも利得が高い）、はたして安心供与にはそのような信憑性があるのだろうか。これは、「相手」が「協調」した場合に「強硬」で応えることによって得られる利得3を放棄するに足るじゅうぶんな根拠が「自分」の側にあるかどうかという問題、換言すれば「相手」の「協調」にたいしては必ず「協調」で応えるという約束（**図6**を使えば、もともとの囚人のジレンマで得られたはずの利得3（**右側の図**）をあえて0（**左側の図**）にするという約束）は守られるのかという問題である。

この約束に信憑性を与えるための一つの方策は、「相手」の「協調」にたいして「自分」が「強硬」で応えた場合に「自分」に課されるペナルティーをじゅうぶん大きなものにすることである（たとえば自分の子どもを人質として差し出すといったことが考えられるが、これは極端な話である）。この約束には担保が必要なのである。しかし有効な担保が設定されたあとには、担保を取られているというある種の「弱さ」が逆にゲームの主導権を握るという「強さ」の源泉となる。

なお、以上の議論は、手番が存在し、完全情報（全員が同じ情報をもっていること）、完全記憶（各手番で何が選択されたかを知っていること）という条件が前提とされていることに注意しておこう。

ゲームの変換

さて、このような囚人のジレンマから信頼ゲームへの変換が実際におこなわれた例があるので以下で紹介しておこう。

1970年代のはじめにトルコのアラニャ（Alanya）という漁師町で、10年を越える試行錯誤の結果、次のような漁場配分システムがつくられたという。（一）毎年9月に、漁協のメンバーであるか否かにかかわらず漁業資格をもった漁師をすべて含んだリストを作成する。（二）アラニャの漁師が通常の漁をおこなう領域内で、利用可能な漁場にすべて名前をつけリストアップする。これらの漁場は、隣接する漁場と漁獲が競合しないように離して設定される。（三）9月に、漁師たちはくじ引きで漁場を割り当てられる。この割り当ては9月から翌年の3月まで有効である。（四）9月から翌年の1月までの毎日、漁師は前日に漁をした漁場の東隣の漁場に、2月以降は逆に西隣の漁場に移動して漁をおこなう。これは漁場を移動することによって、漁獲に関して漁師に等しい機会を与えるためである（Ostrom 1990 : pp. 19-20）。

漁場には漁獲が豊富なところと乏しいところがある。自由な漁獲が許さるなら、漁師たちはよい漁場に向けていち早く船を出しできるだけ多くの漁獲を上げようとするだろう。漁師たちは競って漁獲高を積み増し、その結果として漁場は荒廃することになる。この事態はいわゆる「共有地の悲劇」（Tragedy of the Commons）であり、囚人のジレンマの構造そのものがそこにある。

アラニャでつくられた漁場配分システムはきわめて巧妙なシステムである。まず第1に、プレイヤーの範囲とゲームの対象（漁獲についての利得構造も含む）がそれぞれ漁師リストと漁場リストによって確定しており、すべての漁師にそのことが知られていることである。第2に、それぞれの漁場にたいして手番（誰がいつそこで漁をするか）が設定されている。

第3に、そしてこれがもっとも重要なのだが、不利な漁場に当たった漁師が抜け駆けして、よい漁場を荒らすことはないということが担保されている。よい漁場に当たった漁師は、少しでも漁獲を増やすために、その日は確実に早朝から漁を始めるだろう。悪い漁場に当たった漁師が抜け駆けして、よい漁場に網を入れる誘因はほとんど存在しない。というのも、そのような行為はよい漁場を配分された漁師によって確実に発見され、その漁師は必要なら物理的手段を使ってでもその漁場を守ろうとするだろうからである。しかも、漁場のローテーションにより、よい漁場に当たる機会はすべての漁師に等しく与えられている。したがって、みずからルール違反を犯すことは、自分によい漁場が割り当てられたときに同じようなルール違反に遭遇する可能性があるということでもある。ほかの漁師に割り当てられている漁場にはけっして侵入しないという「約束」が順守されることは、漁師自身の合理的な行動によって自動的に担保されているのである。

こうして漁場をめぐる囚人のジレンマは信頼ゲームに変換されることになる。しかも、このような漁場のローテーション・システムは最終的には漁師間に平等な漁獲の配分をもたらすことになるので、漁師たちの間でじゅうぶんに合意可能である。

おわりに

冒頭で、都市は「造られる」とともに「できていってしまう」ものだと述べた。都市を構成する三つの原理（居住原理、市場原理、統治原理）と対応させれば、統治原理と市場原理が都市を造り、居住原理との相互作用のなかで都市は「できていってしまう」ということになろう。もちろん、特段の意識もなくなんとなく「できていってしまう」ことがあるとしても、まちづくりやさまざまな市民活動など、都市ができていく方向について意識的かつ積極的に働きかける人びとも存在する。都市に「住む」ことに根差したそのような活動はまた、それにかかわる人びととの間であるいはそこに住む人びととの間で相互に影響を与えながら営まれていくのである。本稿では、その相互作用のダイナミズムの一端を考えてみた。

〈参考文献〉

石田淳「対外政策の選択」中西寛・石田淳・田所昌幸『国際政治学』第3章　有斐閣　2013

西村幸夫「コモンズとしての都市」植田和弘・神野直彦・西村幸夫・間宮陽介（編）『公共空間としての都市』（岩波講座「都市の再生を考える」）岩波書店　2005

Ostrom, Elinor (1990) *Governing the Commons: The evolution of institutions for collective action*. New York: Cambridge University Press.

Putnam, Robert D. (1993) *Making Democracy Work: Civic Traditions in Modern Italy*. Princeton: Princeton University Press. 河田潤一（訳）『哲学する民主主義』 NTT出版　2001

Schelling, T.C. (1978) *Micromotives and Macrobehavior*, New York: W.W.Norton and Company.

――― (1980) *The Strategy of Conflict*, Cambridge: Harvard University Press. 河野勝（監訳）『紛争の戦略』勁草書房　2008

都市政策はどのように決められるのか――都市計画決定の場合

北原鉄也

都市政策はどのように決められるのか。だれが決めているのか。この視点から、都市政策を考えてみたい。

1　都市政策：何を論じるのか

（1）　都市政策とは？

①　都市政策の現在

はじめに最近の都市政策に関する政府の説明をみてみよう。社会資本整備審議会都市計画・歴史的風土分科会都市計画部会報告「都市政策の基本的な課題と方向」（平成21年）によれば、昨今の都市政策について次のように説明されている。

以前の都市政策は、人口増加、特に都市への急激な人口流入と産業集中を背景として、無秩序な市街地の拡大、後追い的で非効率な公共投資、住宅宅地需要の増大、市街地環境の悪化に対応するために、土地利用コントロールと施設整備、面的整備を一体的に進めてきた。社会経済の拡大成長基調とその延長という前提においては、一定の成果を上げてきた。／しかし、社会経済構造のトレンドが拡大成長から持続的成長へと転換し、さらに、人口減少・高齢化が急激に進展していくなかで、国、地方の財政状況も厳しさを増し、都市に振り向ける投資余力も減少している。また、住宅や商業施設等の都市機能の郊外立地に代表される自動車依存型都市構造により、都市活動が郊外に拡散してきた。高齢者をはじめ国民の生活・活動基盤としての都市の利便性・機能性が著しく低下してしまうおそれがある。

そのため、政府はこれまで「都市化社会」から「都市型社会」へという認識（都市計画中央審議会第一次答申、平成10年）、民間活力や施策の選択と集中等の政策システムの見直し、「集約・修復保存型都市構造」への転換などの訴え（社会資本整備審議会答申、平成15年）、「集約型都市構造」の実現に向けた都市交通施策と市街地整備施策の方向性等の提示（社会資本整備審議会第二次答申、平成19年）など、取り組んできたが、現在おこなわれている都市政策は新たな時代の課題にじゅうぶんに応えるものとなってはいないと訴えている。

② 都市政策の領域

もちろん、この報告にみられる都市政策のとらえ方は一般的ではあるが、明らかに狭いものとなっている。社会資本整備審議会は国土交通省が所管する行政に関する審議会であるため、当然ながら、国土交通省（正確にはこの場合、都市局、当時は都市・地域整備局）が扱う政策領域を反映しているわけである。都市政策がカバーする政策領域はこうしたいうならば「物理的な都市」に限定されはしない。

たしかに、こんにち、都市政策といえば、ほとんどの政策領域を包括しており、都市政策とはいえない政策を見つけ出すことが難しいほどである。これは、都市にほとんどの人が住む時代、都市的生活様式が広くいきわたっている時代になっているために当然のことである。したがって、都市政策を論じるためには、多くの領域の政策を扱う必要がある。しかしながら、現在では、都市政策が包括的に総合的に論じられることは少なくなっている（急激な都市化、爆発的な都市問題の叢生に直面した高度経済成長期に出された松下圭一『都市政策を考える』（岩波書店 1971）は総合的な都市政策論の代表的試み）。研究は、土地利用、交通、経済、福祉、公衆衛生、文化芸術、住民生活、コミュニティなど、政策ごとに専門分化しておこなわれざるをえない。

③ 作為と主体

都市政策というのは、都市にたいする作為[*1]、都市の諸環境、諸条件、諸活動にたいする働きかけである。国なり地方自治体なりが、都市における円滑な交通を確保するために道路を整備したり、美しい町並みを創造・維持するためにさまざまな土地利用規制をおこなったり、飲料水の供給、公衆の衛生のために上下水道を整備したりする。また、中心市街地の活性化、産業の育成、雇用の創出などをはかるために、さまざまな施策を講じている。生活保護、老人福祉、保育など福祉サービスを提供して、都市における社会生活を守ろうとしている。これら都市政策は都市にたいする公共的な介入といえる。

都市にたいする作為、公共的な介入であるならば、その主体も存在する。地方自治体レベルでみると、いうまでもなく制度的には市町村長、議会、行政などが直接的な決定、実施の担い手といえる。市民・住民も主体であるべきだという主張もされる。

近年、まちづくりや都市計画において、よく市民参加や官民協働などが唱えられる。参加や協働をともなう制度や事業などが普通にみられる。参加の手続きを踏まないと、事業の決定や執行ができない時代になっている。元々高度経済成長期、急速な都市化を受けて都市政策が国や自治体の中心課題となった際、同時に住民運動がさかんになり、市民参加が叫ばれたのである。また、つねに市町村が国や都道府県にたいして自立した行政運営をおこなう必要性が訴えられており、この20年、地方分権化が着実に進められてきたといえる。

これら市民参加や官民協働、地方分権などは、運動論、改革論、具体的な実践として論じられることが一般的であるが、まちづくりや都市計画についてそれぞれの政策の決定がどのようにおこなわれているのか、どのようにおこなうべきか、という政治の根本的な問題にかかわる争点とみることができる。作為の主体はだれか、だれであるべきか、どうあるべきかという問題である。

④ 政策内容と政策過程

都市政策など公共政策を考える場合、よい政策があり、かつその政策が選ばれることが重要である。まずは、何が問題か、何を求めるか、それを実現する手段は何かなどの政策論があり、さらには、その政策を選択し、実施する仕組みや過程がどうあるのか、どうあるべきなのかという過程論や体制論がある。実際の決定のレベルでは、もちろん両者は絡み合っているが、論理的には識別できる。

たとえば、人口減少社会において都市整備はどうあるべきか、道路整備や公共施設建設など公共事業は必要か、都市のデザインはどうあるべきか。あるいは、都市社会において格差が拡大しているといわれるが、それはどうして起こるのか、その影響はどうなのか、どうすれば格差を是正できるのか、そのためにはどのような施策を講じればいいのか、はたまた講ずるべきなのか、講ずることができるのか。前者は土木工学や建築学、経済学などの領域が中心になるであろうし、後者は社会学や経済学、社会福祉学などの領域である。またそれらを実効性のある政策にする局面では法律学や財政学などは欠かせない。これらは政策の是非を議論しているといえる。

他方、これまで述べてきた政策内容ではなく、どのようにその政策が選択され、決定され、実施されるのかという、いうならば政治ないし行政のレベルもまた、重要である。よい政策だからといって、必ずしも実現するわけではない。何より何をよいとするかも大きな争点となる。どのような状況のもとで、だれが、何を、どのように選択・決定・実施するのか、すべきかという問題は、政策の分析や提案とは別の次元である。市民参加や地方分権などの議論は仕組みや過程からのアプローチであり、政策内容の話ではない。

もちろん、政策領域によって政治過程が異なっているといわれる（T・ローウィ）ように、政策と過程の関係を看過すべきではない。その点で、都市政策をみると、制度的にいろいろ気づくことがある。たとえば、生活保護や障害者福祉など福祉政策は、現代都市にとって最大の問題ともいえるが、その内容や水準について、決定権は原則として国にある。福祉政策は、「健康で文化的な最低限度の生活」を保障することを求める日本国憲法（第25条）に則り、国の責任とされているからである。したがって、その領域では、地方自治体はその執行を中心に担うことになり、そこでの裁量権は大きくはないために、政策の決定が自治体でなされているとはいえない。地方自治体は、いうならば国の出先機関のような役割を担わされている。それにたいし、物理的にどのようなマチにするかという政策においては、国が都市計画法や建築基準法などによりそのルールや基準が統一的に決められているが、どこに道を造るか、どのような土地利用にするかなどの具体的な政策の決定権は地域にある。そこで裁量権は福祉などの領域よりかなり広いといえる。

本章では、一般に都市計画といわれる政策領域を取り扱うことによって、物理的な都市形成における作為について、とくにそれがどのように決められるのか、誰が決めているのかについて検討する。

(2) 地方自治体の政策決定 ― だれが決めているのか (概観)

まず、地方自治体(一般に市区町村や都道府県をさすが、以下の記述では市を想定)における政策の決定について、だれがどのように決めるかという視点で、その現状を概観しておこう。

都市自治体レベルでは、一般的な見方に立てば、市長が、行政のおこなう事業などを決め、実施しているように受け取られているだろう。たとえば、道路や博物館などの建設の事業竣工の際に残される記念碑には、市長名が記されているのをよく見る。それは政治家の功名心の現れという面もあるが、事業の決定、実施の主体は名義上であれ市長であるからできることなのである。

とはいえ、条例で定める政策や予算をともなう事業などは、議会の議決を必要とするから、議会が決定しているともいえる。ただし、そのほとんどの条例案や予算案は、市長によって提案されている(議員提案はごく例外的である)ので、それらの案そのものは市長ないし行政部局が策定している。やはり実態的には市長が政策決定をしていると一般的にはみられているように思われる。

このように市長や議会に決定権があるのは、地方自治法などの法律にもとづいているからであるが、彼らは選挙で選ばれているためにその権限を有しているわけで、原理的に言えば民主主義の考え方に依拠しているということができる。

さらにみると、その市長あるいは議会が決定するとしても、いうまでもなく政策案は行政部局内で作成される。そこで政策が発案され、関係部局や関係諸団体などとの折衝などを経て実質的には決定されているとみえる場合も多い。市長などは行政の神輿に乗っているにすぎないと揶揄されることもある。一般に、行政組織内のさまざまなルーティンの活動の結果として、あるいは行政組織内政治の結果として政策が決定されているといってよいであろう。

市長がイニシアティブをもった政策においては、その政策アイデアを市長に持ち込んだ者（たとえばブレーンや側近）も重要である。市長がその政策アイデアを知らなければ推進することもないからである。また、市長がその決定にこだわる理由として、彼自身の信念にもとづく場合もあろうが、その背後にその政策を求める彼の有力な支援者や支持団体などが存在している場合も少なくはない。

たとえ市長の意向（たとえば選挙公約の政策の場合など）を受け、彼の肝いりで決定された政策であったとしても、いろんな諸条件（経済状況、国政レベルの政治状況など）のもとでそれが可能となったと考えることもできる。リーマンショックのような大きな経済的変動や国政レベルの政権交代などの大きな変動によって、政策が吹っ飛んでしまうこともある。また、制度レベルでみれば、そうした事業が国からの補助金や交付金に依存していることも多いが、その場合には、国のメニュー、そこに込められた国の意向がかなり大きな役割を果たしている。さらに言えば、国の財源が手当てされなければ事業がおこなえないような行政システム自体を考慮しなければ説明ができないということになるかもしれない。

あるいは、たんに、政治的対立者を退けるために、対立者の政策に反する政策にコミットし、結果として政策の決定にいたったという場合もあると思われる。党派の争いのなかである政策案が浮かび上がり、その政策の是非が争点となり、たまたま政策を推した候補が勝利したので、結果として政策が実現したというケースもある（もちろん、敗れたならば政策案は消え去る）。彼にとっては、政策は何であってもよかったのだ。政治家にはこうした政治的機会主義者が意外に多い。

最近では、住民運動やNPOなどの動きも、行政の決定に大きな影響を及ぼしている。住民の反対運動が嵩じて、計画や事業がデッドロックに乗り上げることも少なくない。そして、新聞やテレビなどマスメディアの報道が反対運動などの動きを取り上げ、大きな政治的な影響力をもつ場合もまれではない。マスメディアも政策決定にとって重要なファクターとなる。最近ではインターネットを利用したコミュニケーションも、相互の連絡という点でも、情報収集という点でも、重要となっている。こうした情報伝達の手段の発達もだれがどのような決定をどのようにするかを規定する要因とみることができる。

(3) 政策決定の理論(説明の仕方)

ここで、政策がどのように決定されるかを説明する理論を説明しておきたい。前節では、地方自治体の政策決定について誰が決定しているのかという視点で概観したが、ここでさらにそれを分析する手がかりを得るために、政治学において提示されている政策決定の理論を紹介しておこう。

一つ目は、**制度的な説明**の立場である。都市計画であるならば、都市計画法によって法的な決定手続きが規定されており、その制度によって決定を説明するのである。これまで説明してきたように、市町村長や議会などの権限を中心にした説明も、制度的説明ということができる。制度については、法的な制度ばかりではなく、政党配置など非法的な制度、社会的な慣行、パターンも含めてとらえることもできる。行政の現場など実務のうえでは法制度的な説明が中心となる。

二つ目の立場としては、特定の目的を設定し、それを実現するための有効で実効的な手段を探索し、その結果として政府の政策を決定したとし、政策決定を説明しようとする**合理的な説明手法**がある。一般に、国であれ地方自治体であれ、行政は、政策の決定を、法制度に従って合理的な政策的判断によって政策を決めたと説明するものである。また、政策決定にはその正当性なり公共性が担保されなければならないために、そのような説明をおこなわざるをえないといえる。

しかし、ある政策が決定されることを説明するためには、なぜほかの政策ではなくその政策が決定されたのか、あるいは決定しないことにならなかったのかをじゅうぶんに説明できているとはいえない。そのために、決定について、現実の構造、実際の過程を説明する分析の視点が必要であると考えられる。その理論な説明として、政治学においては次のようなアプローチが示されている。

その一つは、**アクター間の構造化された権力関係に着目するアプローチ**である。なんらかの権力構造が存在し、その相違が政策決定の仕方や内容を決めているとし、少数エリートが政策過程をコントロールしているとみるエリート主義（F・ハンター）、多元的な諸集団の相互調整過程を重視する多元主義（R・A・ダール、E・C・バンフィールド）などの理論が提示される。その権力構造を明らかにし、具体的な政策決定の過程を説明しようとするのである。その際、権力の定義などを明確にし、分析手法を明示化して、具体的な政策決定過程を分析することによって、権力構造やそれによる政策決定への影響を明らかにしようとする点で、権力構造分析は現在の実証的な政治過程分析に大きな貢献をしてきたことには注目すべきであろう。

それにたいし、地方自治体が置かれた環境を重視すべきであり、そのなかで自治体が存続・発展するために取り得る政策は決まってくるとする**「都市の限界」論**（P・E・ピーターソン）の立場も有力である。自治体は、都市間競争のなかで、経済的利益の拡大につながる企業誘致やまちづくりなどの開発政策には力点をおくが、福祉サービスの給付など再分配政策を重視できない。なぜなら、再分配政策は、税負担の能力が低く、公共支出を増大させる低所得者層を引き寄せるため、都市の財政、さらには発展にはマイナスに作用するからである。こうしたアプローチ（公共選択理論とよばれている）は、権力構造論などとは対照的に、地方の政治をあまり重視せず、地方の政策的裁量を大きいものと考えない。

また、最近注目されている政策決定を説明するアプローチとしては、政策決定の過程に注目する**「ゴミ缶」理論**やそれを発展させた**「政策の窓」理論**がある。

「ゴミ缶」理論（M・D・コーヘン、R・M・サイアート、J・G・マーチ、J・P・オルセン）とは、政策決定は、必ずしも合法的かつ順序立てておこなわれるものではなく、ゴミ箱に投げ込まれる雑多なゴミがそのなかで混ぜ合わされ、再利用可能な資源へと加工される過程とみる。なぜなら、政策決定の世界は、曖昧な選好、不明確な技術、流動的な参加などに特徴づけられた「組織化された無秩序」であるからという。これは、政策決定にはかなり偶然的要素があることを理論化しようとする試みである。

「政策の窓」理論（J・W・キングダン）は「ゴミ缶」理論を発展させ、決定過程を、さまざまな公共問題が論議されている「問題の流れ」、さまざまな政策アイデアが競争している「政策の流れ」、国民のムード、政治的危機、さまざまな選挙、政争などによって生み出される現実の「政治の流れ」という相互に独立した流れを想定し、「窓」が開かれ三つの流れが合流する場合に具体的な政策の決定がおこなわれることになると説明する。その際、開かれた窓を機敏にとらえ、それぞれの流れにある問題と政策アイデアを結びつけ、政治状況をうまく利用し、政策決定につなげる「政策起業家」が重要であるとされる。

以下では、これまでの地方自治体の政策決定過程の概観や政策決定の説明理論を手掛かりにして、具体的な都市政策の決定を検討してみよう。

2　事例分析―香川県における「線引き」廃止

(1) 線引き廃止と新土地利用規制の採用

① 政策の概要

都市政策の一つとして、ここでは、土地利用や都市施設整備などに関する物理的な都市づくり（大きな範疇区分でいえば再分配政策ではなく、開発政策である）、そのなかでも土地利用に関わる計画の決定をとりあげる。都市行政の実務では、都市計画といわれる領域である。

香川県において、２００４年、香川中央都市計画区域を再編し、県内で唯一実施されていた線引きを廃止し、新しい土地利用規制のシステムを採用することになったケースを検討する。香川中央都市計画区域は高松市、丸亀市、坂出市、牟礼町、宇多津町を区域としており、複数の自治体を含む広域都市計画区域であった。

日本では、都市の計画をつくるために、まず、都市計画をおこなう都市計画区域を設定し、その区域をどのようなマチにするかを定める基本方針、マスタープランを策定するが、その際、一般に、都市計画区域を、積極的に開発を進める市街化区域と、原則として開発を抑制する市街化調整区域に区分する。市街化区域は、既成市街地および10年以内に優先的かつ計画的に市街化を図る区域、都市施設などが整備され、用途地域制などが適用される区域である。それにたいし、市街化調整区域は原則市街化を抑制する区域で、そこでは法令で規定する開発行為以外、原則開発は許されない。二つの区域に区分するので、これを一般に「線引き」という。

開発を一定地域に誘導することにより、スプロールや乱開発の防止をはかり、都市基盤整備の効率化を図り、計画的な街づくりを目指そうとする土地利用規制であり、都市計画の基本的枠組みとなってきたものである。とはいえ、市街化調整区域に土地を所有する人は、その土地に住宅やビルを建てるなど開発ができない。土地所有者は本来土地に備わっている土地の自由な利用権が制約される。地価、税制など長短はあるが、なかなか納得できないのではないであろうか。しかし、それを都市計画が必要ということで、決めているのである。

線引き制度が設けられたのは1968年、いわゆる高度経済成長期、その末期であり、その後数年かけて全国において線が引かれた。都市成長、強い開発圧力を前提に都市をコントロールすることを意図していたといえる。しかし、その後すぐに低成長時代に入り、現在では都市縮小がいわれる時代にいたっており、根強く線引きの見直し・廃止が論議されてきた。そして、2000年に線引きが選択制となった。新都市計画制度の根幹と考えられる線引きが、大都市圏を除き、都道府県の判断でしなくてもよいものとされたのである（土地利用規制のメニューの一つとなった）。これを契機に、線引き制度に不満を募らせていた地域では、すでに線引きされた地域の線引き見直し、あるいはその廃止に向けて動き出すことになった。もちろん、線引きを基本に都市計画をおこなってきており、それを変更することは大変な作業になることもあり、また線引きによるスプロール防止などの役割を無視できないとして、全国ほとんどの地域では線引きは現状維持となったが、少ないながら香川県や愛媛県などの都市計画区域では線引きそのものが廃止されることになったのである。

この線引きを廃止する決定はなぜおこなわれたのか、どのようにおこなわれたのかを検討したい。人口が減少するようないわゆる「縮小都市」の時代を迎え、都市機能を一定地域に集約していこうとするコンパクトシティなどを目指しているはずの高松市などで、一見そのコンセプトに反する線引き廃止を選択することになったのはどうしてなのか。

② 行政当局の説明

高松市の都市計画に関するホームページでは、その線引き廃止に関して『新しい都市計画制度について』として次のように説明されている。

平成12年5月に都市計画法、建築基準法の一部が改正され、線引き制度が原則として県の選択制となるなど、地域の実情に応じて適正かつ合理的なまちづくりがおこなえるようになりました。これを受け、県と高松市では、都市計画区域を拡大・再編し、従来の線引き制度の廃止（引用者注：「線引き制度」は廃止されていないので、正確には「線引きの廃止」ではないかと思われる）に合わせ、新たな土地利用コントロールを導入するなど、都市計画の見直しをおこない、平成16年5月17日から施行しています。

また、坂出市のホームページでは、「線引き廃止」について次のように説明されている。

本市の長年の課題であった「都市計画の線引き」が平成16年5月17日に廃止され、新たな都市計画制度がスタートしました。本市においては、昭和46年10月に線引き制度を導入して以来、行政区域の約75％が市街化調整区域に指定されていることから、人口減少や少子高齢化をはじめとするさまざまな問題が表面化し、都市活力の低下が非常に懸念されてきましたが、この新制度の施行により、土地利用の自由度が高まり、緩やかな規制による土地活用が進むことで、都市活力の向上とともに人口の増加にも繋がるものと期待しているところです。

土地利用計画の体制として、都市計画区域の拡大・再編、線引きの廃止、それに代わる特定用途制限地域の指定などをおこなった。広域区域を、高松広域、坂出、中讃広域に分割するとともに、高松広域、中讃広域にはこれまで区域外であった周辺自治体を含めた。坂出市は、丸亀市などとともに中讃広域に含まれることになっていた県の素案に反対し、単独で区域を設けることになった。こうした都市計画の政策決定がなされ、施行された。

ところで、高松市や坂出市のホームページにおける施策の説明では、線引きの廃止や新制度の導入による新しい土地利用の制度が望ましい土地利用、まちづくりを実現するとされており、目的―手段型の合理的な説明をおこなっているということができよう。坂出市の場合、「線引き」イコール悪という位置づけが特徴的である。悪を退治するという説明である。また、両市の説明では、誰がそれを決定したのかが曖昧であるようにみえる。

この線引き廃止とそれに代わる新しい土地利用規制の採用（とくに特定用途制限地域の指定）という政策決定について、以下検討していきたい。

(2) 法制度的説明

まず、これらは、法制度上、都市計画の決定のかたちをとっている。制度的には、どのような決定手続きとなるかをみておく必要がある。都市計画の決定をめぐっては、線引きや大規模な道路計画など根幹的広域的な都市計画については都道府県が、それ以外は市町村が決定することになっているのだ。したがって、今回、線引きの廃止を決定したのは香川県であり、特定用途制限地域の指定をおこなったのは高松市や坂出市など市町村であった。そして、手続きとしては、都道府県決定の場合には、都市計画部局が関係市町村の意見を聴取して素案を作成、公聴会の開催、意見書の提出など住民参加を経るなどして原案を作成、審議会（学識経験者・議会議員・関係機関代表・公募市民などで構成）の議を経て、決定をおこなう。決定の前には、重要な事項については国との事前協議、そして同意をうるという手続きも踏まねばならない。市町村の決定の場合も、同様の手続きを踏むが、事前協議、同意は都道府県知事がおこなう（香川県の説明は**図1**のとおり。なお、以上の決定手続きの説明は２０００年初頭のもの）。香川県も高松市などもこの手続きを踏んで決定をおこなうことになった。[*2]

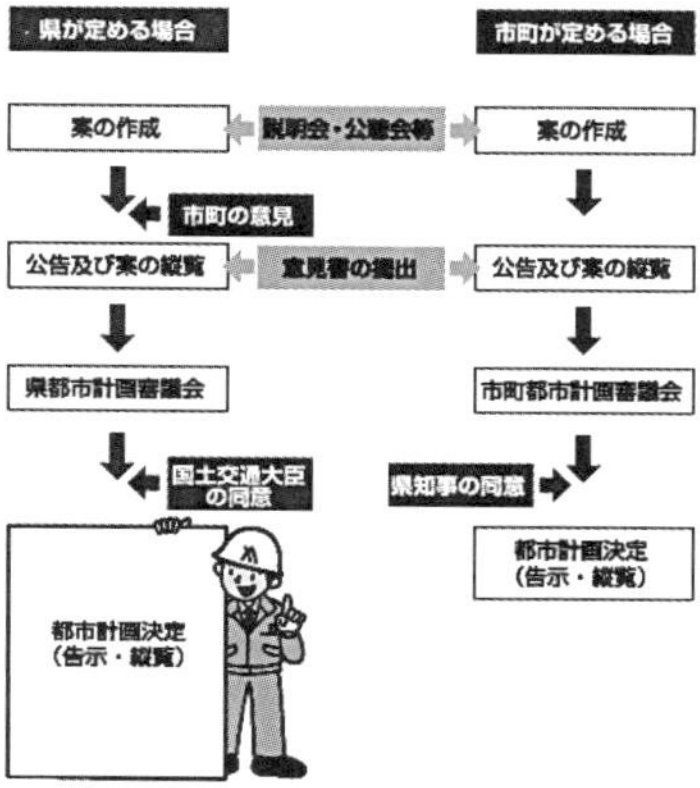

図１　都市計画の決定手続き
香川県ホームページの掲載図

ただし、注意しなければならないのは、このような法定の決定手続きが始まる前に、政策の方針や素案が作成されていることが多いということである。法定手続きの過程で政策内容に変更が加えられる場合もあるが、基本枠組みが変わることがないのがほとんどである。したがって、その法定手続きが始まる前に、政治的な調整や行政内部の調整などがなされており、いうならば実質的な決定がなされているといってよい。今回の香川県における線引きの廃止を巡る政策決定においても、それまでに基本的な政策案がまとめられていたのである。

制度的な説明だけでは、なぜ今このような内容の政策が決められたのかを説明できていない。制度的な手続きばかりではなく、その決定がなされるまでの過程や背景的な政治的構造などを解明しなければ、それを明らかにできたとはいえない。

（3）過程分析 ― アクターの立場

まず、アクターである関係自治体の行動をみてみたい。線引きの見直しが政治的な争点になり始めた時点で、高松市、坂出市、丸亀市は廃止、牟礼市、宇多津町は現状維持という立場であった。そのなかで、もっとも強硬に線引き廃止を主張したのは坂出市であり、その急先鋒は同市長であった。

坂出市は、人口の社会減、自然減で人口が減少し続けている（社会減の半分は県外への流出が占めるが）。なぜなら、線引きによって、広く市街化調整区域が指定されており、都市計画区域外あるいは線引きされていない近隣市町に人口が流出しており、その結果、同市の人口減少、特に社会減が著しい、と主張。人口の減少がみられるのは同区域内の市町のなかで唯一同市のみであり、それは線引き制度の影響が決定的であるというのである。

同市にとって人口減は絶対に回避すべきこと、同県の工業の中心、瀬戸大橋の四国側玄関口、しかし人口が減少、隣の丸亀市などは同市からの転入によって人口増加という状況、政治家としては絶対にこの状況を変えることが必要、市長が政治的課題として線引き廃止を求めることになった。こうした主張は同市長の初当選時からの公約でもあり、これまでつねに主張してきたものであり、この時期に実現したということになる。

高松市も、周辺市町への人口流出が課題となっており、危機感をもっていた。ただし人口自然増加がそれを上回り、全体としては人口は増加していた。また、同市内の都市計画区域外で人口が増加し、都市計画上の混乱や乱開発の問題を抱えていた。都市計画区域を見直し、周辺町村を組み入れることと、線引きの不合理を見直すことが課題となっていたが、これを実現するためには、線引きの新たな設定、あるいは線の引き直しは地元の合意を得ることが難しく、線引き廃止する以外にないという判断に落ち着いた。また、市街化調整区域を廃止すると、そこに人口がとどまり、周辺自治体への流出、社会減を回避できると考えた。

丸亀市は、都市計画区域外への人口の流出を問題と認識していたが、坂出市と異なり、周辺自治体から人口の流入がみられた。丸亀市は線引きは現況に合わなくなっているために、見直しに賛成、見直しができないのであれば賛成という立場で、坂出市が抜け駆けで線引き廃止をおこなうような事態は避けたいという思いもあったようである。もちろん、県にたいし、3市の市議会からも廃止の要望書が出されていた。

それにたいし、牟礼町長は「都市の中に緑地が残されているのは線引きのおかげ。今後少子高齢化を迎え、人口増が望めないのに宅地を広げるべきではない」と主張、線引き維持を支持した。ただし、議会などでは現状維持で何もしないことにたいし、批判を受けていた。

牟礼町や宇多津町は、高松市などが廃止に踏み切るならば、都市計画上現状維持を貫く意味がないので、最終的には線引き廃止、都市計画区域再編に同調することになった。

線引き廃止派の主張のポイントは、原則開発ができない調整区域で開発ができるようにすることであったように思われる。その際、廃止に向けての行動には都市計画への配慮はほとんどなかったといえる。①地域に人口は分散的に、したがってそこに無理に線を引くのは不都合、②人口の増加への圧力はきわめて小さいので、線引きは不必要、③郊外や農村部における地域の衰退を阻止するために調整区域は障害となっている、などが、廃止を主張する理由である。人口減少が何によるのか、線引きの影響はどの程度なのか、線引きを廃止して人口流出が止まるのか、などについてじゅうぶんに検討はなされていないようにみえる。

また、住民の動向であるが、坂出市などでは調整区域に土地をもつ住民の署名が寄せられたりした。しかし、これは一部市民の不満を反映していると思われるが、ほとんどは行政からの働きかけによるものと思われる(市の広報紙や地区での説明会などを活用、線引きの問題について積極的に広聴)。また、県が実施したアンケート調査においては、県民市民モニターにおいても、農業関係団体においても、商工会その他団体においても、「秩序ある市街化のため」「景観・緑地保全のため」線引きの維持に賛成であるとする者が廃止を求めるものよりかなり多いという結果であった。

なお、都市計画区域の再編が同時に検討されていたが、これは、香川中央都市計画区域の周辺自治体を区域に含め、一体の都市として計画的な街づくりをおこなおうとする意図のもとで試みられた。周辺自治体は未線引き自治体として、開発が抑制されている香川中央都市計画区域市街化調整区域を越えて、人口の流入があったため、線引き廃止、都市計画区域の再編によってその逆流が生じることには危惧の念を抱いたが、無原則に開発が進むことは問題であり、なんらかの都市計画的規制や整備が必要であるという見方も強かった。都市計画区域の再編、線引き廃止の政策について、賛成の自治体も反対の自治体も存在したが、様子見の立場が基本的であった。

それでは、制度上、決定権者である香川県はどう行動したのであろうか。経過をみると、線引き制度の選択制などを内容とする都市計画法の改正を受け、都市計画区域マスタープランの策定などをおこなうことが必要となった。線引きはすでに分権改革で国の認可を必要としない自治事務となっており、今回それが選択制となったために、県にとっては線引きの廃止が可能になったのである。区域マスタープランの中に線引きの要否を書き込む必要があるために、線引きの見直し・廃止は争点にならざるを得なかったといえる。

これまで現行の線引き制度について、特に市街化調整区域をめぐる課題が指摘されてきていたことは確かである。坂出市長などは一期目から線引き廃止を選挙公約に掲げてきていた。選択制の導入に際し、その線引き廃止の主張が注目され、廃止という案が急速に浮上したのである。県は、学識経験者と関係機関の代表によって構成された都市計画基本構想検討委員会（２０００年12月〜２００３年３月）を設立し、そこを舞台に、関係自治体の意見聴取、関係機関との協議などがおこなわれ、「線引きに代わる道を模索することも一つの現実的な方策である。ただし、都市像の明確化、具体的な土地利用のコントロール方策の検討が不可欠である。」との基本的な方向を出した。その際、県や市町村の担当部局としては、当初は廃止を想定していなかったと思われる（当初の関係自治体担当者との協議（２０００年10月）では、「あらゆる可能性を検討している段階である」と述べていた）。関係者へのインタビューによれば、争点化し始める段階で、廃止という案が浮上し、その後は廃止ありきで手続きが進められていったと推測される。担当部局は当初、線引きの廃止には賛成できないという立場であった。政治家たちの判断、決断があり、その後はそれに合わせて施策を整えることになったといえる。関係市町村、関係部局、さらには国の関係機関など関係者の意見を聴取し、県民アンケート調査なども実施して、素案を作成し、それを最後には都市計画決定手続き（**図1**）にのせることになる。この法定の都市計画決定の手続きの過程でも、調整区域の廃止や用途地域の拡大に難色を示していた農政局との折衝など調整は継続されてはいたが、この法定決定手続きが始まる段階で、都市計画区域の再編、線引きの廃止、それに代わる新しい土地利用規制の導入（市町における特定用途制限地域の指定なども含め）などという基本的な政策案は固まっていたのである。素案作成段階におけるさまざまなアクターによる意見の表明や調整が実質的な決定の過程ということができる（知事は「線引き廃止など坂出市長の要請に応え、坂出市の活性化に協力した」との趣旨の発言をしており、線引きについて明確な立場があったとは思われない。ある段階で、国の動向、関係自治体の市町村長や議会などの政治的意向を受け、線引き廃止を受け入れたように思われる）。もちろん、法定の手続きにおいて、たとえば都市計画審議会がストップをかけたり、農政局など関係機関が猛烈に反対したりすれば、原案が決定に至らないということも考えられるが、そのようなケースはほとんどみられない。

（4）過程分析―なぜこの時点で？

それでは、なぜこれまで、廃止という政策が決定に至らなかったのか、この時点でなぜそれが浮上したのか。たとえば、坂出市長は10年以上前から廃止を訴えていたが、これまで廃止にはつながらなかったのである。なぜこの時点で決定へと事態が大きく動いたのか。

①国の関与：ルール作成とその運用

その要因として、まず、挙げなければならないのは、国による制度の変更ということである。先に挙げた高松市のホームページの説明にはあったように、線引きが義務ではなく選択になった制度変更である。これまでは原則として線引きをおこなうことは法律で義務づけられていたのである。また、線引きはこれまでは決定権者である知事への「機関委任事務」（決定には国の認可が必要）とされていたが、それが自治体の「自治事務」

とされたことが重要である。国の認可を必要としない自治体の決定事項となったのである。こうした選択制、自治事務化という国の制度変更がなければ、廃止という決定に踏み込むことはできなかったと推定される。今回、国の制度変更という契機はかなり重要であったといえる。*3

②全国レベルの政治動向・思潮

さらにたどれば、線引きという日本の都市計画の枠組みとなる制度が選択制にされたことには、その背景として、当時広く国政レベルの政治の動向や思潮が規制緩和、民営化などいわゆる新自由主義的な志向性を強くもっていたこと（当時の新自由主義路線をとった小泉政権の異常な人気の昂揚などがその象徴であろう）があったといえる。線引きの義務制を選択制にすることは、自治体の政策選択の裁量権を増すという点で規制緩和であり、かつ、線引きの廃止が可能になり、廃止は土地利用規制の緩和につながる。自治体の裁量権を増すべきとする地方分権の思潮も、線引きを強制すべきではなく、地方の実情に合った規制にすべきという坂出市長の主張を支持しているようにみえる。こうした国政レベルの動向が制度変更をもたらし、それを契機として香川県において線引きを廃止する可能性が生まれ、それをいかして廃止の決定がなされたと考えられる。

したがって、線引き廃止の決定は、国の制度変更、それをもたらした政治的潮流・思潮の変化があって可能になった、言い換えればそれらがなければそうした決定はなかったといえるであろう。

(5)なぜ香川県だけが？

ただし、あらためて考えれば、とはいえ、全国的にみれば線引きの廃止に動いた地域は少数であり、ほとんどの自治体では線引きを維持しているのである。したがって、なぜ香川県においては廃止が決定されることになったのかを説明するためには、地域の差、政策決定過程の違いをみる必要がある。

①「場」の論理と「専門」の論理

香川県では、県や高松市などの都市計画を所管する行政部局には、少なくとも自分たちが進めてきた都市計画の基本をなす線引きについて、見直しを含め維持する立場が強かったと思われる。彼らはスプロール防止や計画的な街づくり、効率的な公共投資などを目指す都市計画という行政分野の専門的な論理や考え方に依拠している。県行政当局は線引き廃止については中立的であり、それを実現するためには廃止する根拠、論理が必要とし、それを同意権者である国に示すことを強く自治体当局に求めたりしている。線引きなどの都市計画制度を運用することについて、国の方針が重要であり、それを理由に線引きの論理を正当化しようとしているようにみえる。彼らの専門性にはこのような国の行政への依存がみられるのも特徴といえる。

しかし、今回は、自治体という場の利益ないし論理が専門行政の論理に優越したと考えられる。首長など地域を代表する政治家が、人口減少の阻止と地域の活性化、調整区域の住民の不満の解消、開発業者や住宅建設業者の期待の実現を目指し、線引きを廃止することに成功した。都市計画行政部局はその計画行政の担い手であり、その行政活動を中心に国、県、市を通じてネットワーク、いうならば政策共同体（縦割り行政のネットワークともいえる）を形成していると考えられるが、その共同体には道路行政や福祉行政などにみられる豊かな資源（予算など）も多くの利益享受者もいない。政治的に線引きの維持という政策を強く求める人びとや集団がいなかった。逆に行政から強制された規制の枠組みという意識をもつ人が多かった。都市計画を担うのは所管行政部局とせいぜい学界ぐらいなものであった。都市計画という「専門」の論理にたいし、地域の政治、いうならば「場」の論理が優越したといってもいいであろう。坂出市長の「住民の意向を無視した都市計画なんて無意味。」（四国新聞、２００１年11月5日付）との主張が勝ったのである。

②「政策の窓」理論による説明

自治体の首長や議会によって求められてきた線引き廃止という政策が、これまで実現の見込みがなかったが、規制緩和などを求める新自由主義的な政治的趨勢のもとで、都市計画制度の自由度を増し、民間が自由や創造性を発揮できるように図る施策として採用された線引き制度の選択制の施行を契機に、既存の線引き制度を基にした都市計画制度を維持する政策的立場に抗し、決定されることになったということができるであろう。さきに紹介した「政策の窓」理論によれば、人口減少、地域の衰退、線引きの不合理などの問題が、線引き廃止、あるいは線引きの選択制の採用などという政策に結び付き、つまり「問題の窓」が開かれ、同時に、それらの政策は国政や地方における規制緩和を求める新自由主義的な政治的動向と結びつき、つまり「政治の窓」が開かれたと説明できる。香川県では、線引き廃止をめぐって、「政策の窓」が開かれ、「場」の代表者たちがうまくその機会をとらえ、問題、政策、政治を結びつけることに成功したと説明できるであろう。

③ 歴史的経緯（経路依存的説明）

香川県でこのように線引きの廃止に積極的であったのは、30年前に国の新都市計画制度にのっとって無理矢理に線引きをさせられたという経緯に、少なくともそういう根強い意識に原因があったとも考えられる。土地利用の自由が一般的で、分散的な街づくりがふさわしい、本来人口が分散的な土地利用がなされている地域において、大都市圏向けの新制度に強引に合わせて開発可能な地域とそうでない地域に区分すること自体、不合理であるというわけである。たしかに、香川県と同様に、愛媛県でも東予広域都市計画区域において区域の再編と線引き廃止が決められたのである（松山市や今治市の都市圏では線引きは維持されている）が、この地域も新産都市指定のために線引きが必要という国の施策に従わざるを得なかったという経緯があった。廃止の理由は人口の減少の阻止、調整区域の地域衰退の阻止、人口の流出の阻止、不合理な線引きの見直しなど、香川県のケースと同じであった。いずれも国に都市計画を強制されたというわけである。

このような歴史的経緯も香川県で線引きが廃止されることになった理由と考えられる。当初の線引きの設定にその廃止の種子が埋まっていたという経路依存的な説明が可能なのである。

(6) 線引き廃止の結果と評価

線引き廃止とそれに代わる新しい特定用途制限地域（市町村の決定）という政策の結果については、詳細な検討はここでは難しいが、線引き廃止後数年、旧調整区域において開発が大幅に進められ、周辺の旧未線引き地域や旧市街化区域から人口が流入することになった。拡散的な土地利用をさらに推し進める結果となった。人口減少傾向にあった旧市街化区域ではさらに人口の流出が進むことになった。旧調整区域の開発が進んだこと以外、基本的な土地利用や開発の動向、地価の動向、そして人口流動の動向において、これまでの趨勢が変わることはなかった。もちろん、これは当然であり、たんなる調整区域の開発が可能になることのみで、事態が大きく変わるものではない。皮肉なことに、もっとも強硬に線引き廃止を主張した坂出市において、これまで同様に県外への人口流出、丸亀市など隣接自治体への人口流出は止まらず、人口減少の阻止は実現できなかった（旧調整区域の人口減少も止まらなかった）。高松市は、人口減少時代などを迎え、都市的土地利用の郊外への拡散を抑制し、中心市街地の活性化、徒歩や自転車で生活できる居住の促進など、中心部に都市諸機能を集めようとする集約型都市構想「コンパクトシティ」を目指していたと思われるが、線引きの廃止はそれに矛盾する政策といえる。都市計画的な対応としては、都市計画区域を再編し、線引きを見直すことが正論であり、開発に枠をはめる線引きを廃止することではなかったのではないかとも考えられる。

都市計画理論においては、ここで選択された土地利用に関する政策は、強い規制ではなく緩い規制を広くかけること、最低限必要な規制をかけ、あとは住民や企業の自由にゆだねるというものであり、土地利用への強い介入を拒否したことになる。この政策的立場はこれまでの日本にみられた土地利用、都市開発の路線（「消極的市場型都市計画」とよぶことにする）であるといえる。もちろん、理論上、線引きという制度を見直す実験という意味はあるのかもしれない。線引きをせずどのような土地利用規制が可能か、どのようなマチができるのかをみることができる。

全国的にはほとんど線引きが維持されているなか、県庁所在市の都市圏で線引きを廃止するということは、かなり大きな政治的な政策決定であった。都市計画の決定は行政手続きとして進められるものではあるが、この場合、政治家たちの強い意志と行動がなければ、少なくとも行政部局のみでは決定はできなかったことも確認できる。

あらためて、この政策によって誰がもっとも利益を得たであろうか。開発が原則抑制されていた旧調整区域の土地所有者の不満が解消されたことは確かである。彼らの利害関心や、開発活動が活発になることを求める開発業者など不動産関連業者の働きかけも政策の推進力であったが、経済的な利益を核とする特権的な権力構造（恒常的でなくとも）が存在しているとまではいえない。多元的な交渉・調整の過程はみてとれるが、その過程は社会集団間の調整という特徴は薄く、「場」を取り仕切る政治家を含め行政的アクター間の調整、いうならば行政上の舞台回しが目立つものであった。

本章では、香川県における線引きの廃止を中心とした土地利用の政策の決定について検討してきた。この政策は物理的な政策で、都市計画として決定されるものであり、その分析をもって都市政策の決定全体を理解できるわけではない。本章では、都市政策に関する理解を深めるために、一般的な決定の説明とケースの分析によって、都市政策がどのように決められるのか、だれが決めるのかを理解するための見方ないし手がかりを提供することを意図した。

＊1　「都市」とは何かについて、国際的に統一的な定義はない。ルイス・ワースの有名な生態学的な定義によれば、人口規模、密度、異質性（多様性）によって説明する。統計上は、都市域は、人口集中地区（人口密度４０００人／㎢以上の地区が隣接し、全体として人口５０００人以上の規模で構成される地域）として表されている。また、地方自治法によれば、「市」は、人口5万人以上、戸数6割以上が集積する中心市街地の存在、商工業など都市的業態に従事する世帯人口が六割以上などを要件として定められている。

＊2　この都市計画の決定手続きについては、住民の参加が形骸化しがちであるので、それを意味あるものにするにはどうしたらよいか（最近では原案作成段階への参加、原案の提案制度など、工夫が試みられている）、国との事前協議・同意ないし知事との事前協議・同意が必要であるか、都道府県と市町村の都市計画権限の配分は適切か、あるいは、議会の関与がなく、審議会を介した行政的手続きとして決定がなされているが、それでいいのか（議会議員が個人として市長の任命により審

議会委員として関与してはいる）などが課題とされている。

＊3　都市計画の決定における国―都道府県―市町村の関係について、制度の変遷を説明しておこう。歴史的には、もともと、用途地域や街路計画などを定める都市計画は、大臣決定つまり国による決定事項であったが、1968年新都市計画法の制定により、都道府県知事ないし市町村の決定事項とされた。ただし、それは地方自治体に機関委任した国の事務であるとして、ほとんどの場合国の許可（都市計画では認可という）がなければ、地方自治体が決定できないという仕組みの下にあった。1999年に法成立した地方分権改革において、その機関委任事務制度が廃止された。都市計画の決定は自治体の「自治事務」とされ（国との事前協議・同意という国の関与形式は残された）、強制的な国の「通達」も廃止された（国からは現在、アドバイスという位置づけの「指針」、連絡という位置づけの「通知」などが示されている）。この分権改革によって政策領域の中でも都市計画行政が最も変化を受けたといわれている。

最近、1999年の分権改革を次いで、いうならば第二次分権改革（2007年地方分権改革推進委員会の設置以降、法改正としては2011年第一次一括法公布以降）が進められている。都市計画の領域においては、さらに分権化が進められ、国の関与や都道府県の関与の縮小、都道府県から市町村への権限の移譲が行われた。大都市における用途地域などの決定について、国による「同意を要する協議」は廃止になり、市については多くの都市計画決定に求められてきた「都道府県による同意」が廃止となった（事前協議は残されている。ただし、町村は旧来と変わらず）。しかし、議会の関与をめぐっては、議会は予算を要するものや条例化が必要なものについては関与するし、議会審議で線引きなど重要な都市計画について質問が出されたりするが、依然として、都市計画決定手続きに議会としての関与を制度化する動きはないようである。

〈参考文献〉

公共政策（特に政策決定に着目）に関する教科書は最近多く出版されるようになったが、代表的なものとして、

足立幸男『公共政策学』ミネルヴァ書房　2009
秋吉貴雄・伊藤修一郎・北山俊哉『公共政策学の基礎』有斐閣　2010

がある。

本章で利用した都市計画決定（香川県の線引き廃止を含め）に関する研究・資料として、

財団法人都市計画協会『市街化区域および市街化調整区域に関する都市計画の見直し―香川県の試み―』財団法人都市計画協会　2005
北原鉄也「都市計画」村松岐夫編『テキストブック都市計画』東洋経済新報社　2006
柳沢厚・日置雅晴・野口和雄編『自治体都市計画の最前線』学芸出版会　2007

などを挙げておく。事例分析では、関係者へのインタビュー調査や収集資料なども利用しているが、それは香川県、高松市などの行政関係者の協力によるものである。ここに感謝申し上げる。

Ⅱ　マネジメント面から

地域・都市システム論としてみた総合防災と安全・安心のまちづくり

岡田　憲夫

1　はじめに

本稿では、阪神淡路大震災や東日本大震災のような低頻度・甚大被害災害からの教訓として、総合防災と安全・安心まちづくりについて地域・都市システム論的考察を提示することにしたい。「総合防災」とは何かということだけでも大きなテーマであり、いろいろな考察がすでに提示されている（たとえば参考文献参照[*1・2]）。ここでは防災を効果的におこなうためには、地域・都市のリスクマネジメント・システムとして捉えることが不可欠であることを示す。このことが総合防災の一つの重要な政策論的課題であるという問題意識にもとづいた議論をおこなう。なお総合防災の研究を進めていくうえでは、地域・都市をシステム論的に理解し、モデル化することも有効である。この点についても以下で例示をおこなう。

2　地域・都市に固有な大小さまざまな災害（マネジメント）時計：円環的な時間空間観

災害は一般的になんらかのかたちで同じ地域・都市で再度発生する。地域・都市は時間軸上で、そのマネジメントが求められる。このことをAlexander[*3]は災害マネジメントサイクルとよんでいる。基本的に同じことであるが、筆者は災害がいわば時計にたとえることができることに着目して「災害（マネジメント）時計」と名づけている。[*4]災害が実際に発生した時点をX時刻とし、その前後で明暗が分かれる。X時刻以降、被災地域は暗転するモード（災害後のモード）に入るとみなせる。逆に明るい時間帯モードは災害発生前である。24時間で1回転する時計を考え、X時刻を夕方の6時とみなすとすると、右半分が太陽の出ている日中、左半分が夜半とみなすことができる。真昼が時計の最右端、真夜中が最左端に相当している。時計の頂点の位置に相当する時刻は、いわば再び昼間のモードに戻る時点であり、これを境に災害から地域は復興を成し遂げて、次の災害への対応を始めることが求められる。現実にはこの時点では当該地域・都市に住み、働き、訪れる人たちにとっては、災害のことをもっとも忘れてしまう時期になる可能性が高い。なお災害時計の概念を使うと以下のような政策上の標識として利用することができる。

①　一つのタイプと規模の災害ハザードに着目し、当該地域・都市がいまおおよそ何時当たりにいるのかを示すことができる。

②　同じ地域・都市は実は多様なタイプと規模の災害ハザードに見舞われるリスクを抱えている。それはあたかも「マチの時計屋さん」の壁にかけられたさまざまな大きさと形の時計群にたとえられよう。大きな時計は、頻度が小さく、ゆっくりと回っている時計にたとえられる。被害が大きい可能性のある場合は、その分

時計も大型になる。

③　逆に、その災害はしばしば起こるが、被害はそれほど大きくない場合は、時計は小型となる。時計の針は速く時を刻んでいる。小さな災害時計は、大きな災害時計のいわば分針のような役割を果たしているとみなすこともできる。

④　仮に近隣地域・都市の災害時計をお互いに共有できる体制がとれるとしよう。そうすれば当該地域・都市の間では擬似的に災害時計の数（とタイプや大きさ）が増えることになる。これを「想像型災害時計」(imaginative disaster clocks) と名づけよう。それが当該地域・都市における大時計とは周期が異なっている場合には、大時計の「ゆったり過ぎる時計の回り方」の欠陥をある程度補うことができる。他所で起こったタイミングで自地域の「災害時計の針を進める」マネジメントをとるというのも一案である。あるいはそのタイミングを活かして、防災訓練と点検を大掛かりにおこなうというのも効果的であろう。

地域にはいろいろな災害時計が回っている

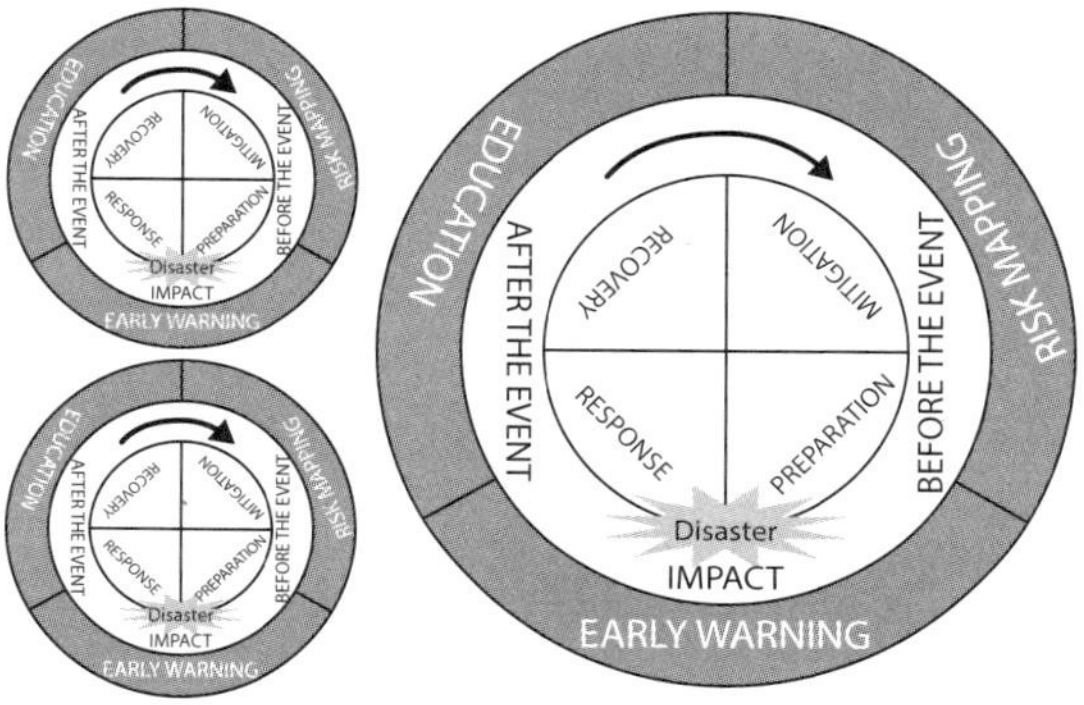

図１　多様な災害時計が回る地域・都市

⑤　たとえば阪神淡路大震災や東日本大震災のような低頻度・甚大被害災害はきわめて息の長い円環的な時間空間観にもとづく防災・減災を進めることを要請する。しかしこのことは一筋縄ではいかない困難な政策的課題でもある。1000年単位も視野においた

リスクマネジメントは容易ではない。過去に発生した災害と同じタイプのハザード（災害のトリガーとなりうる自然または社会現象）がいずれ再来しうることが予見されたとしても、当事者全員にそれに備えてつねに緊張を強いることは大変難しいからである。そこで

- 災害時計で今何時かを計り、そしてX時（災害発生時）はいつかをつねに想像しておく。
- 近隣地域・都市での災害発生のX′時の直後にタイミングを合わせて、防災点検のPDCAサイクルを回す。そのためにはあらかじめどのようなplanで訓練や点検をするかということを仮に設定しておく必要がある。あるいは当該地域・都市で起こった小さな災害の発生に合わせて、より大規模な災害にも通じる訓練や点検をおこなう社会実験を実施するのも有効であろう。これはいわば自分たちの小さな災害時計を大きな災害時計の「秒針」代わりに使って、戦略的に時計の針を進めた感覚を当事者で共有することでもある。いわばPDCAサイクルを弾み車のように活用するのである。すなわちX時刻が来るまで息が続かない（持続しない）大時計によるリスクマネジメントを補完するために順々に息を継ぎ、螺旋階段を上っていく多段階アダプティブマネジメントをとる。これを戦略的に進めてX時刻に備え続けるのである。
- このほかに「日常的な生活時計とメリハリをつけて連動させる」という戦略が考えられる。日常的な災害時計とは、災害時計の右半分だけのモードのみを扱う地域・都市のマネジメントの時計である。実は5で後述するように、地域・都市の伝統的なマネジメント（法定計画としての都市計画やその他の社会基盤整備計画）のアプローチは概略、日常的な生活時計を想定しておこなわれている。たとえば、公園などのオープンスペースは、災害が発生すると指定避難地として活かせるはずである。この意味ではこのような日常的な利用に供するオープンスペースの多くは、日常的な生活時計から非常時モードへ切り替える「のり

しろ」の役目を果たすことが期待される。このようなモード変換ラベルを備えた空間マネジメントをおこなうことが今後の都市計画や社会基盤整備計画には不可欠なのである。

3　地域・都市・コミュニティを五層モデル（五重の塔モデル）として捉える

地域・都市・コミュニティ（以下、一括して「マチ」とよぶことにする）は五重の塔に見立てた五層モデル（図2）として捉えることが大変有効である。[*5] たとえば五層モデルを用いて阪神淡路大震災や東日本大震災の教訓を筆者なりに整理すると以下のようになる。

(1)　第五層　生活層：時間・日・週・月・年単位で変化する（させうる）もの

阪神淡路大震災は1995年1月17日の早朝、午前5時47分ごろに発生した。それは大都市圏を襲った直下型の地震であった。もし地震の発生時刻が異なっていれば、マチの活動や人びとのふるまいは異なり、ひいては社会全体の抵抗力や復元力（レジリエンス）の現れも変わっていたであろう。結果として被害の規模も様相も大きく変わっていたに違いない。助け合いができるコミュニティが普段からできているところや、お年寄りと若者とが混在するところは、そうでないところに比べて人命が失われる可能性が低くなることが期待される。また大都市ではなく、農山漁村などの過疎地域では人びとの空間的活動のパターンや密度も異なる。さらに発生時刻がたとえば日中であったりすれば状況は一変しうる。東日本大震災の発生時刻は、3月11日14時46分であった。阪神淡路大震災とは違って、沖合の海底で起こる巨大地震であり、これが大津波を引き起こし

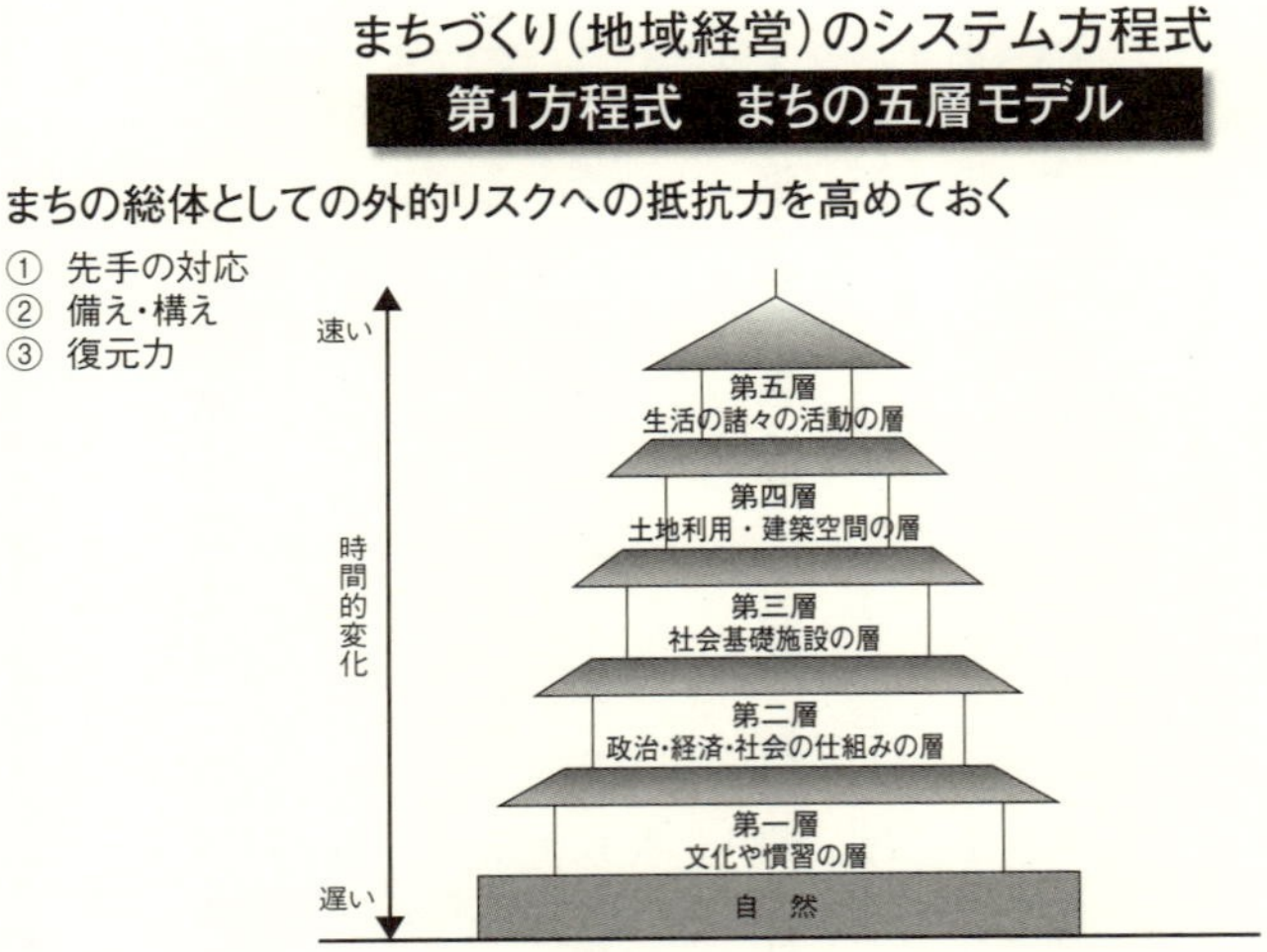

図２　地域・都市の五層モデル

た。しかし着目すべきことはそれが午後のちょうど学校が下校時に差しかかる時刻に起こったということである。幸いにして、多くの小・中学校ではまだ生徒たちは下校していなかった。「釜石の奇跡」で有名になった釜石小学校を拠点におこなわれていた防災教育の成功事例は、発生時刻が異なっていたらどうであったかも含めて多元的に検証が必要であろう。

(2)　第四層　土地利用・建築空間層：一年から数年単位で変化する（させうる）もの

家屋の耐震性能や密集度の違いにより、被害の規模も様相も異なったものとなる。欠陥住宅はもとより既存不適格な住宅や建物はその意味で震災リスクが高い。このことは阪神淡路大震災でも如実になった。既存不適格は集合住宅の建て替えをしようとしたときにも困難な問題を引き起こした。これは東日本大震災でもやはり問題となったといわれる。ただし既存不適格は法制度（第二層）の問題であり、これを変えることで第四層の災害リスクレベルを改善することが期待できる。ただしこのような法制度の改正は後述する第二層の政策問題である。法制度の改変によらず、第四層のリスクレベルを低減するためには、住居や建築物などが建てられている近隣地区・コミュニティレベルでの当事者による自発的・自律的取り組みが鍵になる。安全・安心で活力ある減災コミュニティづくりが重要なのはこのような理由によるともいえる。なお国や都道府県、市町村の公的セクターが主導できる建築物・施設もある。たとえば小・中・高校の校舎・体育館等は重点的に耐震化を進めることが可能である。

（3） 第三層　社会基盤層：10年から数十年年単位で変化する（させうる）もの

減災を目指す観点からは社会基盤の物理構造物やいわゆるライフラインとよばれるものがまず検討対象となろう。電気、水道、下水道、ガス、電話・通信などの供給システムが挙げられる。地区内道路や都市内の鉄道もローカルなライフラインと考えられる。また広域的な道路網や鉄道網も地域間レベルのライフラインとみなすことができる。たとえば高速道路やその他の基幹道路にリダンダンシー（迂回道路などの余裕性・ゆとり度）があると、被害の規模も様相も異なる。このことは阪神淡路大震災が明らかにした教訓であった。また東日本大震災の被災地において高規格道路が海岸沿いの旧道に並行して内陸側の地盤の高い丘陵部に整備されていたところは、旧道が津波で機能マヒしていても、通行可能であったため、災害直後の救援や復旧活動を効果的におこなううえで有効に機能したケースが多くあったと推定される。

（4） 第二層　政治経済・社会の仕組みの層：数十年単位で変化する（させうる）もの

法律などを含む社会制度は（後述する）社会的な通念や慣習とも密接な関係をもっている。長年の間に社会経済的な環境が変化するなかで、制度疲労等が起こってくるが、なかなかそれを改変することは容易ではない。大災害はそのような制度の不備を突いて襲ってくることが多い。たとえば1995年の阪神淡路大震災がきっかけで1998年にようやく新設されるにいたった被災者生活支援法は2004年の新潟県中越地震、2007年の能登半島地震、同年の新潟県中越沖地震などで得られた教訓を踏まえて見直しされ、2007年に改定をみた。*6 しかし2011年の東日本大震災は、「大規模広域な災害」という観点から制度の根本的な見直しを迫った。*7 その結果、災害対策基本法にも「大規模広域な災害にたいする即応力の強化等」、「住民等の円滑かつ安全な避難の確保」、「被災者保護対策等の改善」、「平素からの防災の取り組みの強化」などで改定が図られた。「減災」という考え方がより明確に位置づけられることになったのも特徴である。しかしながら法制度やその運用のあり方はまだまだ不備であり、特に福島第一原子力発電所事故に代表される原子力災害が引き起こした「わが国がこれまで経験したことのないレベルとタイプの災害」にたいしては法制度も含めた社会システムの抜本的な改革が求められている。

(5) 第一層　文化や慣習の層：数十年、百年単位で変化する（させうる）もの

この層は第二層とも密接に関係して「社会システム」を構成しており、必ずしも両者を明確に区別することはできない。第二層と比べてその変化がより緩慢であり、より非明示的で、定型化になじまない特性をもっている。大災害の体験を活かした地域文化や慣習がどのように築かれているかということはこの層に関わる問題である。

（6） 第ゼロ層（基壇） 自然の層：数十年、100年、数百年、1000年単位で変化する（させうる）もの

自然災害のハザードはまずこの第ゼロ層（基壇）の自然現象の営みの一つとして発生する。そこに人が居なければ基本的には災害にはならない。つまりハザードの発生自体では必ずとも災害にはならないのである。また自然ハザード自体の発生を抑制したり防止したりすることは困難である。よって問題の根幹はむしろ第ゼロ層の上にある第一から第五層のあり方にあるといえる。ただし自然ハザードの発生のメカニズムを解明し、その発生場所や時刻を予測・予知することができればそれだけ被害を軽減することが期待できることは事実である。これは自然科学やリスクコミュニケーションの学問の進展に大きく依存している。（結果的には第一から第五層のあり方に関係してくる）。

ちなみに東日本大震災は日本周辺での観測史上最大の地震であるといわれる。貞観地震（869年）が東北地方で起こった過去2番目に大きい地震（と津波）とも推定されているが、仮にそうだとすれば東日本大震災は1000年単位の頻度で発生している自然災害ということになる。一方、わが国で近年頻繁に起こる局地的大雨や集中豪雨は100年単位の頻度の雨量の大きさが増大する傾向にあるとみられる。*8・9 また台風も大型化する傾向があるという。気候変動との関係も疑われている。ともかく第ゼロ層で起こるこのような災害ハザードの大型化の傾向は、第一から五層にわたる災害リスクマネジメントをさらに進化させていくことを求めているといえる。後述する五層モデルの垂直統合の重要性はこのような背景を考えると明白となる。

4　五層モデルが求める垂直統合のリスクマネジメント：高台移転問題*8

２０１１年3月11日に発生した東日本大震災は阪神淡路大震災をはるかに凌駕する格別のカタストロフな地震災害であった。たとえば津波により完膚無きまでに破壊された津々浦々の町村や集落コミュニティは、いわば五層モデルのうち、第五層から、第三層までがほとんど壊されてしまったと解釈できる。それどころか既応の法的枠組みで対処できない事態も発生している。これは第二層の問題である。さらに第一層の社会制度・慣習層すら、これまでのものでは立ちゆかなくなったようである。第五層から、第三層までをできるだけ速く復興するためには、第一層の社会制度・慣習層そのものを見直したり、第二層の政治・経済・社会の仕組みの層を新しく創り直すことが求められている。やっかいなことは、第五層は日々の生活であり、特に生計を建て直し、維持する fast parameter に関することで、順に下の層に下りていくほど slow parameter となっている点である。

たとえば高台移転を進めるにしても、そのための合意をとり、防波堤、堤防、道路や鉄道、ライフラインなどのインフラを計画し、整備するプロセスは、より slow な parameter の問題である。これにたいして最上階（第五層）の生計の問題は、日、月の単位で変化していく fast parameter の問題である。復旧や復興はより slow な parameter に関するところから手を施していく必要がある。ところがここにはなかなか行政の手は届かない。むしろより slow な parameter のところはいろいろな行政の部署が担っている。ここにちぐはぐさがあり、ともすれば高台移転が掛け声倒れになる一因となっていると推察される。これでは同じ地域で大震災・津波災害が繰り返され、そのつど高台移転が最初は目標とされながら、そのうちになし崩しになってしまう過去の苦い経験をまたまた繰り返すことになりかねない。

原子力発電所の放射能汚染事故の深刻な影響を受けた地域を考えると、事態は格別深刻である。

ここで唐突であるが中国唐の玄宗皇帝の御代、西暦755年に安史の乱が勃発したときを思い浮かべよう。[*2]長安の都から避難せざるをえなくなった杜甫は、荒れ果てた都の様子を嘆いて次のような漢詩を詠んだ。

国破山河在　城春草木深　（春望　杜甫）

時は過ぎ去り、時は江戸時代。所は奥州、藤原氏三代が滅びた戦場の跡を訪れた芭蕉は杜甫の春望を意識しながら、

国破れて山河あり、城春にして草青みたり
と笠打ち敷きて、時のうつるまで泪を落としはべりぬ。

と記している。芭蕉がいう奥州の「山河」と、杜甫のいう「山河」はスケール観も、イメージされる具体の情景も大きく異なるように思われる。しかしもっと重要で深刻なことは以下の点にあるのではないか？

これまで人類が体験してきたあらゆる戦乱は、国土やふるさとがそれによってどんなに荒廃し、失われた命や資産、そして変わり果てた光景に人びとが涙を流したとしても、遠からず人びとはそこで生活や経済活動をはじめ、しだいに復興してくる。しかし眼には見えない放射能がことによると半世紀ちかく立ち入りを阻むか

もしれない「荒廃した山河」は、

国破れて山河あり、城春にして草青みたり、されど踏み入れられぬ幾歳に惑う

というきわめて痛ましく過酷な状況にあるようである。ふるさとの景色を一から創り直し、五層の塔をそれなりに整えるプロセスは、わが国の地域・都市計画やまちづくりが初めて体験するもので、これまでの「地域・都市計画やまちづくり」をはるかに超える難事業に思われる。日本だけではなく、世界の英知を注ぎ込んで世代をまたがって取り組まなければならない。大自然が21世紀の私たちに突きつけた厳しい挑戦状とも解釈できるのではないか。

5　地域・都市を整えていく三つのアプローチとその統合への挑戦*9

(1)　第一のアプローチ：行政主体のオーソドックスなやり方

21世紀のわが国において地域・都市を住みよく、働きやすく、訪れやすく整えていくには、三つのアプローチが必要である。第一のアプローチは20世紀の近代化の過程でとられてきた、ある意味で一番オーソドックスなやり方である。行政が担う、いわゆる「都市計画」やハードの施設整備を主体とした社会基盤整備計画がそれである。対象域は必ずしも「都市」だけに限定されず、農山漁村のハードのインフラ整備にかかわる計画である。より厳密に言えば、狭い意味での計画段階だけではなく、設置された施設の維持・管理や土地・空間利

用の規制や誘導などを含むマネジメント全体を指している。これは法律にもとづき、行政が司（つかさ＝セクター）別に職掌し、権限や専門知識技術、財政的裏づけをもってトップダウン的におこなうものである。このアプローチは今後も地域・都市の大枠をハード面から整えていく第一の方法として重要であることは論を待たない。しかし20世紀とは異なり、わが国の地域・都市のハードの基盤は量的には一定の水準に到達し、重点はより住みよく、働きやすく、訪れやすくすることに移りつつある。つまり地域・都市に住む住民生活の「質的な向上」を求めることに変わってきている。「質的な向上」には、個別の施設やセクターの整備から、より統合的な効果やネットワーク化によるサービスの質の向上などが含まれる。たとえば東日本大震災の教訓として、特段の災害リスクを総合的にマネジメントすることが、日本のどの地域・都市を整えていく場合にも避けて通れない政策的課題となってきている。それは「災害に強い安全･安心なまちづくり」や「減災型まちづくり」とよばれたりするが、旧来的なトップダウンで、ハード主体かつセクター別のやり方では目的の達成には大きな限界がある。セクターを超えた横断的なマネジメントは首長の強い政治的リーダーシップがあればある程度実現可能である。しかし行政の宿命としてそれには自ずから限界がある。一方、近年「合意形成」を目指して住民や地元の企業を当事者として巻き込むことが、この第一のアプローチの限界を超える試みとしていろいろなところでおこなわれてきている。このような方法を「まちづくり」とよぶことが一般化しつつあるが、それはあくまで行政が導入することを目指す事業の推進と実現を円滑化するために、〈利害が関係する住民〉を〈巻き込んだ〉「合意形成」の域を出ない傾向が強い。その意味で「行政主導のまちづくり」は「まちづくりが究極的に目指すべき本質」を捉えきれていないことが多い。とりわけ「災害に強い安全・安心なまちづくり」や「減災型まちづくり」を効果的に進めていくためには、〈利害が関係する住民〉や、行政が主導して〈巻き込んだ〉住民のみが対象となるかたちでの「参加の限界」を乗り越えなければならない。「減災型まちづくり」は、第一の行政主導型でハード主体のアプローチだけでは大きな壁にぶつかる。格別の大災害リスクに対処するためには、つねに「〈命が脅かされかねない究極の当人〉以外には誰にもカバーされない災害リスク」が残っているという「減災まちづくりのリスク観」がその当人の主体的参加（参画）のもとにすべての当事者に共有されることが必須なのである。この限界は第一のアプローチではどうしても乗り越えられないのである。まったく異なる次元・角度からのアプローチが求められる。

(2) 第二のアプローチ：一人で始め（られ）る事起こし

第二のアプローチが必要なのは実はそのような限界を乗り越えるうえで本質的に不可欠であると考えられるものである。しかしながら、その「必須で不可欠ならざるもの」が何であるかがこれまで的確に指摘されていなかった。なるほど「参加型アプローチ」とか、「住民主体のまちづくり」がいまや不可欠であり、いろいろな地域でそれが実践されていることが報告されている。だがそれが第二のアプローチの本質をじゅうぶんに言い当ててはいない。単に「参加型アプローチ」というと、一人ひとりが当事者意識と能力をもち、主体的にそこにかかわり、かつ自分ができるところを実践しなければならないということが条件として担保されていない。「住民主体のまちづくり」といっても、漠然と「住民」が集合的に想定されているが、住民も主体的であるためには、つまるところ一人ひとりの自覚と自発的運動が基本になければならない。そもそも参加はいかにして始まるのかも示されていない。そこで筆者が提唱する第二のアプローチは以下のように定義される。

それは

①「一人で始め(られ)る事起こし」であること。そのためのテーマ(現状を変えていくためのビジョンや課題)をもっていること。
②実践にまで結びつくこと。
③一回の実践で事足れりではなく、実践による経験をふまえて息長く繰り返し学習してレベルアップすることを目指すこと。ボトムアップで積み上げながら、そこに関与していく人(当事者)の数やタイプを増やしていく持続性がある営みであること。
④「一人で始められる事起こし」は一人だけのためにおこなうのではなく、少なくともそこに「ささやかな公益性」や「小さな公共空間」が意識されていることが不可欠である。
⑤このような小さな事起こしは、「一人で始めるまちづくり」であるともいえる。

なおテーマや課題は自らが主体的に選択すること、ただしどんなに小さくてもよい。いや、むしろできるだけ小さな、一見ささやかなことでよい。「ささやかな公益性」や「小さな公共空間」を意識することは、陰に陽に身近な他者との「かかわりづくり」を意図することから生まれるともいえる。これは主体的におこなうまちづくりのための究極の当事者づくりの事初めだともいえる。

たとえば自身で毎日読書をし、それを日記につけることを「一人で始める事起こし」と考えたとしよう。それが実践されているかどうかは自身で検証可能であるが、そこで留まっているのでは「ささやかな公益性」や「小さな公共空間」にはなかなか結びつかない。逆にもしいずれ仲間を見つけて、二人だけの読書会にすることを意図しているとすればそこに関心の共有という「ささやかな公益性」や「小さな公共空間」が生まれ得るので「一人で始めるまちづくり」を目指していると解釈できる。もう一つの例として、自分の家とその周りのゴミ拾いを毎日続ける事起こしを考えてみよう。この場合は一人で始めた時点で、実在する「小さな物理的公共空間」＝自分の家とその周りに当人が直接関与することになる。よってこの段階ですでに「一人で始めるまちづくり」の要件を満たしつつある。そしてその段階で自分の家とその周りとのかかわりが自身の意識の中で変わってくる。その結果、自身にとってその「小さな公共空間」の意味や価値が変容する。つまりすでに当人にとって「主体的にかかわるまちづくり」が始まっているのである。たとえその公共空間になんら物理的変化が施されていなくてもである。

なおここで3・11の震災の教訓として求められる「災害に強い安全・安心なまちづくり」や「減災型まちづくり」という観点から補足説明が必要である。そこに住む個々人が、「これは（小さくても）変えたいと思うテーマ」に自ら気が付き、自ら事を起こして自身が当事者能力を身につけていく。それによって結果的に周りの人たちがそこに加わってくる。結果としてささやかな公益が達成され、小さな公共空間が当人たちにとって改善されてくる。それだけであれば上述した第二のアプローチは必ずしも安全・安心や減災にことさら関係づけなくてよいはずである。たしかにそうである。しかし第一のアプローチの限界に関してすでに指摘したように、「〈命が脅かされかねない究極の当人〉以外には誰にもカバーされない災害リスク」が残っているという「減災まちづくりのリスク観」を主体的参加（参画）のもとにすべての当事者に共有することが求められる場合には話は別になる。〈命が脅かされるリスクに曝されている究極の当人〉が、そのことを自覚し、リスクと向き合って最低限、命を失わずに生き残ることが実践可能にならなければならない。そのためにまず自分自身ができることを「一人でもできる事起こし」として始めることが求められるのである。それが第二、第三の当事者が生まれてくることにつながる。最初にそのことに気づいて実行し始める人はこの意味でリーダーであり、そのようなリーダーは「災害に強い安全・安心なまちづくり」や「減災型まちづくり」を効果的に進められるための要めとなる人材（財）である。またそのようなリーダーを専門的に支援する人材（財）も不可欠である。

しかしながら東日本大震災のような格別の災害リスクが起こりうることを考えると、この第二のアプローチだけでもじゅうぶんではないと考えられる。そこで次の第三のアプローチが必要になってくる。

(3) 第三のアプローチ：持続可能な共生圏づくりのアプローチ

このアプローチは実のところまだ概念レベルにとどまっていて、開発はまだ進んでいないというべきであろう。地域・都市を整えていくことを目的としたときに、第三のアプローチが現状ではまったく欠けていることに気づいている専門家もほとんどいないのではないか。必要性は感じていても地域・都市を整えていくことと直接結びつけて新たなアプローチを開発することが必須であるとまで受け止めていない人も少なくないであろう。実在していないのでイメージしづらく、その重要性と本質的特性に懐疑的な人たちも多くいる。しかし筆者は21世紀において地域・都市を住みよく、働きやすく、訪れやすく整えていくためには、この第三のアプローチが欠くべからざるものとなると考える。

第三のアプローチが満たすべき要件とは何か？ 以下、筆者が考えるその要件を列挙する。

① 日常（事態）性のモードとは異なる緊急（事態）性のモードへの局面展開を織り込んだ地域・都市の総合的なリスクマネジメント

② 既成の地域・都市空間の枠や近隣地区コミュニティの生活圏をホームベースにしつつも、その外側にもう一つ広い（空間スケールの）「共生のためのネットワーク」や「共生のための公共空間」を築く営み

③　時間スケールの点でも、世代を超えて地域・都市が生き残り、世代を超えて人が住み続けられる視野をもった超長期のタイムスパンのリスクに付き合う営み

このような要件の設定に当たっては、人びとが日常的にホームベースとする地域・都市が存亡の危機に瀕するリスクにさらされていることを、日常性を超えたモード（拡張された意味での「通常モード」）としてリスクマネジメントに組み入れるべきであるとの問題意識が肝要である。東日本大震災のような格別に大きな自然災害リスクだけが問題なのではない。気候変動に因ると推察される異常気象と極端災害事象の発生が多発するにつれて、その被災体験と備えの取り組みの知恵と知識技術を「明日は我が身」のゆえに「お互い様」とする共生的な世界観が少しずつであるが着実に芽生えている。事実、近年の一連の大きな自然災害のあとには、過去に被災体験した地域の人びとが自発的にボランティアとして支援するために駆けつけるということが繰り返されているようである。過去の被災地の生き残り体験が、異なる地域で違った災害に遭った人びとの生き残りの知恵として進化したかたちで相互学習が図られる。それが順々に繰り返されることにより減災の知恵や共生のための知識技術を系統的に蓄積する新しいタイプの公共空間が生みだされることが期待される。なおこのような相互扶助の被災支援システムづくりには、ある地域・都市の一地区集落と、別の地域・都市の一地区集落とが事前に協定を結んでおくことが有効であろう。姉妹都市ならぬ「**姉妹共生集落連携**」とでもよんでおこう。それがいざというときにも実践可能になるためには、日常性と異常性を「通常的」に行き来する相互交流が有効であろう。普段から「広い意味での減災」や「自然災害に限らない安全・安心の向上」をテーマにした相互交流をおこなっておくことがその一例である。

実は「災害」を「災難」と読み替えてみると、21世紀は自然災害だけではなく、格別の災難が日本のすみず

みの地域・都市に迫っていることが想像できる。それは日本だけではなく、アジアや世界の各地にも程度の差や形の違いはあるものの当てはまることである。なかでも世界共通の現象として地球レベルの気候変動に加えて、経済や社会のグローバル化が挙げられる。高度情報通信技術がそれを促進している。これらの地球規模の経済社会と文化的変動は地域・都市に住まう人たちにとってプラスにもマイナスにも働くが、私たちが新たに直面する多様なリスクを生み出している。リーマンショックに代表されるような金融リスクやグローバル資本主義が依拠しているマーケットメカニズム等の制度的疲労が秘めている多様な経済リスクはそれが発生したときには破局的な被害をもたらしうる。

食の安全と安心をいかに高めるかという観点も重要である。たとえば日本のＴＰＰへの加盟の是非をめぐって論争が繰り広げられているが、たとえそれが国と国のレベルでの政治的駆け引きの結果、短期的に避けられたとしても、グローバルな利潤追求による効率性重視の方向へ向かう大きな経済的な流れはせき止めがたいであろう。しかしそこには、食の安全・安心の確保という観点からみて、とほうもなく野放図なブラックボックスが存在することを意味する。それはトップダウンで一般消費者にあてがわれる。そうであれば、それに満足できない消費者が小さな事起こしを始めればよい。ただしその事起こしにはパートナーが欠かせない。顔が見えて食の安全と安心について信頼できる生産者が必要になる。食材の種類によっては距離が離れた別の地域・都市にいる生産者を見つけて、利用し、利用される関係が築かれれば望ましい。このように考えると、共生関係を築く相手の地域・都市は当該域の内部だけではなく、むしろ外部であることが普通であろう。しかもその外部は場合によっては近接したところではなく、距離的に離れた地域であることもありうる。つまり第三のアプローチは安全・安心や減災という観点からみて、当該地域の内部、共生しあう関係の外部の他地域（のキーパーソンとなる他者)、当事者にとってはブラックボックスの大きな外部という三層構造の存在を認めた総合的なリスクマネジメントを目指すことになる。

第三のアプローチの異質性と困難性は、誰(どんな主体)が主導してそのアプローチを進めるのかという点であろう。一つ有効と考えられる方法はこうである。たとえば自分の食べる食の安全と安心を確保するというテーマのもとに、まずはその必要性に気づいた人がパートナーを(自地域または他地域に)見つけるという事起こしを実践し始めることである。それは小さくささやかな始まりであってよい。つまりこの方法は基本的に第二のアプローチに依存するものである。ただし他地域にパートナーを見つけて見合いをするためには、紹介役や介添え役が必要であることが多い。ある種のネットワーカーである。場合によっては出会いをつくってからもそれを触発する役(触媒者＝カタリスト)を務める。そのような主体は、「内(うち)」または「外(そと)」にいる住民や企業人であったりするが、専門的な知識や経験をもってそのようなネットワーカーやカタリストとして貢献することが望まれる。そのような専門性をもった主体としてNPOやNGOの役割が今後より重要性を帯びてくるであろう。また社会実験的に特定の先進地域で成功事例づくりを図る場合には、大学や中立的な研究機関等の主体の関与も有効になる可能性がある。ただし、この場合重要なのは、本アプローチが要件とする第三の事項、つまり③「時間スケールの点でも、世代を超えて地域・都市が生き残り、世代を超えて人が住み続けられる視野をもった超長期のタイムスパンのリスクに付き合う営み」を目指すという点である。このような観点からは、筆者らが長年にわたってかかわってきた鳥取県智頭町を実フィールドにした30年単位の取り組みが参考事例として挙げられよう。つまりこのような事例は、長い時間軸上での事起こしによる連続的・継続的な社会革新の実験プロセスとみなせる。筆者らも加わって科学的に蓄積された知識データバンクが有効に活用できるであろう。

このように考えてくると第三のアプローチは第二のアプローチと重なるところが少なくないようである。しかし要件とされる①「日常(事態)性のモードとは異なる緊急(事態)性のモードへの局面展開を織り込んだ地域・都市の総合的なリスクマネジメント」を明示的に組み込もうとすると、ふつうの人たちが一人で事起こしをすることだけでは限界があることは明らかである。ある種の専門的見地や実体験的知恵や知識を内部に持ち込むことができる主体の関与が不可欠となる。それはたとえば大学の研究者であったり、防災の専門家であろう。なお不幸にして大きな自然災害を体験したところは、図らずもまるごとの知恵と知識を獲得したわけで、それは大きな地域的共通資産となりえる。しかし、災害はつねに形を変えて襲ってくる。起こりうる一つの可能性が発生したことにもとづく過度の被災体験の過信は別のリスクをはらんでいる。そのようなリスクに気づき、より包括的な観点から方策を検討し、取り組むことが求められる。この意味でもある種の専門的見地や実体験的知恵や知識を内部に持ち込む主体の関与は、どうしても必要なのである。

なお③の要件として、「時間スケールの点でも、世代を超えて地域・都市が生き残り、世代を超えて人が住み続けられる視野をもった超長期のタイムスパンのリスクに付き合う営み」を指摘しておいた。このような世代を超えた取り組みにはそれを担える現世代と次世代の人材（財）の育成が急務だと考えられる。

(4) 三つのアプローチは統合できるのか？

さてそれぞれのアプローチの必要性と意義は認められたとしても、はたしてその統合は可能なのか？ あるいは必要なのか？ この問いにたいして筆者は、「必要である」、そして「可能にしなければならない」と答えておきたい。そのための現実的で着実な糸口づくりのためには、やはり「小さな地域」と「小さいが丸ごとのテーマ」を扱う事起こしがその推進エネルギーを担うのがよい。その過程で適当なタイミングでパートナーとなりうる（ほかの小さな地域の）「キーパーソン」も見出してネットワークを築いていく社会革新を続けるのである。そこに第一のアプローチを本領とする行政も参加していく。そのためにもそれを支援する人財の育成ができていかなければならないのである。

このような三つのアプローチの導入と統合を目指すパースペクティブは、現実の試行のなかでしだいに実体化していくに違いない。はっきりしていることは、このようなパースペクティブを持ち合わせなければ、社会にその実体化は起こりえないということである。

6　結びに代えて：三原色のまちづくり

上述した三とおりの「地域・都市を整えていく」アプローチを筆者は「光の三原色のまちづくり」とよぶことを提唱している（後掲の**図3**を参照）。第一のアプローチを赤色に（トップダウン的イメージを赤に託した）、第二を青色に（一人でできる事起こしの清冽さを青にたとえた）、第三を緑色に（持続可能な社会を信号の緑でイメージした）モデル化したものである。三原色が重なったところには光の白色が生み出されるはずである。これが三つのアプローチを統合した結果現れる統合色のイメージである。さて光をまちづくりにたとえることがどこまで政策論的意味をもち得るのかについては疑問が多く提示されるであろう。個々に多様で恣意的な解釈が生まれることも歓迎である。要は、上述した三つのアプローチを直観的に掴み取るうえで、このような視

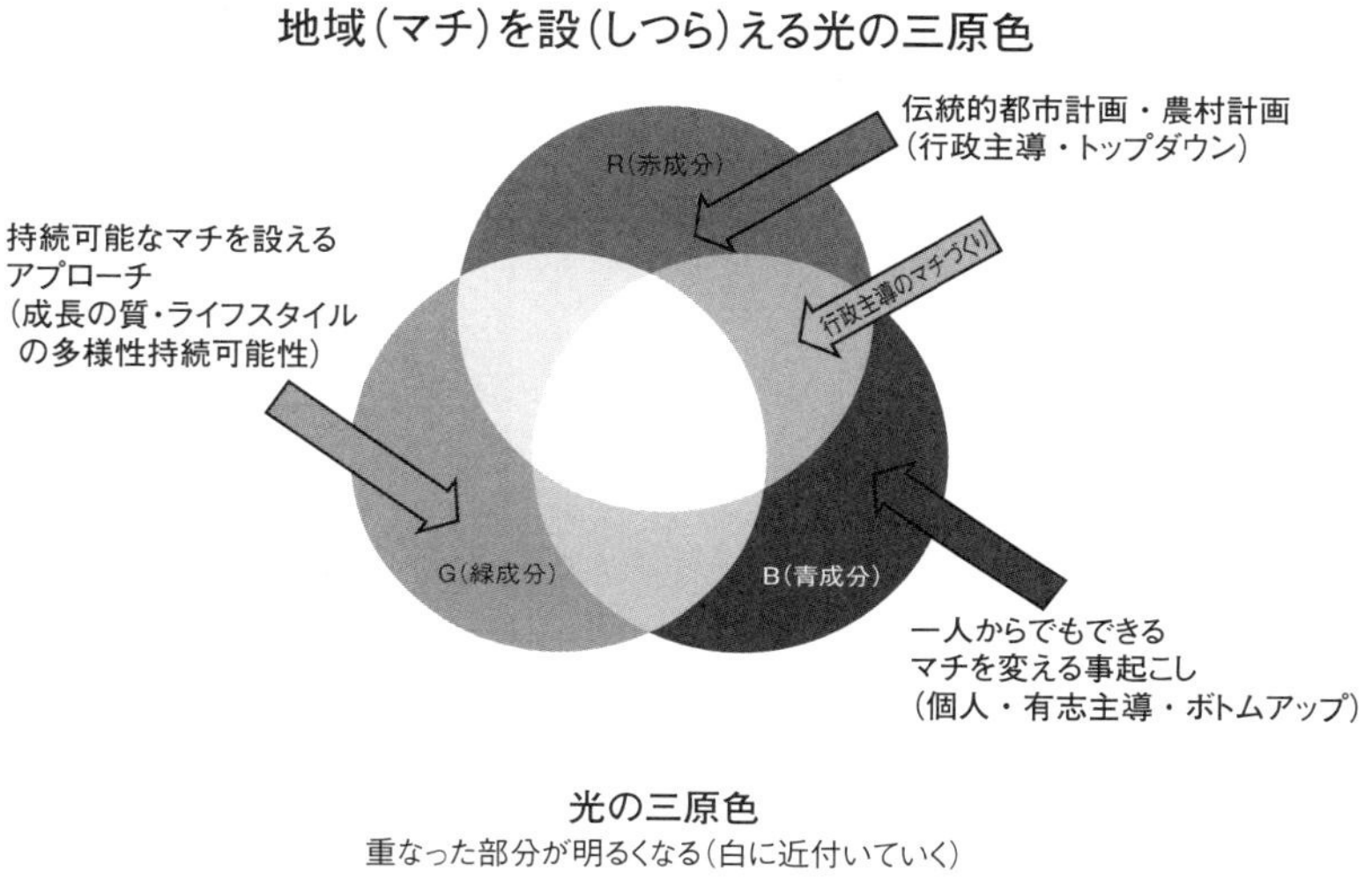

図３　光の三原色モデルとしてのまちづくりの三とおりのアプローチとその統合

覚的なアナロジーを持ち出すことは（限界を踏まえたうえで）有効だと考える。たとえば次のような意味を付することとして解釈可能ではなかろうか？「光がその担い手の主体に当てられる」ではなく、むしろ「光をその担い手が掲げて照射する」というふうに解釈してみよう。このようにみなすことで、光をアプローチに対応づけること、それを掲げる（取る）人の主体性を明示することが必要になる。光を松明にたとえれば、その人が主体的にその松明を掲げて進むべき範囲や対象、方向などを照射することがまちづくりの基本であると解釈できる。

第一のアプローチは、いわば「行政的領分」を明確にしてその範囲を示して確定するように松明で照らすことといえる。その照らし方は法的・行政実務的規定の範囲であり、そこに個人的な大きな自由度は入らない（ことを建前とする）。この意味で、光の操作は基本的に「静的」である。ダイナミックではないのである。静かに淡々と枠取りをする静かな営みがまず基本にある。

ただしその枠のもとで、現実の個々の当事者が許容される範囲で自由度と個性を発揮することが許されている。そこには個人的、局所的な小さなダイナミズムは存在している。

第二のアプローチでは小さな事起こしの主体が主人公である。当人は松明を自ら掲げてまずは自分の足元とその周辺を照らすことから始める。そのうえで「ここだ」という小さな突破口を見つけたら、そこを集中的に照射する。きわめて局所的な光エネルギーの照射で「キリキリ」と開けていく。水に照射することにたとえればそこに小さな渦が起こる。そしてそれがしだいに波紋を引き起こしていく。そのように光を照射する。局所的だが、非常に渦運動的ダイナミズムが特徴である。

第三のアプローチはどうであろうか？　松明を掲げる人は同じようにまず足元を照らして自らの位置と立場を確認する。例を挙げてみよう。津波が迫っているときには、まず命を確保する行動をとる。そのうえでもしそこが孤立し続ける可能性が高い場所であることを察知できたとしよう。自分たちが孤立しているが生存していることを、ほかの地域の人たちに一刻も早く知らせなければならない。松明が使えるのであれば、それを高く掲げて思い切り振り、相手の居そうな方向にむけて救援のシグナルを送る。そのようなダイナミックな光の操作がこのアプローチには求められる。

実はこの第三のアプローチは、日常性が急遽転換して非常事態に陥るという「地域・都市がおかれている局面（生活ステージ）の回転運動」を前提におく。そのうえでそのような外力にどのように対応するかというダイナミズムのマネジメントも要請するのである。あるいは日常的に絶えずそのような回転力が作用しているが、日常性のモードを多少かく乱する程度で事なきを得ていることも少なくない。日常性に隠蔽された病理がリスクとして潜行し、気づかれないまま進行している。山間地域の過疎化のリスクは実はこのような進行性の潜行リスクの典型であろう。「茹で蛙症候群」と私がよぶのはこのようなリスクを指している。したがって過疎化のリスクに付き合い、うまくあしらうためには、第三のアプローチが切実に必要とされているのである。第三のアプローチが依拠している世界観は実は筆者が提唱している生命体システム（Vitae System）モデル*1・2で基本的に説明できる（**図4**参照）。一つの三角形は一人の主体を表す。この主体は三つの局面をマネジメントすることが求められる。その第一は正常モードを表す「活力状態」のマネジメントである。これは三角形の右下の頂点の「活」によって表されている。災害や災難が起こると非常モードである「致命的状態」を最優先するマネジメントに移らねばならない。これは三角形の左下の頂点の「命」で示されている。致命的状態の極限（生存の淵に置かれる状態）を脱するやいなや、生きながらえるための「活力状態」を同時に維持することが求められる。一人だけでこのようなリスクをマネジメントしきれないときには、他者（もう一つの三角形でモデル化される）との共存関係を最大限に活かすことが成否を分けることになる。三角形の中央上の頂点の「共」がこの「共存状態」が活性化していることを意味している。一人の主体を三角形で示しているのは、これら三つの「状態」がそれぞれ極限的レベル（精一杯のレベル）で動的にバランスがとれた緊張関係にある

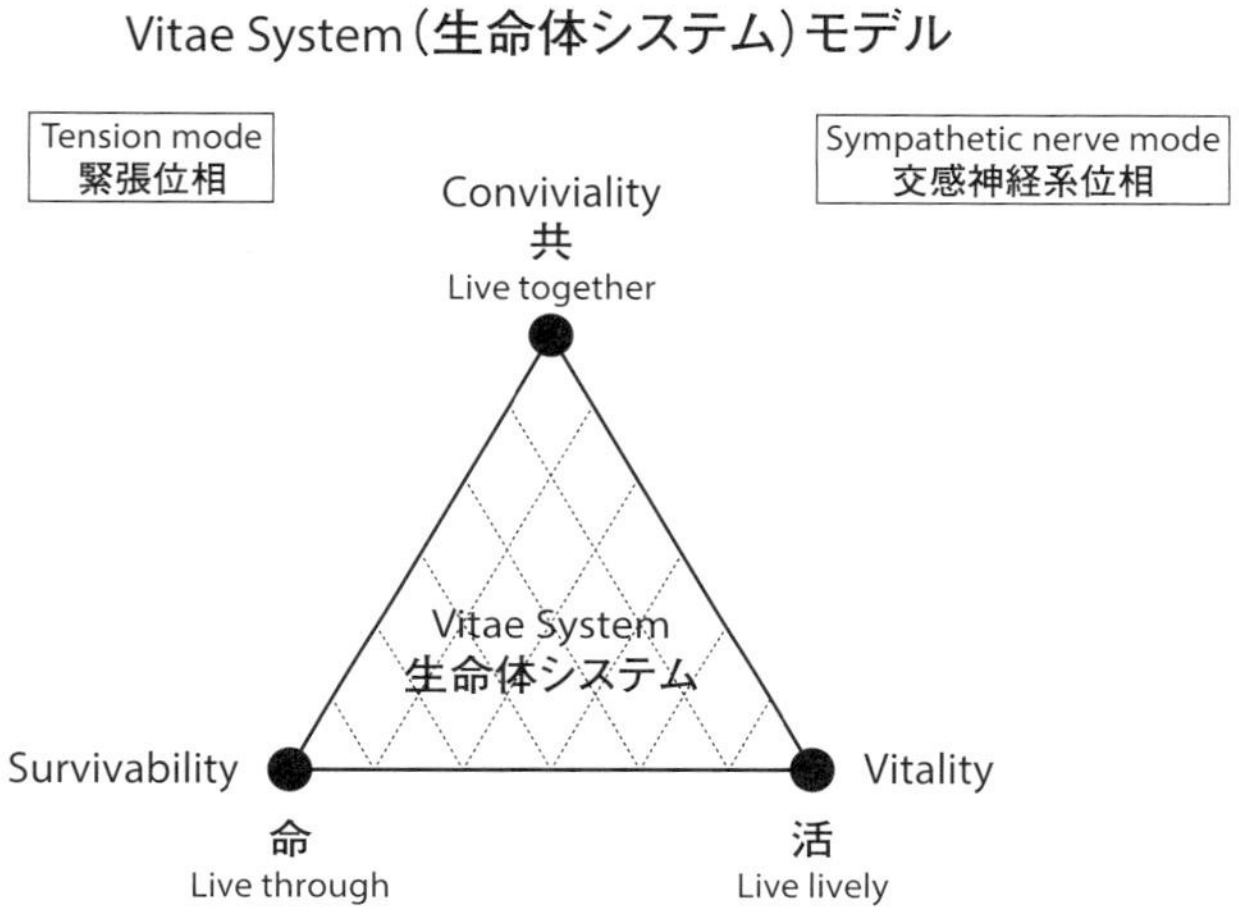

図4　Vitae System Model（生命体システムモデル）

ことを象徴している。

〈註（参考文献）〉

＊1 亀田弘行・萩原良巳・岡田憲夫・多々納裕一（編集）『総合防災学への道 総合防災学への Perspective』京都大学学術出版会 2006

＊2 岡田憲夫「災害の総合的なリスクマネジメントに向けて――私の中での過去・現在・未来」『京都大学防災研究所研究年報』第55号A 2013

＊3 Alexander, David: Principles of Emergency Planning and Management. Oxford University Press, 2002.

＊4 岡田憲夫「総合的な災害リスクマネジメント――おやじの総合力・包容力」『京都大学防災研究所公開講座テキスト』２０１１年11月

＊5 岡田憲夫「ポスト３・11が問いかける、格段の総合化と学際融合への挑戦：安全・安心で生き活きとした共存社会を目指して」『第７回熊本大学学際セミナー記録集』熊本大学 2012

＊6 津久井進『大災害と法』岩波新書 2012

＊7 内閣府：異常気象リスクマップ http://www.data.kishou.go.jp/climate/riskmap/heavyrain.html

＊8 堤大三（総括）岡田憲夫ら：自然災害学会オープンフォーラム「東日本大震災からの教訓とこれからの防災研究の展望」『自然災害科学』J.JSNDS 30-4 2012：pp. 397-420

＊9 岡田憲夫「地域・都市を整えていく三つのアプローチとその統合への挑戦」『地域経営まちづくり塾ニューズレター』平成25年度最終号 日本地域経営まちづくり実践士協会 ２０１４年1月

まちづくりにおける大学と地域との連携
―柏原フィールドワークの経験を中心に

角野幸博

1　地域連携のニーズとシーズ

(1)　連携ニーズの高まり

都市計画系の大学研究室が地域のまちづくりにかかわってきた歴史は長い。1970年代、日本で都市計画コンサルタントという職能が確立される以前から、国や地方公共団体などからの依頼を受けて、教員の指導のもとに研究室でさまざまな調査研究に携わることはごく普通にあった。大学研究室が都市計画コンサルタントの役割の一部を担っていたのである。プロフェッサーアーキテクトと同様、プロフェッサープランナーも数多く活躍していた。学生時代にその面白さに気づき、そのままプロのコンサルタントになった大学院生も数多い。地域の側にしてみれば、大学に依頼することのそこはかとない安心感があったようだ。大学の研究室なら、民間企業に委託するより安く済むかもしれないという読みもあったのかもしれない。

まちづくりに関する大学と地域との近年の関係は、当時とは比較にならないほど幅が広がりかつ深化している。建築・都市・農村計画系の学部や研究室だけではなく、経済学や法学、社会学系の学生たちも、フィールドワークを通じて地域づくり、まちづくりにかかわる機会が増えている。1990年代に登場した政策科学系の学部や研究室もまたしかりである。これに拍車をかけたのが1995年に発生した阪神・淡路大震災だった。この年はのちにボランティア元年といわれるほど、ボランティア活動が活発化した年である。全国から多くの学生が被災地に集まり、そこでの活動が社会から高く評価されるとともに、学生たちも地域に入り込むことの意義を実感することになった。

(2) 双方のニーズ

少し古いデータになるが、過去の調査によると、大学と地方自治体とが協働するまちづくりの事例は全国で191件が数えられ、特に学生の社会貢献にたいする期待が高いことが明らかにされている。[*1・*2] この背景には、地域側、大学側双方の事情がある。

まず地域側のニーズについて。今、日本国内の多くの地域で、人口減少と少子高齢化が進行している。中心市街地の衰退や過疎問題にたいして、解決につながる専門的な知識や技術や情報が不足しており、効果的な施策が見つけられない。そうしたなか、大学の人材を活用することができないかと考えるのは自然の流れともいえる。研究者がもっている(と思われている)専門知識や、若い学生たちのエネルギーが役に立つのではないかと期待される。商店街の活性化や観光振興、新産業育成や新製品開発などに、大学の専門家の協力を得たいというニーズに加えて、定住人口の増加が困難ななか、大学との連携は交流人口の増加に資する可能性がある。より衰退が激しい過疎集落の場合、若い学生がきてくれるだけで町に活気がとりもどせるのではないかという期待を強く感じる。

国や地方自治体のなかには、このような課題を抱える多自然居住地域と大学研究室との間の仲介をおこない、ある程度の資金援助をおこなう事例もある。たとえば兵庫県は、過疎に悩む中山間地域の集落を対象に、

2008年より「地域再生大作戦」という事業を進め、その一環として大学連携による地域力向上事業をおこなっている。[*3]また地方都市中心市街地等の活性化の支援策として、総務省の外郭団体である地域総合整備財団（通称「ふるさと財団」）は、以前から「まちなか再生支援事業」によってコンサルタント派遣をおこなってきたが、2013年度より、大学の研究室と地方都市との連携を促進する「大学連携型」の補助メニューを追加した。[*4]

大学の研究者たちは、普段から自発的あるいは自治体からの依頼のもとで研究活動の一環として地域に入ったり、委員会や審議会の委員として実際の計画にかかわったりすることが少なくない。そこに学生が参加することによって新たな可能性が開かれる。学生にとっても、現場から得られる知識は貴重である。生活者の直接の声を聞くことができ、書籍で得た知識を現場で検証することも可能である。

大学を取り巻く社会環境の変化が地域に目を向けさせているという事情もある。18歳人口の減少が続くなか、各大学とも優秀な学生の確保が大きな課題であり、そのために大学の価値をさまざまな方法で高めようとしている。そのなかで、グローバル人材の育成とともに、地域社会への貢献は避けて通れないテーマである。1980年代頃までは、大学の使命というと、研究と高等教育の2本柱で語られることが多かったが、近年はこれに社会貢献という3本目の柱が意識される。地方の国公立大学等では、地元との連携強化が生き残りのための重要な条件であるという事情もある。2013年度から文部科学省が推進するセンターオブコミュニティ事業も、[*5]大学と地域との連携が国の大学政策においても重要視されていることを示すものである。

また、大学教育において企業や地域社会などの現場で学生を学ばせようという、プロジェクトベースドラーニング（PBL）[*6]導入の影響も大きい。実際に活動し生活されている現場でまちづくりの課題を発見し、住民の方々に教えていただきながらいっしょに解決策を探るという経験は、きわめて貴重である。

かくして、大学からも地域に熱烈なラブコールが送られる。相思相愛状態の大学と地域との連携は、特定の学問分野を越えて、進められるようになった。

大学と地域との理想的な連携のためには、相互のシーズとニーズとを理解しあいながら、マッチングの最適解をさぐることが不可欠だが、実際は試行錯誤の積み重ねである。従来からの形態は、特定のゼミや研究室の活動を母体としており、大学院生が中心になって、時間的制約が少ない状況で研究活動の一環として実施されるものや、学生ボランティアやサークルなど、大学教育のカリキュラムとは別の枠組みで実施されるものが多い。いずれの場合も特定の教員や学生の熱意によって支えられてきた。このような経験のなかで、連携のあり方についていくつもの課題がみえてきた。大学がまちづくりに関与するうえでの課題や現状をまとめた研究としては、すでにいくつもの報告がなされている。[*7] 地域での活動がまちづくりに及ぼす効果が語られており、さまざまな課題に言及した報告もある。[*8]

筆者の感じるところでも、特に活動の継続性と活動内容の質の維持そして瑕疵負担については、いまだ解決されていない課題が大きい。教員の異動や退職、学生の卒業などによって活動が途切れることは往々にしてある。地域としてはさらなる事業継続を求めていても、大学側の事情で終了するか、規模を縮小せざるをえなくなることもある。当初から活動年限を定めていた場合ですら、地域の側からすると裏切られたという気持ちが生まれる可能性もあり、その結果過去の活動の蓄積が無駄になるかもしれない。また経験の少ない学生が、地域でのさまざまな事業の成否に責任をもつことも難しい。

これにたいして、研究室やゼミ単位ではなく通常の授業や演習の枠組みでかかわる方法もある。正規の授業として位置づけることによって、継続性の保証や双方の責任範囲などを明らかにすることができる。昨今の文部科学省の指導なども、正規の授業として位置づけることが求められる傾向にある。ただしこれはこれで、別の問題を発生させる。授業として位置づけると、学生は毎年入れ替わる。とくに学部での開講の場合は、毎年ゼロにリセットしたうえでほぼ一定のカリキュラムにもとづいて毎年繰り返さなければならない部分が多い。授業では学年歴を踏まえた活動が求められ、地域にしっかり入り込む時間が制限される。これにたいして地域のニーズは前年度の成果を踏まえて毎年高まっていく。地域のニーズと大学側のニーズとのギャップが広がる恐れがある。このような課題はあるものの、課題についても地域と大学側とがじゅうぶんに意思疎通をおこなっておけば、大学と地域との連携の効果は、双方にとってけっして小さくはない。

2　総合政策学部におけるフィールドワーク

（1）フィールドワークの伝統

フィールドワークは本学総合政策学部の基本理念と直接かかわる重要なプログラムである。学部のスローガンである“Think Globally, Act Locally”は、フィールドワークをもって学生たちに叩き込まれる。対象地域は国内外を問わない。異文化に接し、そこで現場の課題や声に耳を傾けることから総合政策学部の学びが始まるといってもよい。フィリピンなどでの低所得者向け簡易住宅建設の支援活動や国連ボランティア活動をはじめ、海外でのフィールドワークの実績が積み重ねられてきた。地域政策や都市政策を学ぼうとする場合はいっそう重要である。都市政策学科が開設される以前からも、片寄俊秀教授を中心に、三田市の中心市街地に「ほんまちラボ」という活動拠点を設け、まちづくりの実践的教育をおこなってきた。ほんまちラボは、片寄教授の退職とともに閉鎖されたが、そこでの活動はその後まちづくりにかかわる人材を育てることができた。

ほぼ同時期、地域フィールドワークへの関心は、関西学院大学全体でも高まっていた。２００５年からは、文部科学省の現代ＧＰに採択された「地域フィールドワーク宝塚」や、「地域フィールドワーク西宮」などの全学共通科目が設立された。また正規の科目とは異なるが、学生たちが自主的に、ボランティアとして地域に入り込んでいく事例は数多い。さまざまな課題は抱えながらも、地域フィールドワークが学部や教育の枠を越えて、導入されていった。

(2) ＪＲ福知山線沿線都市フィールドワークと柏原

それまでのフィールドワークの実績を踏まえながら、２００９年度の都市政策学科開設に合わせて、新たな地域連携プロジェクトが計画された。ＪＲ福知山線沿線都市フィールドワークである。関西学院大学神戸三田キャンパスは、兵庫県三田市に位置する。最寄駅はＪＲ福知山線新三田駅であり、多くの学生がこの路線を利用する。大阪駅からは快速電車で40分ほどの距離にあり、途中、尼崎市、伊丹市、川西市、宝塚市、西宮市、神戸市北区を通過する。また三田市を過ぎると、篠山市、丹波市を経由して福知山市にいたる。

ＪＲ福知山線は、大阪—宝塚間は「ＪＲ宝塚線」とよばれているが、それ以北については沿線イメージが希薄であった。神戸三田キャンパスとＪＲ福知山線にたいする学生たちの愛着を高める副次的効果も意識したうえで、沿線諸都市との連携を強化する目的で、沿線諸都市でのフィールドワークプログラムを実施することになった。総合政策学部のなかには、都市政策学科開設以前から、沿線自治体のまちづくりにかかわる教員が少なからずいた。また全学プログラムである「地域フィールドワーク宝塚」には総合政策学部の学生が多数参加しており、地元三田でもいくつもの連携プロジェクトが進行していた。

沿線諸都市それぞれでのフィールドワークを同時に実施するのは困難であったが、偶然、兵庫県丹波県民局より丹波市柏原町の中心市街地活性化事業に関連して、総合政策学部の協力を得られないかという申し出があり、「都市政策演習」という正規の演習科目の枠組みのもとで、丹波市との連携協定を締結し連携授業をおこなうことになった。JR柏原駅はJR新三田駅よりさらに約30㎞北方にあり、多くの学生はその町の存在すら知らない。大阪―新三田間の沿線イメージの向上という副次目的には貢献しづらいものの、地域の側で支援体制を確立していただいたことと、町の規模や特徴が学生の演習に適していたということとが、決定的な実施理由となった。

3 柏原フィールドワークの経験

(1) 柏原地区の現状と中心市街地活性化の取り組み

柏原町がある兵庫県丹波市は、兵庫県の内陸部に位置する面積493・28㎢、人口約6万8000人の地方小都市である。2004年にそれまでの柏原町はじめ旧6町が合併して丹波市となった。2010年時点での高齢化率は28・5%に達している。産業分類別就業人口は、第一次産業従事者が9・3%、第二次産業従事者が38・1%、第三次産業従事者が52・4%である。[*9] 第三次産業従事者の比率は兵庫県平均よりも高い。旧柏原町柏原地区は丹波市の中心市街地の一つであり、夜間人口は3800人程度である。

近世は織田藩の城下町として発展した歴史を有しており、陣屋を中心に形成された武家町と町人町の構造が現在に伝えられている。陣屋や太鼓櫓はじめ歴史的な建造物も随所に残されており、隣接する篠山市ほどではないが、歴史観光の町としての性格ももつ。城下町としての歴史をふまえて、明治以降は県や国の地方機関と教育機関が整備された。商店街も一時は殷賑を極め、兵庫県内陸部の中核的都市機能を有していた。現在も丹波市平均と比較して昼夜間人口比率が高く、柏原地区のみでみると、第三次産業従事者比率は57・7％、世帯人口は2・73人であり、都市的ライフスタイルが展開されてきたことがうかがえる。

しかしながら、多くの地方小都市と同様、中心市街地の商店街の衰退が進行し、そこからの脱却を求めて1999年には、中心市街地活性化法[*10]にもとづく中心市街地活性化基本計画を策定した。その推進には、まちづくり協議会や商工会、観光協会などが活躍したが、中心となったのが、TMO（株）まちづくり柏原である。同社は資本金2500万円のうち40％の1000万円を丹波市が出資して2000年に設立された。それ以降、丹波市は一貫して柏原の中心市街地活性化に積極的に取り組んできた。たとえば、歴史的まちなみに配慮したファサード整備への補助事業（街なみ環境整備事業）、道路のカラー舗装事業（街路美装化事業）、電柱のセットバック事業などを実施した。街なみ環境整備事業については2003～08年の間に11件の補助実績があり、街路美装化事業については2001～04年度にかけて、全9区間、総延長1950mの街路を脱色アスファルトと自然石で美装化した。

（株）まちづくり柏原は、古建築や空き家を活用した店舗の経営や誘致もおこなってきた。町屋を活用したイタリアンレストランの直営店は、女性客層の需要を開拓し順調な経営を続けている。直営ではないが、空家の所有者と交渉して新規事業者の参入を支援する事業もある。これまでに古い武家屋敷を活用した和食レストラン、同様に古建築を活用した鹿肉料理レストランなどの飲食店や、丹波産の米粉を使ったバームクーヘン店、和菓子店などの誘致をおこなってきた。事業者にたいしては単に空家を斡旋するだけではなく、経営指導なども合わせておこなっている。また柏原駅前には小規模な商業ビルを建設し、カフェやネイルサロンなど新たな業種業態の誘致も試みてきた。２００６年に中心市街地活性化法が大改正され、２００９年3月に新たな計画を国に提出し直したのちも、（株）まちづくり柏原は一貫して中心市街地の活性化の中心的組織として機能しており、さらに２０１４年度からは、地区内に残存する近代建築である「大手会館」の指定管理業務を受託した。この建物は明治期に小学校として建設され、女学校に転用されたあと、第二次大戦後は町民の集会施設として使われていた。兵庫県下に残存するもっとも古い木造学校建築として文化財指定を受けており、これを集客施設として同社が運営をおこなう。

改正中心市街地活性化法にもとづく基本計画を国に申請し認定された全国の諸都市のなかで、丹波市はもっとも人口規模が小さいグループに属する。改正前の同法では、実現の可能性や事業の評価指標が曖昧なまま多数の自治体が計画を提出し、その大半は計画倒れに終わるものだった。その反省から法改正後は、計画実施の具体的手法や活性化の評価指標を明確にすることが求められた。その結果、改正後計画を再提出した自治体は改正前を大きく下回り、県庁所在地や中核都市レベルの都市からのものが主体となった。そのようななか、２００９年に認定された時点では、もっとも人口規模が小さい都市の計画認定であった。改正法にもとづく計画の事業期間は5年間である。5年間経過後各自治体は計画の終了あるいは再提出をおこなう。丹波市の場合、２０１３年度が最終年度であったが、期間が延長された。

写真１　関学柏原スタジオ

（2）総合政策学部との連携の経緯と枠組み

地域の活性化に大学生など外部の若者の力を活用したいという気持は、柏原も例外ではなかった。学生が定期的に街を訪れ、さまざまな提案や活動主体となることができないかどうか、兵庫県の担当者より２００８年夏ごろに筆者に打診があった。総合政策学部への打診とほぼ同時期に、関西大学環境都市工学部が文部科学省の現代ＧＰに採択されて、２００８年より丹波市青垣町佐治地区にスタジオを開設し、活動を開始した。また神戸大学農学部も現代ＧＰに指定されて「食農コープ教育プログラム」を篠山市で開始した。さらに兵庫県立大学は、丹波市山南町で恐竜化石が発掘されたことを契機に、大学研究機関（兵庫県立人と自然の博物館内）との連携を強化しようとしていた。兵庫県の丹波地域（丹波市および篠山市）には大学が立地しておらず、キャンパスはなくとも大学との連携を強化したいという願いが以前からあったために、関学を加えた4大学と丹波地域との連携事業は、兵庫県丹波県民局にとって重要施策と位置づけられた。

日頃から、学生が恒常的なフィールドワークをおこなえるためには、現地での活動拠点の確保と現地までの交通費の支援が不可欠と思っていたところ、これらの支援を受けることが可能になった。筆者は当初、「地域フィールドワーク宝塚」のように全学プログラムとして推進することを念頭においたのだが、学内手続きが間に合わなかったこともあって、都市政策学科開設記念事業としてJR福知山線沿線フィールドワークの枠組みで、学部独自の演習科目として実施することとした。

地域側では、兵庫県丹波県民局、丹波市、（株）まちづくり柏原の三者による受け入れ態勢を整えていただいた。この三者が緩やかに連携し通常のまちづくり活動を進めるなかで、関西学院大学の活動を受け入れていただくことになった。また丹波市と総合政策学部とが連携協定を締結し、兵庫県丹波県民局がそれを確認するとともに、（株）まちづくり柏原と総合政策学部とが覚書を交わしている。

学生の活動拠点として、中心市街地内の空き民家が提供され、これを総合政策学部の柏原スタジオとして現在も使用させていただいている。活動経費としては、兵庫県からの補助金とまちづくり柏原からの支援を受けて、年間約１８０万円を使っている。主にスタジオの家賃と維持管理費、学生交通費、宿泊の際の貸蒲団代、学生提案による成果物の製作費、その他消耗品費などに使用されている。

（3） 活動概要

活動は都市政策学科の開講科目である都市政策演習として、春学期、秋学期の各学期ごとに2年生の学生を主対象に募集して開講している。地域活動の連続性を確保するために、春秋の連続受講を勧めているが、義務づけられるものではない。

原則として月に1回の現地での活動と、所定の時間割にもとづいてキャンパス内で通常の演習をおこなう。イベントや調査をおこなうためには、月に一度現地に赴くだけでは不十分であり、学生は随時少人数で現地を訪れたり、授業時間外にも自主的に集まって準備作業をおこなったりしている。宿泊をともなう活動も発生する。2009年度に演習を開始して以降、2013年度で5年間が経過した。これは中心市街地活性化計画の事業期間と一致する。学生定員は当初2年間は各期24名、3年目からは12名としている。

2009年度春に演習を開始して以来

表　5年間の活動概要

年度	主な活動項目	主な成果物
2009	まちあるき 市民ワークショップ、高校生ワークショップ まちなみ調査、古写真蒐集、SWOT分析 関学カフェ	観光マップ まちなみ模型 活性化提案書
2010	まちあるき KJ法による町の魅力分析 大手会館活用策検討 武者行列参加 はじめてのおつかいイベント 関学カフェ	観光資源マップ 大手会館模型 活性化提案書
2011	まちあるき 店舗ヒアリング マップ制作ワークショップ カフェ柏（織田まつり） 落語カフェ	観光ポスター Tシャツデザイン 観光パンフレット 顔だしパネル 霧芋を使ったスープ 活性化提案書
2012	まちあるき KJ法による町の魅力分析 異文化交流ワークショップ 住民インタビュー 関学カフェ アートクラフトフェア参加	昭和30年代の思い出マップ 観光パンフレット、ポストカード まちづくり絵馬 駅前設置観光地図 活動報告書
2013	まちあるき 旧柏原町役場活用策検討 交通量調査、駐車場調査 コミュニケーションスペース調査 飲食店アンケート 関学カフェ ハピネスマーケットへの出店 アートクラフトフェア参加 小売店・飲食店立地状況調査、ロードサイド店舗立地状況調査	巨大すごろく in 丹波 丹波 DE アート大型パネル 旧柏原町役場活用策提案 歩行者空間化提案

2013年度で5年が経過した。**表**はこの間の活動内容を示したものである。大半の学生は、柏原を訪れたことはおろかその名前すら知らない状態で演習を受講する。そこで例年、初回は（株）まちづくり柏原の社長や観光ボランティアの方の案内でまち歩きをおこない、スタジオでまちづくりの概要について講義を受ける。夏休みまでは、柏原の特徴や課題についての知識を深めるための準備期間である。都市計画やまちづくりについての基礎知識はまだ不十分ではあるが、地元の方とのワークショップや意見交換をおこなうと、ごく普通の大学生ならではの視点から、観光振興や商業活性化についての意見が続出する。これを踏まえて、学生からは例年、まち歩きマップや観光マップを作りたいという意見が出てくる。

写真2　スタジオでのワークショップ

夏休みの直前頃になってようやく、その年度の活動課題が具体的にみえはじめる。課題は、学生が自主的に発案することもあれば、教員からのアドバイスによることもある。また地域の側からは、当初は学生の自由意思を尊重する姿勢が強かったが、年を経るうちに、前年度までの成果を踏まえて、年度当初から具体的な活動テーマを求められるようになってきた。地域の側にすれば当然のことであるが、毎年メンバーが入れ替わる学生の側にすると、毎年要求水準が高まっているという印象をうけるかもしれない。

5年間の活動を振り返るとその内容はおよそ以下のように区分で

きる。

第1は、柏原の魅力や課題を明らかにするためのワークショップである。住民主体のまちづくりを進めるうえで不可欠の作業であり、とくに最初の2年間は重点的に取り組んだ。一般の住民の方々だけではなく、地元の高校生といっしょに実施したこともある。学生にとっては、ワークショップをファシリテートする経験を得るという意味でも、有意義な作業である。ただし、毎年同様のワークショップを繰り返すだけでは、地域の人に飽きられたり、その成果を次のステップに生かせないまま毎年同様のことを繰り返しているにすぎないという批判につながる恐れもある。

第2は、地域イベントへの参加である。毎年10月に「織田祭り」と「うまいものフェスタ」というイベントが開催されており、一年のうちで柏原がもっともにぎわうイベントの一つであることから、そこへの参加がまちづくり柏原より依頼された。織田祭りで実施される武者行列にも武者やお女中に扮装して参加した年度もある。

第3は、まちづくりカフェの開設である。スタジオを使ってカフェを運営しながら、来られたお客様と街づくりについて意見交換するのが目的である。初年度には、いくつかの飲食メニューをそろえて織田祭りに合わせて実施するのみだったが、イベント時には運営に忙殺されて、地元や観光客との懇談がおろそかになったため、メニューを簡略化して懇談を重視するように変更した。また、イベント時だけではなく、作業途中の提案や調査の中間報告を月例のカフェという形態で実施し、調査・計画をとりまとめる参考とした。また、地域との交流を深める目的で、大学の落語研究会の協力を得て、落語カフェという形態をとったこともあった。

第4は、地域の子どもたちを対象にした独自イベントの実施である。初めは高齢者やリタイア層の市民との交流が主であったために、学生たちから、幼児やその母親たちとの交流の必要性を求める声が高まり、テレビ番組の企画を参考にして「初めてのおつかい」イベントを実施した。ただしこのような自主企画イベントは、学生たちのみならず地元の方の負担が大きく、しっかりした準備体制を構築しなければならず、2年生の授業の一環として実施するのはかなり困難であることを痛感した。またイベントを実施することが目的化しすぎると、中心市街地活性化との関係がみえづらくなり、演習の目的が曖昧になってしまうという課題もある。

写真3　柏原のシンボル大ケヤキと旧町役場

第5は、中心市街地のまちづくりに直結する調査や計画提案である。前述のワークショップもこの一環ではあるが、さらにテーマを絞り込んでフィールド調査をおこなったり、なんらかの計画提案をおこなってきた。これは毎年課題を設定して継続している。たとえば初年度は、観光客への街並み意識調査と実際の建物の屋根形状調査をおこなった。織田祭りに合わせて、街並み模型の展示もおこなった。それ以降の年次には、昭和30年代の街の様子を再現するための住民ヒアリング調査、歩行者空間化についての調査・提案、大手会館や丹波市役所柏原支所の活用提案など、多岐にわたる課題を設定した。また3年目頃からは、単なる調査提案だけではなく、具体的な成果物が欲しいという要望が出てきたため、初代藩主である織田信包（のぶかね）と、信包に保護された浅井三姉妹のうちの茶々（後の江姫）をテーマにした観光客用顔出しパネルの制作や、駅前に設置する観光案内地図の制作等もおこなった。

学部の授業としての活動とは別に、派生的な活動も生まれた。

第1は、法学部Yゼミの参画である。総合政策学部の演習としての活動だけでは、柏原に学生が滞在する時間が短く、スタジオの稼働率も伸びない。そこで親しくさせていただいているY教授に声をかけたところ、ゼミとして独自の活動をしていただけることになった。地域の側からすると、学部の壁を越えて参加学生の数が増えることは、よりにぎわいが増す可能性があるという理由で、積極的に受け入れられた。

第2は、演習科目を履修した学生による翌年度以降の活動継続である。2年生の演習でまちづくりに関心をもった学生が進級後も引き続き柏原をフィールドにしてまちづくり学ぶケースがある。すでに1年の経験を積んでいるので、問題意識も明確であり地域にもある程度なじんでおり、かれらの力は大きい。

第3は、大学院生の参画である。学部生に比べると知識や経験を積んでおり、研究テーマとして取り組めばかかわれる時間も長い。大学院総合政策研究科でもフィールドワークを前提とした演習科目を設けており、大学院生がかかわることで活動内容は大きくレベルアップする。この5年間では、他地域の事例と比較したうえでの中心市街地活性化計画の評価、外国人労働者子弟の生活実態、コミュニティ活動団体の調査などに携わった大学院生がいた。

こうした派生的な活動は、本来のテーマである中心市街地活性化事業の枠組みを外れる場合も多々あるが、さまざまなテーマで、さまざまなレベルの学生が同一地域にかかわり続けるということの効果は、きわめて大きいと考えられる。

（4） 運営体制

すでに述べたように、都市政策演習の運営は、（株）まちづくり柏原、丹波市、兵庫県丹波県民局の支援によって成立している。活動費や場所の提供だけではなく、さまざまなデータ提供、関係団体や個人の紹介、新聞等広報メディアとの調整など、支援いただく内容は多岐にわたる。行政の担当者は定期異動がつきものであり、スムーズな引き継ぎが不可欠だが、今までのところ大きな問題は発生していない。一方（株）まちづくり柏原は地元を代表する主体だが、小規模な法人であり、実際は社長とそれを支える担当社員の負荷が大きい。会社役員は別に本業をおこないながら、中心市街地活性事業の主体であるまちづくり会社の経営をおこない、しかも２０１４年度からは市の施設である大手会館の指定管理も受託する。現在までは非常に献身的に支援いただいているが、社内での持続可能な体制づくりが求められることになるだろう。

大学側の教員は、例年1～2名が担当している。平日の教室での指導と週末の現地フィールドワークでの指導にくわえて、上記3者との定期的な調整会議への出席も必要である。最終的な成果物の内容指導や報告会、報告書の作成も教員の仕事である。演習として継続していくためには、現在担当している教員の個人的熱意や関心に頼るのではなく、担当者の交代や異動に対応できる体制づくりが求められる。

なお、当然ながら大学側も一定の費用負担をおこなう必要がある。現時点では、年間数万円程度の演習費、教員の交通費等が大学側の負担となっている。

(5) 顕在化した問題

演習開始2年目の2010年秋、筆者らは1年目の経験と2年目の改善事項を踏まえた途中段階での活動状況を自己評価した。*11 1年目は事前に地域や行政とのじゅうぶんな調整をおこなう時間がないまま活動を始めたので、早い段階での評価と軌道修正が必要と考えたためである。その結果は、地域、行政(県および市)、大学のそれぞれの立場の違いを再確認するとともに、活動してみて初めて気がつくこともあった。

第1は、地域からの大学生にたいする期待(要望)が、多岐にわたるということである。地域イベントをはじめ地域での諸活動への参加依頼がある。授業の枠を超えるので、教員がコントロールしきれないこともある。こうした活動に積極的に参加することは、両者の信頼関係を強めるうえでも、また学生にとっても有意義なことも多いのだが、時間的制約や活動内容からみて適切でない場合は、調整が必要になる。教員がその役割を担うことになるが、地域事情にくわしい(株)まちづくり柏原にお願いしたほうが適切な場合も多い。まちづくり柏原には、当初の想定以上に地元の諸団体との調整機能が求められることが明らかになった。

第2は、2年生対象の学部正規授業として実施することの限界である。当初からじゅうぶんに意識していたことではあるが、学生や地域の方が熱心であるほど、授業の正規時間枠だけでは時間が足らない。授業時間外にも自主的に現地を訪れることを推奨するが、時間割上限界がある。また、夏季休暇や冬期休暇を除くと実質的な活動期間は案外少ない。加えて、まだ専門的知識を多くは習得していない2年生では、活動内容が限られている。もちろんこれは大学側すなわち教務的課題である。

第3は、各年度の活動成果の次年度以降への継承・伝達の方法をじゅうぶんに考える必要があることである。

事前に地域との間で確認しあっていたとはいうものの、毎年新たに受講する学生にたいして、前年度の成果を正確に伝えて活動をレベルアップすることは難しい。地域の側として、そして担当教員としても、年を経るごとに活動内容を深化させたいのだが、限界がある。

第4は、原資を提供いただく行政や、さまざまな支援をいただく地域への説明責任である。予算を確保していただいている以上、当然その成果が求められる。しかしながら、学生の活動は地域の活性化にたいして即効性があるとは言いづらい面がある。1年間の活動計画においても、秋までの間は、目に見える成果は提示することが難しい。

スタジオの利用についても、じゅうぶんに説明し理解いただく必要がある。助成金の多くが家賃補助に使われている以上、稼働率を上げることへの期待は大きい。地域の側からは、つねにスタジオが開いていて、そこに学生の姿が見られることが期待される。しかしながら学生や教員の常駐は困難である。そこで授業の枠組みを超えて、多様な使われ方を探る必要がある。

第5は、多様な地域住民との交流のあり方を探ることである。住民の方々とは積極的に交流するよう心掛けてはいるものの、ごく一部の方としか交流できていないのではないかという危惧がある。時間的な制約のなかで限界はあるものの、多様な方々との情報交換の機会を意識的につくっていく必要がある。

これらの反省点は、突き詰めれば大学（学生）側のニーズと地域側のニーズとの相互理解および調整が不十分であったのではないかということだが、事前にじゅうぶんに意見交換していたとしても、活動を開始して初めて確認できることも少なくない。わずか2年足らずの時点での上述のような総括は必ずしも正鵠を射てはいなかったかもしれないが、感じ取った課題をすみやかに関係者間で共有し、できるだけ現場での活動に反映できるよう努めた。前節で紹介した5年間の活動内容は、こうした反省にたって改善を試みた結果のものもある。たとえば、毎年度末に報告会を開催して、関係者からの忌憚のない意見を伺うとともに、学生主体で報告書を作成し、次年度の学生にはこれを熟読させ過去の活動内容を新しい受講生が早い段階で理解できるよう心がけている。公言してはいなかったものの、なんらかのPDCAサイクルの導入を試みた。また3年目以降は、たとえ些細なものであっても、具体的な成果物をつくる（あるいは提案する）ことを心がけた。スタジオ稼働率の向上や多様な住民の方々との交流促進については、前述のように他学部や過年度履修生や大学院生など、多様な学生が使用できるよう働きかけた。大学と地域とのニーズのギャップについては、年を重ねるにつれずいぶん相互理解が進んだと感じる。

4　まちづくりにおける大学の地域連携の可能性

（1）創発からの解釈

筆者らは以前に、学生、教員、地域住民、行政、ＴＭＯなど異なる価値観や役割をもつ主体が、それぞれ入れ替わりながらもまちづくりを進めるしくみを、「創発」の概念によって説明することを試みた（客野・角野2010）。創発とは自然科学の概念の一つであり、個々の構成要素が組織化されることにより、個々の構成要素がもたない機能なり属性を組織体が有するにいたること、あるいは単なる個々の総和以上の役割を組織体が果たすことを意味する概念である。

柏原の事例をはじめ多くのまちづくり活動は、創発の概念に対応する。それぞれの団体が個別の価値観をもちながらも、ゆるやかで大きな目標を共有して活動する。要素間のつながりは硬直化したものではなく柔軟で可変性に富む。それぞれの団体の構成員もつねに新陳代謝する。多様な主体が、相互の差異を理解し合ったうえで、目標を共有して、緩やかな体制のもとで活動を進めていく。当初に明快な到達点を設定できなくとも、歩きながら考えつづけることを積極的に評価することも重要である。もちろんこのことは、いくつもの問題も生じさせる。繰り返し述べるように、学生と地域との互いのニーズが完全に相互理解されにくく、また学生は次々と入れ替わっていくために長期的な活動や蓄積が難しいことなどが挙げられる。しかしながらこれは、大学と地域との連携だけではなく、まちづくり活動が本質的に抱えている課題でもある。

(2) ステップごとの目標と中期目標

緩やかな目標の共有とはいうものの、ステップごとの具体的な目標設定と、それに対応するための体制づくりは不可欠である。企業等における創発的組織論においても、いわゆるタスクフォースや企業内企業という概念が導入される。地域からの期待は年を経るごとに大きくなるが、それを毎年入れ替わる学生だけに期待するのは難しい。毎年新しい学生がゼロからスタートする際に、それまでの実績を踏まえて、新たな目的を設定する。目標の一つ一つは過大な目標でなくとも、毎年の蓄積がまちづくりの大きなうねりをひきおこすことにつながればよい。要は、地域側、大学側が双方の中長期的な目標を相互に理解しあったうえで、共有できる年度ごとの目標を決めて、協力していくことである。

このような前提があってはじめて、ＰＢＬ型の連携が成立する。ＰＢＬというと一般的には、具体的な成果目標と期限を定めたプロジェクトに学生が参画するなかで、企業や現場関係者の指導と刺激を受けながら、専門知識や技術を修得することと理解されている。まちづくりには、さまざまな主体と要因が重なりながら、中長期的なビジョン設定と、段階ごとの目に見える成果が求められる。学生がかかわることができるのは、そのごく一部の断面にすぎない。すなわち、「創発」という大きな枠組みの中に、個々のプロジェクトを想定したＰＢＬが設定されると理解すべきである。

たとえば中心市街地活性化のような、多様なファクターが絡み合いながら、市民生活を左右する大きなまちづくり課題の場合、大学や学生が寄与できるのは、そのごく一部にすぎない。もちろん地域側は市街地の活性化策のすべてを大学に委ねるわけではない。大きなまちづくり課題のどの部分に学生が貢献しうるかを相互に確認し合ったうえで冷静に判断する必要がある。大学が示すことができるのは、他者あるいは若者の目で地域の可能性を示すことであり、実用性や事業性をじゅうぶんに検討した提案や活動は残念ながら難しい。

(3) 持続可能な連携のために

学生と地域との連携において、つねに課題となるのが持続可能性である。学生が地域の活性化にかかわる事例は、以前から各地でマスコミなどにも繰り返し取り上げられてきた。しかしながら、それらのなかで長期間継続している事例はごく少数である。文部科学省の現代ＧＰに取り上げられた事業であっても、助成期間が終了すると連携も途絶えてしまうことが少なくない。もちろん、このような期限を切っての助成制度は、期間終了後も活動が継続し自律的にまちづくりが進行することを前提としたものである。また地域にたいして大学は活性化のきっかけをつくる触媒であり、むしろある段階で連携が途切れたとしても、地域が自律的に活動をおこない始める方がよいという考え方もある。

最後に、持続可能性を保証するためにはどうすればよいか、筆者の考えをまとめてみたい。繰り返し指摘してきたことだが、学生や教員は入れ替わる。長期にわたるまちづくりの過程の、ある瞬間にかかわらせていただくことにしかならない。とくに学部2年生の演習科目としてのかかわり方には限界がある。にもかかわらず柏原での5年間の活動経験は、活動者の重層性がうまれることと、多重的な連携ネットワークが生まれる可能性を示唆するものであった。演習を受講した学生が翌年以降も自主的にかかわったり、ゼミでの卒業論文などのテーマに取り上げる事例が出てきた。また大学院生が独自の研究テーマで柏原を調査対象とする事例も現れた。学内の他学部や同じ地域にかかわる他大学とのネットワークの輪も生まれた。このような活動の重層性が生まれることによって、徐々にではあるがその内容の質も向上してきた。また演習を始めた当初、いずれ卒業生が家族を連れて柏原に遊びに来てくれればよいという声を地元の方からうかがったが、それよりもはるかに速くリピーターが誕生している。

大学が特定の地域にかかわり続けることの教育的効果は大きい。であるからこそ、持続的な連携をおこなうためには、特定の教員と地域との個人的関係に依存するのではなく、しっかりとした体制を構築する必要がある。大学事務局にも機動性の高い調整担当セクションが必要であるし、教員側にもコーディネーター能力と教育指導能力をもつ若手人材が必要である。教育効果を高めるためには、現場でのフィールドワークと座学とを的確に組み合わせることも不可欠である。また活動内容の質を維持するためには、大学院とくに修士課程の学生の参画を促したい。ある程度の専門知識と問題意識をもち、特定テーマに多くの時間を割くことのできる大学院生の存在は大きく、大学院教育との連携も視野に入れたい。

まちづくりにおける大学と地域との連携を、創発の概念で継続深化させることと、大学教務制度に載せていくこととの間には、上記のようないくつもの調整課題がある。学生1人当たりの教育コストは、高くつくかもしれない。しかしながらコストや手間を地域との間で共有することによって、多くの成果が生まれる。PDCAサイクルを速やかに回し、年度ごとの最適解を積み上げていくことができれば、持続可能な連携が可能になるのではないだろうか。

〈註〉

＊1 阿部耕也「大学と地域連携の要因分析の試み：大学と地域との連携によるまちづくり調査から」『静岡大学生涯学習教育研究』10 2008

＊2 杉岡秀樹「大学と地域との地学連携によるまちづくりの一考察」『同志社政策科学研究』9（1） 2009

＊3 多自然地域において、地域や集落がビジネスなど地域力向上事業の企画・立ち上げをおこなう際に、大学によるアイデア創出、戦略策定、調査、分析、助言、人的リソース提供などの地域力向上活動にたいして支援をおこなう。対象は大学および大学院のゼミ・研究室、サークル、OB／OGグループ。大学と地域が協働した稼ぐ仕組みづくりや体験型交流会などの活動を想定しており、主な支援メニューは、活動にかかる交通費や宿泊費、備品購入経費など。

＊4 連携大学の教員と学生が地域の現場に入り、必要に応じてまちなか再生専門家や他大学等の大学サポートチームと連携しながら、市町村や地元関係者とともにまちなか再生に取り組むことにより、継続的なまちなか再生および人材育成に資する活動をおこなう事業。

＊5 Center of Community（COC）事業。自治体等と連携し、全学的に地域を志向した教育・研究・社会貢献を進める大学にたいする支援をおこなう。

＊6 期間と目標を定めて、自律的・主体的に、学生が自ら発見した課題に他者と協働して取り組んでいく創造的・社会的な学び。企業、行政、地域と連携し、課題解決に取り組む体験型の授業。

＊7 内田友紀他「大学周辺地域まちづくりにおけるまちづくり主体の関係性の変遷と実態に関する研究：新宿区西早稲田周辺地域を対象として」『日本建築学会学術講演梗概集』F-1.2008 2008 、鵤心治他「地方大学のまちなか研究室によるまちづくり活動と運営に関する一考察」『日本建築学会技術報告集』（23） 2006 、山岸美穂「若者の視点からのまちづくり：作新

学院大学人間文化学部リエゾンオフィスでの学生との活動を中心に」『作新学院大学人間文化学部紀要』（2）2004、他。

＊8 桑木裕加他「学生によるまちづくり活動の実態と課題について：福井県内4大学協働によるまちづくり活動を事例として」『日本建築学会学術講演梗概集』F-1.2006 2006、等。

＊9 丹波市主要統計指標（2012.10.12 更新）

＊10 １９９８年、「中心市街地における市街地の整備改善及び商業等の活性化の一体的推進に関する法律」という正式名称で制定。名前の通りの目的を有していたが、実効性に乏しく、２００６年に改正され、名称も「中心市街地の活性化に関する法律」と変更された。市町村が作成した基本計画を国が認定し、活性化のためのさまざまな支援を行なう。

＊11 客野尚志・角野幸博「大学の授業を通じたまちづくり参画の持続可能な方法――実践事例の創発概念からの考案」『総合政策研究』No.36 関西学院大学総合政策学部研究会 2010。原典では課題を9点指摘したが、本節ではそれを再構成して記述している。

住民組織主体の空き地・空き家対策とその可能性

清水陽子

はじめに

日本の人口はすでにピークを迎え、今後は減少の一途をたどっていく。その上、世界でも類を見ないくらいのスピードで高齢化が進んでいる。人口減少と高齢化はこれからの社会構造に大きな影響を及し、さまざまな場面においてこれまでのやり方では対応できない状況が出てくる。都市計画分野においてもこれまでとは異なる考え方や新たな対応が求められている。

都市計画の新たな取り組みとして、都市の縮小という考え方がある。しかし、徐々にこの概念が受け入れられるようになってきたとはいえ、具体的に政策をおこなうとなると従来の成長型、拡大型の都市計画を大幅に転換しなければならない。それには、すでに拡大した郊外をどう捉えるのか、郊外の発展を抑えれば中心市街地が再生するのかなどの問題が生じてくる。

さらに、縮小後の都市像が明確になっていないこともあり、効果的な政策も考えにくい状態にある。そのため、縮小型都市計画の必要性を感じていても行動は起こせていないというのが現状である。

そこで、現在の住宅状況に着目すると、わが国における総住宅数などは住宅・土地統計調査（総務省）に報告されている。これは5年おきに発表されているため、直近の平成20年をみると「平成20年10月1日現在における我が国の総住宅数は５７５９万戸、総世帯数は４９９７万世帯となっている。平成15年と比べると、総住宅数は約３７０万戸、６・９％増、総世帯数は約２７２万世帯５・８％増とそれぞれ増加している。また、第1回調査がおこなわれた昭和23年の総住宅数は１３９１万戸であり、その後の60年間で４・１倍に増加しているということになる。昭和38年以降の5年ごとの総住宅数の増加率をみると、昭和38年～43年、43年～48年は20％を超えていたが、48～53年には14・1％と10％台に低下した。その後、８～９％台で推移していたが、平成10～15年には７・３％、15～20年には６・９％と低下している。また、総世帯数も同様の傾向となっており、昭和38年～43年には16・0％から、平成15～20年には５・８％と低下している」と概要が述べられている。

また、「総住宅数と総世帯数の推移を比較してみると、昭和38年までは、総世帯数が総住宅数を上回っていたが、43年に総住宅数（２５５９万戸）が総世帯数（２５３２万世帯）を27万戸上回った。昭和48年には総住宅数（３１０６万戸）と総世帯数（２９６５万世帯）の差が１４１万戸となり、すべての都道府県で総住宅数が総世帯数を上回った。その後も総住宅数と総世帯数の差は拡大を続け平成20年には総住宅数（５７５９万戸）が総世帯数（４９９７万世帯）を７６１万戸上回り、１世帯当たり住宅数は15年の１・14戸から１・15戸となっている」と報告されている。

その間の人口はというと、昭和25年の人口は８３２０万人であったが、昭和42年には1億19万人となり、昭和51年までは人口増加率は1％以上で推移してきた。昭和52年以降、増加率は1％を切りながらも進み、平成15年ごろより減少の傾向を見せ始めるが、微増減で推移し平成22年には1億２８０６万人となった。しかし、平成23年には1億２７８０万人と大きく人口が減少し、現在は人口減少時代に入っているといえる。

しかし、人口が減少しているにもかかわらず、住宅数、世帯数は増加している。これは核家族化の進行や単身世帯の増加のためだとみられている。この傾向は今後しばらく続くとみられ、世帯数の減少は平成31年をピークに始まることが予測されている。また、世帯増加率を上回る住宅数の増加率は住宅の供給過剰を示すものであり、使われていない住宅を発生させている。現状においても世帯数を上回る住宅戸数となっており、今後の人口減少、世帯数減少を鑑みると住宅のあり方を考える必要がある。

空き地・空き家の現状

平成20年の住宅・土地統計調査によると、総住宅数５７５９万戸のうち、約７５７万戸が空き家となっており、平成15年から97万戸（14・６％）の増加となっている。その結果、総住宅数に占める割合（空き家率）は平成15年の12・２％から13・１％に上昇し過去最高となった。三大都市圏の空き家は３６３万戸で、空き家率は12・１％、三大都市圏以外では３９２万戸で14・３％である。

また、空き家の内訳は「賃貸用の住宅」が４１３万戸で空き家全体の54・５％を占め、「売却用の住宅」が35万戸（４・６％）、別荘などの「二次的住宅」が41万戸（５・４％）、世帯が長期にわたって不在の住宅や取り壊すことになっている住宅などの「その他の住宅」が２６８万戸（35・４％）となっている。平成15年と比べると、「賃貸用の住宅」は45万戸（12・３％）、「売却用の住宅」は５万戸（15・３％）、「その他の住宅」は56万戸（26・６％）増加しており、特に「その他の住宅」が大きく増加している。一方、「二次的住宅」は９万戸（17・５％）減少している。

さらに、低・未利用地とよばれる空き地も増加している。現在は具体的な調査が実施されていないが、国土交通省国土審議会 土地政策分科会企画部会 低・未利用地対策検討小委員会による平成18年の「低・未利用地対策検討小委員会中間取りまとめ」によると、「わが国では、少子高齢化の進行、産業構造の変化等により、住宅地、商業地、農地、林地など国土全般において、遊休地、放棄地等の増加や、管理水準の低下した土地の発生（以下、このような土地を総称して「利用されずに放置されている土地」と表現する。）が問題となっている。空き地の面積は増加しており、２００３年には、全国で約13万ヘクタールの空き地が発生しているという調査結果もある」と報告されている。

空き地・空き家の存在は治安の悪化や地域のイメージを低下させるなど、その影響は少なくない。また、放置された空き地はゴミの投棄や害虫の発生など地域の問題となっている。

国土交通省「低・未利用地対策検討小委員会中間取りまとめ」によると、放置されている土地の存在は「地域の魅力や活力を大きく低下させることから、地域にとっ

表１　住宅数、空き家数の変化

	総数（戸）	空き家数	空き家率（%）
昭和28年	7,127,000	94,000	1.3
昭和33年	17,934,000	360,000	2.0
昭和38年	21,090,000	522,000	2.5
昭和43年	25,591,200	1,034,200	4.0
昭和48年	31,058,900	1,720,300	5.5
昭和53年	35,450,500	2,679,200	7.6
昭和58年	38,606,800	3,301,800	8.6
昭和63年	42,007,300	3,940,400	9.4
平成5年	45,878,800	4,475,800	9.8
平成10年	50,246,000	5,764,100	11.5
平成15年	53,890,900	6,593,300	12.2
平成20年	57,586,000	7,567,900	13.1

表２　平成 20 年空き家の内訳

空き家の種類	総数（戸）	率（%）
二次的住宅（別荘など）	411,200	5.4
賃貸用の住宅	4,126,800	54.5
売却用の住宅	348,800	4.6
その他の住宅	2,681,100	35.4
合計	7,567,900	——

て重大な問題である」また、「利用されずに放置されている土地が発生すると、まずは本来の機能が損なわれることが問題となる」とも述べられている。

空き地・空き家がもたらしている地域への影響については、平成21年に国土交通省がおこなった「地域に著しい迷惑（外部不経済）をもたらす土地利用の実態把握アンケート結果」において、廃屋・廃墟が周辺の地域や環境にたいして及ぼす影響は「風景・景観の悪化」「防災や防犯機能の低下」「火災の発生を誘発」「ゴミなどの不法投棄等を誘発」などが挙げられている。

また、地域経済への影響も指摘されており2001年にアメリカ・フィラデルフィアでおこなわれた調査では、空き家があることにより半径150フィートで7600ドル、300フィートで6800ドルの下落になると試算され、地域に発生した空き家が地域の不動産価値を下げることが明らかになっている。*[1]

郊外住宅地の現状

空き家発生の現状について、**図1**は大阪北部の郊外住宅地の状況を調査したものである。A住宅地では全体の区画のうち居住実態がある区画は43・4％である。B住宅地では30・9％となっている。どちらの住宅地も多くの空き地・空き家を抱えている。特に、B住宅地では空き区画が53・9％と非常に高い。これは開発がおこなわれたがその後の買い手がつかず、一度も住宅が建設されることなく放置されている区画である。このような区画が半数以上を占める住宅開発というのは、開発そのものに無理があったのではないかと思われる。

この2住宅地は大阪中心部まで車で1時間半～2時間ほどの地域で、住宅地内に鉄道駅はなく最寄りの駅から徒歩圏ではない。また、最寄りの商業施設へも徒歩では難しく、小学校や医療機関へも不便であるなどから、近年、新たな世帯の転入はほとんどない。現在の空き地や空き家が減る可能性は少なく、今後はさらに空き家

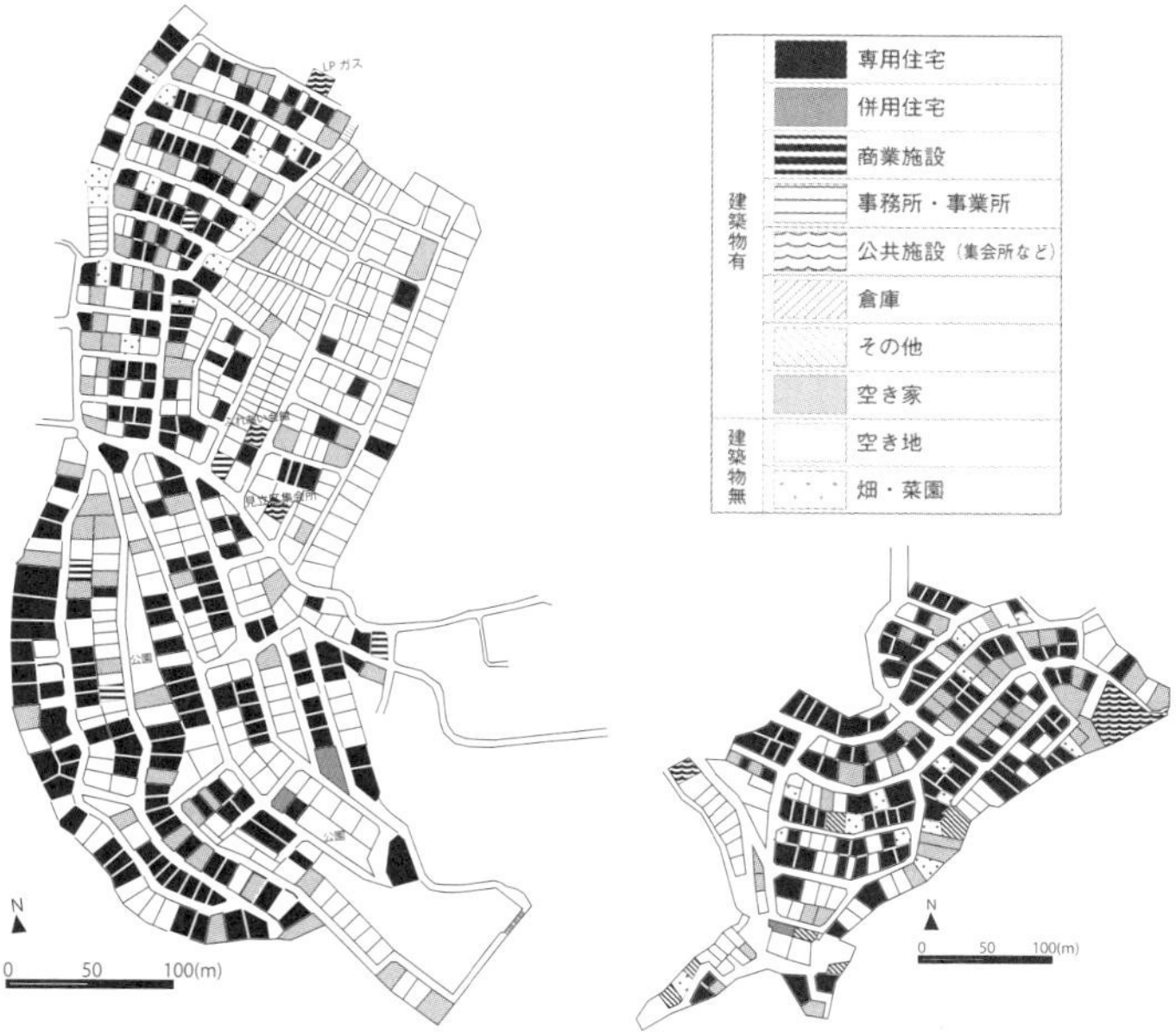

図1　郊外住宅地の土地利用状況

表3　郊外住宅地の土地利用状況

		A住宅地		B住宅地	
		実数	%	実数	%
構造物あり	専用住宅	102	43.4%	188	30.9%
	併用住宅	0	0%	2	0.3%
	商業施設	0	0%	1	0.2%
	事務所・事業所	0	0%	5	0.8%
	公共施設	2	0.8%	3	0.5%
	倉庫	1	0.4%	0	0%
	空き家	42	17.9%	69	11.4%
なし	空き区画（空き地）	68	28.9%	328	53.9%
	畑・菜園	14	6.0%	12	2.0%
	その他	6	2.6%	0	0%
計（宅地造成数）		235	100%	608	100%

が増えることが予測される。

このような郊外住宅地は昭和30年代からの高度経済成長の流れの中、一戸建てのマイホームが手に入るとされ、各地で開発が進められた。しかし、開発・造成がおこなわれたものの買い手がつかず荒れ果てた空き地や、住み手がいなくなり放置されたままの空き家が目立つところでは空き地・空き家の課題と同時に、居住し続ける住民の生活の維持についても考える必要がある。

空き家の増加にたいし、現在では355の自治体で所有者に空き家の管理を指導・勧告し、従わない場合は強制撤去などができる条例を制定している（平成26年4月現在　国土交通省による都道府県への調査結果より）。条例の内容は自治体によりさまざまである。しかし、各種の法や税制度、また所有者の特定が困難な場合など、多くの問題を含んでいる。空き家対策の手法の一つとして「撤去」があるが、実際に撤去される例はごくわずかである。平成24年4月に秋田県大仙市で初の行政代執行による空き家の撤去がおこなわれた。雪の重みで倒壊し、道を塞ぐ、隣の家になだれ込むなどの事故が相次ぎ、児童に危害が及ぶおそれがあるとして撤去にいたったのである。代執行の費用は所有者に請求されるが、それに素直に応じる所有者は少ない。個人が自主的に撤去をおこなうことは非常に少なく、放置されたままの空き家が多いのが現状である。

これまで、いかに効率よく土地を使うか、ということに重点が置かれてきた。人口増加の時代にはそれは合理的であり、市民の要求でもあった。しかし、現在人口は減少し、これからは世帯数も減少する。空き地や空き家は今後も増加することが予想される。

これからはいかに豊かにするかが重要であり、そのために空き地・空き家の活用を考える必要がある。増えていく空き地・空き家を有効な空間となるよう住民目線での対策をおこなっている国内外の事例を挙げて述べていく。

長崎市の空き家撤去事業

そのような中、国内の取組として長崎市の「老朽危険空き家対策事業」を挙げる。これは地域で発生した空き家を公費で解体・撤去する事業である。この事業は平成18年度から始まり、平成24年までに35件の撤去を公費でおこなった。

長崎市は昭和60年には人口50万５０００人を超えていたが、その後減少に転じ、平成20年ではおよそ44万５０００人と約6万人減少している。住民の高齢化も進み、平成20年には高齢化率は24・４％となっている。市内は国内でも有数の傾斜地であり、その景観は観光地としても有名である。しかし、居住地としてみた場合には道幅が狭く自動車が入れない地域もあり、傾斜地のため自転車や手押し車も使いづらい地域も多い。移動は徒歩によるところが大きく、高齢者は買い物をするにも体への負担が大きくなっている。そのため、人口減少に加え、暮らしやすさを求めて市内中心部のマンションなどへ移住する世帯が増えたことにより傾斜住宅地での空き家が増加し、事業に取り組むこととなった。

長崎市で事業対象として撤去・解体となる物件は土地・建物を市へ寄附するという形式を取っている。撤去対象は木造であること、物権・賃借権がないこと、市税を完納していることなどさまざまな条件に合致したもののみである。さらに、撤去したあとの跡地管理を町内会に移管することを条件としているため、維持管理に係る地域住民（町内会）の同意、受入が可能でなければ事業対象とはならない。これらの条件を満たし、実際に撤去となった住宅は、平成25年6月現在の累計で３５１件中35件である。申請件数にたいし、撤去の件数

写真１　空き家①→ゴミステーション

写真２　空き家②→ポケットパーク

写真３　空き家③→道路幅員拡張＋ポケットパーク

が少ないのは、申請された住宅が事業対象となるほど老朽化していない、物件に抵当権が設定されていた、相続人が確定できないなどのためである。所有者からの寄附の申し出があっても、建物が危険であると判断されるほど老朽化していない場合は所有者にたいし改修や管理について指導をおこなっている。老朽化の基準としては「住宅地区改良法」の「木造住宅不良度測定基準」にもとづくチェックシートを作成し、対象物件となった物件について担当者が現地調査を実施している。

この事業のポイントは対象地が所有者の寄附であることと、撤去後の管理を自治会との協議により決定することである。事業対象の要件に町内会として維持管理をおこなうことへの同意が条件となっているため、町内会の関与が不可欠となる。

撤去後の用途としては、ゴミステーション（狭小道路のためゴミ収集車が入って来られず人力でおこなわれていた地域にゴミステーションを設け作業が効率的におこなわれるようにする）、ポケットパーク（傾斜地のため憩いの空間がなかった地域に住民の交流の場とする）、駐輪場など、地域のニーズによりさまざまである。ポケットパークに設置するプランター、ベンチなどは市に申請すれば、無償で提供されている。また、空き家を撤去したことにより道路の拡幅をおこなった例もある。

空き家であった時は地域にとって「負」の存在であり、治安や環境への影響が懸念されるものであったが、撤去され地域に必要な活用をすることにより、その存在は大きく意義を変えている。それは空間的な意味にとどまらず、掃除など管理の当番制や、利用に関するルールを定めるなど、地域コミュニティ活動が活発になるきっかけにもなっている。

この事業にたいする周辺住民の意見として、市の発行している市民だよりには「（周辺地域）一帯が明るくなり、気分も晴れやかになった」「地域の不安だった場所から、地域の和を広げる憩いの場所になった」「新たな交流をはぐくむ場所ができた」などが寄せられている。

ドイツ・ライプチヒ市の減築・空き地活用

次に海外の事例としてドイツ・ライプチヒ市の事例を挙げる。

ライプチヒ市は旧東ドイツ地域であり、１９９０年の東西ドイツの統一後、人口が旧西ドイツ地域へ流失し急激な人口減少を経験している。また、同時期に出生率の低下や、戸建住宅への志向変化などにより、国全体で将来の人口規模に見合った住宅政策、都市政策を考えなければならなくなった。そのなかで注目されたのは「減築」という手法である。これは建物の規模を縮小する、建物自体を間引くなど、まちの規模を縮小していくという政策である。

その事例としてライプチヒ市グリューナウ地区を取り上げる。グリューナウ地区は旧東ドイツ時代の住宅不足解消のために1976年から開発が開始された地区である。

グリューナウ地区にはピーク時には約8万5000人の住民がいたが、現在では約4万5000人とピーク時の53・1％まで減少している。流出の理由の多くは、旧西ドイツへ仕事を求めての移住や、公益住宅企業の供給する古い住宅のイメージを嫌っての転居、また、住宅の選択肢が広がったことによる転出などである。この地域には、旧東ドイツ時代にはさまざまな層の人が住んでいたが、住民の流出により1990年以降は転居できない人や貧しい人たちが集まるようになってしまい、ネガティブなイメージが形成されていった。

グリューナウ地区の強みはトラム（路面電車）が2路線とSバーン（鉄道）があり公共交通が充実していることと、学校、ショッピングセンターなどへ徒歩で生活できる環境があったことである。さらに湖などの余暇スペースが近く、住民活動もさかんであったことも挙げられる。現在はこれらを活用した都市改造が、市民生活の充実もあわせて進められている。2002年に地域住民や大学教員なども参加し人口の変化などを踏まえたシナリオが検討され、2020年を到達目標とした計画が組まれた。

図2は2007年5月に発表されたグリューナウ地区の都市改造計画図である。計画では地区を大きく二つに分けている。実線で囲まれた地区は今後も継続的に残し、施設や資金を投資しインフラ整備や住宅の改修

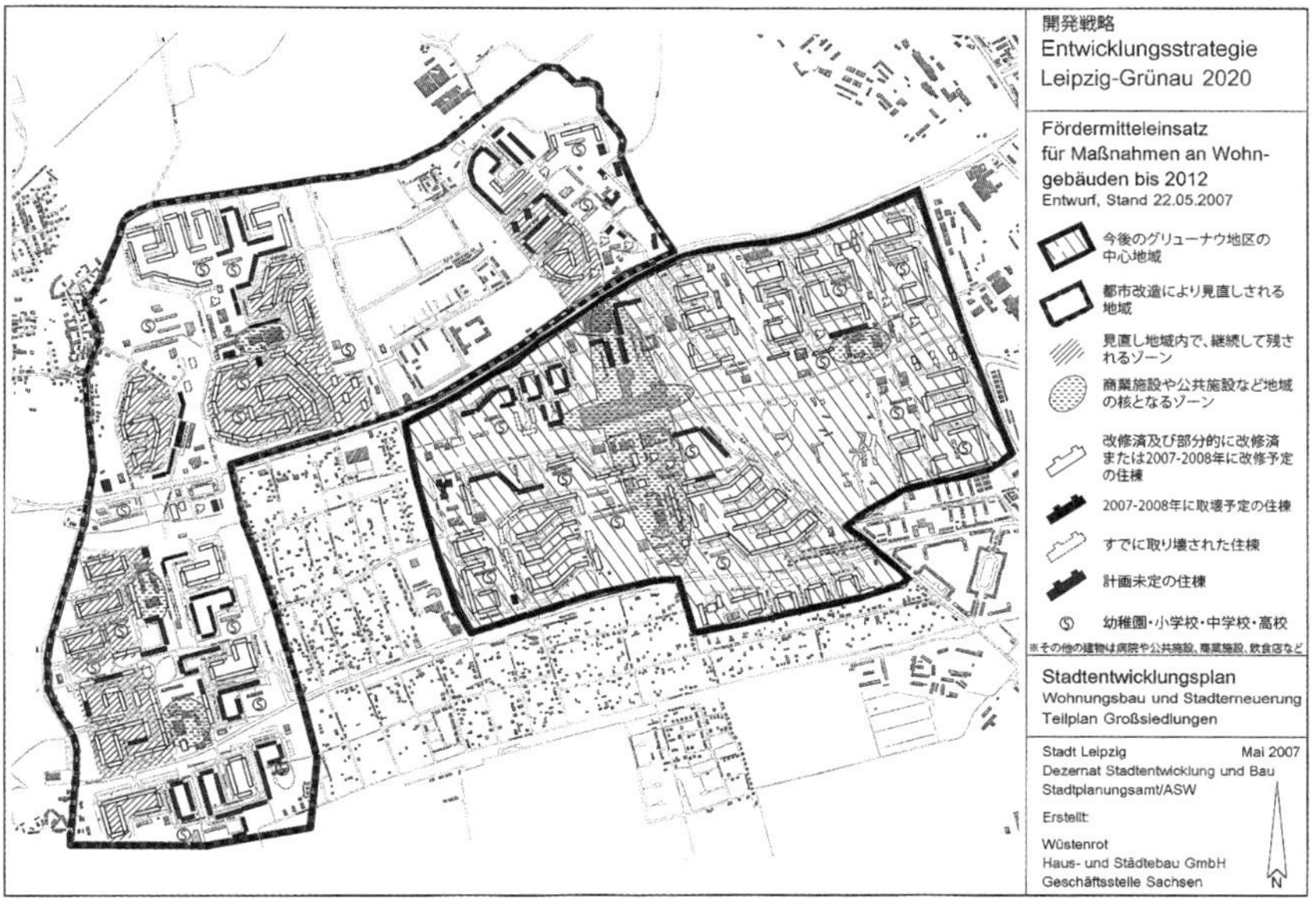

図2　ライプチヒ市グリューナウ地区の改造計画図[*2]

が積極的に進められる地区である。破線で囲まれた地区は、状況をみながら建物の取り壊しが積極的に進められ、部分的に建物を残していくことで縮小を進めていく地区である。その中にさらに商業や公共施設などを充実させ地域の核となるゾーンや取り壊しを進めながらも継続的に残すゾーンなどが計画されている。

縮小計画について住民からは、住宅の取り壊しは過剰に建てられたものを減らすので空地が増え、空間に余裕が生まれるため住環境として望ましいと考えられている。住宅所有者にとっても空室率の高い建物の管理には費用がかかるため、行政の支援を受けての取り壊しはメリットがあるとして概ね受け入れられている。

住宅戸数は1990年の3万5000戸から2008年には2万9500戸へと減少している。これを2020年までにさらに5500戸少ない2万4000戸まで減少させ、2008年の空家率はおよそ20%であったものを空家率を10%程度にする予定である。当初の状況のまま取り壊しをしなければ、空家率は30％を超えていたと考えられる。

住棟の取り壊しは、初期は空家率が高かったため、「点」での取り壊しは比較的容易に進められた。しかし、市としては虫食い的な取り壊しは望ましくないため、「点」ではなく、街区全体の取り壊し、「群」としてある程度まとまったかたちでの取り壊しを進めたいと考えている。取り壊しの実施は、市からも地域の将来プランが示されているが強要できるものではなく、空家状況などを考慮して所有者からの申し出によりおこなわれている。そこで、市はこれらのコントロールを補助金の有無によりおこなっている。取り壊しの補助費には公的資金が投入されるため、補助を受けるには市の許可が必要になる。そこで、市が残したい地域での取り壊し案には補助の対象とせず、取り壊しを進めたいところでは積極的に補助対象としている。また、取り壊しを進めたい地域では道路や緑地などの公共施設の改修をおこなわないなどをして、住民や所有者の意向を誘導している。しかし、これまでに取壊された住宅の約90％が民間非営利組織の所有であり、民間企業や個人所有のものは難しいのが現状である。

グリューナウ地区の地域改造のポイントは、①市民生活の質の向上、②病院・クリニックの整備、③若い人を呼び込めるような仕掛けづくりをおこなっていくことである。

ライプチヒ市ではグリューナウ地区には住宅の密な部分と疎な部分をバランスよく配置する必要があると考え、住宅が地域全体に均等に散らばっているのではなく、地区内にいくつかの密な部分を形成することを目指している。そのため、小学校の配置についても、規模は小さくなるかもしれないができるだけ統合せずに存続するよう計画されている。

減築による建物の撤去は都市改造において中心課題ではない。減築により地区や市全体を適正規模にするこ

写真４　住棟撤去（減築）の様子

写真５　住棟撤去によりできた緑地

写６　跡地でのアート活動※

写真７　跡地の緑化※

写真８　住棟撤去計画を周知する看板

※印は日高香織氏撮影

とや、新たに生まれる空間の活用を目的としている。そのため、市の中心に集中している老朽化した建築物に関しては減築ではなく、現在の居住環境に見合った改修をおこなうことで住民の流出を防ごうとしている。郊外への戸建志向にたいして郊外へ住宅を建設するのではなく、市内にある既存住宅の改修や空き地を利用した持家を推進している。また、周辺環境の整備をおこない、減築された跡地に関しては、今後の使用が決まるまで緑地や文化的な行事のために一時利用されている。

市内における緑地の創成などの価値創造においてはEUからの援助もあり、住環境向上に寄与している。また、減築後の跡地に若い人びとのアート作品を展示することで地域環境の充実をはかっている。その活動は外部へ向けたものではなく、地域住民に向けられた活動としておこなわれている。

ライプチヒ市においては1989年頃から縮小政策に着手し始め、現在国内外から先行事例とされ注目されている。当時は縮小という計画に関してネガティブに捉えられ、衰退を招くのではと懐疑的な状況であったが、現状を把握し、市の今後について議論し政策を実現させてきた。また、そのまちづくりに若い人びととの創造性を取り込むことで活性化もおこなっている。市が減築などの建物における政策をおこなう一方、自治会では地域の文化環境の創設、地域コミュニティ育成を計画し、市と市民で地域再生を目指している。

アメリカ　フリント市における空き家対策

さらに海外の事例としてアメリカの事例を挙げる。

アメリカにおいても産業構造の変化により、鉄鋼で栄えた町を中心に人口減少が顕著になっている。そのなかでも空き家対策に先進的に取り組んでいるミシガン州ジェネシー郡フリント市を取り上げる。

フリント市は自動車産業の中心地であるデトロイト市の郊外都市であり、この市においても自動車が主な産業であった。しかし、産業の衰退とともに人口も減少し、ピーク時には19万６０００人であったが、２０１０年には10万人を切るほどになっている。減少の傾向は収まらず、数年のうちに8万５０００人ほどになると予想されている。

そのような地域で増加する空き家対策として、郡によるランドバンクの設立がある。ランドバンクとは１９７０年代には多くの自治体に設置された組織であり、これまでは市におかれることが多く、市が収用した物件の管理などを業務としてきた機関である。しかし、フリント市があるミシガン州では州法を改正し、郡にランドバンクを設置し、これまでより積極的に、そして柔軟な組織とした。そして、ジェネシー郡が最初に新たな形のランドバンクを設立させた。主な内容としては税金を滞納した物件を郡が収用し、これまでであれば競売にかけられていたものを、すべてランドバンクに移管するというもので、ランドバンクではそれらの物件の管理・活用などを検討しおこなっている。

空き家を一元的に管理する方法としてランドバンクの取り組みは注目されている。この仕組みにより、これまでのような競売をなくしたため、土地を投機的目的で購入することができなくなり、地域での活用がより円滑におこなわれるようになった。このような新しい形のランドバンクのあり方はアメリカ国内でも広がりをみせ、ミシガン州だけでなく、オハイオ州などでも州法を改正して取り組んでいる。

さらに、フリント市における空き家対策にはランドバンクとともにＣＤＣｓによる地域改善活動も重要である。

ＣＤＣｓとはCommunity Development Corporationsの略で、平山によると[*3・*4]「１９６０年代からアメリカで活動するノンプロフィット組織で、通常は非課税法人の資格を有し、低所得層の特定のコミュニティに基礎をおき、住宅供給を中心とする多角的活動を展開してきている」団体である。

これまで紹介されているＣＤＣｓの活動は主に低所得コミュニティ、マイノリティコミュニティへの住宅提供など支援活動である。本来、地域改善は行政が主に担ってきた事業であるが、財政難などの理由から現在は地域住民の自主的な活動が期待されている。しかし、町内会や自治会が単独で活動に取り組むことは難しく、住民がＣＤＣｓなどを立ち上げ、町内会より広域を対象とし、専門家なども加わってもらい活動することが多い。フリント市においても現在四つのＣＤＣｓが活動している。そのなかでも住民活動の支援や地域改善を主に取り組んでいるSalem Housing（以下、Salem）の活動を紹介する。

Salemは１９８５年にフリント市に設立された団体である。元の組織は五つの町内会と地元の教会であり、地域に発生した空き家や地域の質の下落、住環境の悪化にたいし活動をおこなうために発足した。活動目的は①ビジネスおよび個人と近隣を再生するために協力と共同作業をおこなうこと、②安全な住宅、適切（相当）な住宅および手頃な住宅を提供すること、③持ち家に関して所有家族を教育すること、④事業対象となった地域の近隣にもっとも大きなよい効果を与えられるようにすること、である。主な活動資金は個人や企業などからの寄付金や政府からの補助金である。設立当初の活動地域は市内中心部の地域のみであったが、現在はフリント市全域を活動地域としている。

近年のSalemの活動内容としてはランドバンクと協力し、空き家の管理や改修、その後の斡旋、空き地の管理などがある。また、ランドバンクから収容物件を買い取り、新たな住宅を建設し売却するなどもおこなっている。そのなかでも特に住環境改善としておこなっている公園整備（ラマナパーク）の計画について紹介する。

計画地一帯は空き家や放棄地が進み、荒廃した一画となっていた。**図3**に示すように北部にある三角形状のラマナパークは約30年前から公園として存在していたが、市には管理する予算もなく荒れ放題となっていた。そこで、Salemは地域改善のため地域コミュニティとの協議を重ね、この街区すべてを公園とすることを計画した。この地区は歴史的にはインディア

図3　ラマナパーク計画地の現状と計画図*5

ンが居住していた土地で、ミシガン州が設立する時に重要な役割を果たしたというNiomiというインディアンの出身地であるという。そのため地域コミュニティではラマナパークに彼の功績をたたえる碑をおきたいと考えていた。

この計画にたいし、Salemはランドバンクにも協力を依頼し、ランドバンクが収用していた土地を無償で提供してもらい、空き家の撤去、芝生の管理などの実務作業はSalemが担当した。また、計画対象地内でランドバンクの所有にもならず、所有者はいるが放棄された土地についても雑草を除去し、芝生を植えるなどの活動をおこなった。

現在、計画用地には3軒の住宅が残っており、1軒は火事で燃えてしまったがそのまま放置され、1軒は空き家、1軒には住民が居住しているという状況である。居住している住民にたいして計画は知らせているが、公的に立ち退きを要求することはできず、自主的な転居を待つしかない。

将来的にはその街区全体を公園として大木のみを残し芝生を植え、東屋のような休憩施設やNiomiのモニュメント、地域の歴史を知る場所となるよう整備する計画である（**図3**参照）。

しかし、このような計画や活動は、実は公的に認められた行為ではなく、あくまでSalemと地域コミュニティの「自主的な」活動となっている。公園の計画も、Salemと地域コミュニティが希望している計画であり、所有者が拒否し、訴訟などを起こせば活動はできなくなる。だが、現実として放棄地の所有者はこの土地に関心もなく、今後居住する意思もみられないことからこれらの活動は市から黙認されている。

また、本来公園の計画や地域計画は市がおこなうべき業務であるが、このような活動をおこなう費用は市にはなく、Salemや地域コミュニティはランドバンクのプログラムを利用したり、連邦政府の補助金などを獲得したりして活動している。しかし、活動のほとんどはボランティアに支えられている。また、軽犯罪者の奉仕活動としても認定され、芝生の刈り取りなどの労働力としている。

Salemにおける地域改善活動は、Salemが単独で活動をおこなうのではなく、地域の協力が得られること、もしくは地域から必要とされていることを前提としている。ＣＤＣｓの活動の多くは、新しく高機能で快適な住宅の提供と、スラム化している地域の美化あるいは近隣改善である。前者は付加価値の高い住宅を提供し、高所得者を呼び込むことで地域のイメージアップを狙っている。後者は低所得者にたいし住環境の改善と適切な価格でよりよい住宅の提供を目指している。Salemにおいてもそのような事業はおこなわれているが、最近ではラマナパーク計画のような地域の将来計画作成もおこなっている。しかし、これも主体は地域住民である。Salemがおこなうのは地域コミュニティの支援であり、それは会議の場所の提供、道具の貸し出しから、住民への教育、自立を促す啓蒙活動などさまざまである。特に貧困な地域においては、地域改善をおこなうために住民の職業訓練や就職支援なども必要である。住民一人ひとりの生活が成り立たないと地域改善をおこなおうという風潮にならないためである。

フリント市においても空き家はドラッグ使用者のたまり場や売春、放火、殺人などあらゆる犯罪の温床となる可能性がある。Salemでは、空き家が連鎖的に発生し、犯罪につながるため、空き家や放棄地をガンに例え、1件発生すればそれが周囲に影響を及ぼすとして、早期の手入れや住宅の解体などの対策を推奨している。そのための情報提供や若者への軽作業の斡旋などをおこない、行政や地域コミュニティ、市内の他の団体との連携も進めている。

まとめ

今回の事例は空き地・空き家にたいし住民組織が主体的にかかわっているものを取り上げた。人口減少、世帯数減少という大きな流れの中、空き地・空き家は今後さらに増加すると考えられる。現在、それにたいする手立てが模索されているが、制度や罰則だけで対策できるものではない。現状では原則として無断で敷地内に立ち入ることもできず、空き地・空き家は所有者の問題とされ、行政や周辺住民がかかわることは困難であった。しかし、今後は場当たり的な対策をおこなうのではなく、長期的な視点での将来計画が必要である。また、これからの地域の将来像は地域住民に共有されなくては実現は難しい。それは地域の主体は住民であり、地域のことは地域住民が一番よく知っているからである。どこが空き家か、なぜ空き家かということも知っている場合もある。そのような情報は行政では把握できない。

空き地・空き家の発生は地域にとって喜ばしいものではない。しかし、今後の都市計画においてはこれまでとは違った見方が必要である。空き地・空き家の発生を地域改善の契機、チャンスとすることはできないだろうか。長崎市のように空き家の撤去に地域住民・地域コミュニティを巻き込んだり、それを機に住民の意見を聞いたりできれば違う流れをつくり出すことができる。地域の課題を共有できれば、荒廃を防止する取り組みを始めることもできる。そして、地域住民の連携が進めば地域の活性化にもつながるだろう。活発なコミュニティのある地域はそれだけでも付加価値となり、魅力ある地域を創造する。そして、そのような地域は新たな住民を迎えることもできるだろう。それは地域の存続となる。

しかし、人口減少にともない、地域コミュニティの担い手も減少する。そのためには地域コミュニティを支える組織もこれからは必要となる。担い手の負担を軽減したり、活動を支援したりするような組織の創設も重要である。ＣＤＣｓのような組織が日本に根付くためには非営利組織への理解や制度的な充実が必要である。

また、空き地・空き家の活用は何かを建てたり、利用したりするばかりではない。何も建てない、何にも使わないという利用もある。これからのまちはいかに効率よく土地を使うかではなく、いかに豊かなまちにするかが重要である。空き地は単に空いている土地ではなく、まちの余裕とも捉えることができる。しかし、そのためには適切な管理が必要である。適切な規模にまちを設定し、そのなかでまちにおける空間的「余裕」を創造することができれば、それは単なる空き地・空き家ではなく意味のある空間となる。

これまでの窮屈なまちからのびやかなまちに、これからのまちづくり、都市計画をもっとしなやかなものとする一つのきっかけとして、空き地・空き家への取り組みをさらに考えてみたい。

〈註〉

＊1　Temple University Center for Public Policy and Eastern Pennsylvania Organizing Project. "Blight Free Philadelphia: A Public Private Strategy to Create and Enhance Neighborhood Value." Philadelphia, 2001.

＊2　グリューナウ地区センター：LEIPZIG-GRÜNAU2006Komme e.V.、2007　より筆者抜粋加工

＊3　平山洋介「アメリカにおける CDCs の発展とコミュニティ・ベースト・ハウジングの特性」日本都市計画学会学術研究論文集第26回　1991：pp. 739-744

＊4　平山洋介「コミュニティ・ベースト・ハウジング　現在アメリカの近隣再生」ドメス出版　1993

＊5　ジェネシー郡ランドバンク公表資料、ＡＩＡ　フリント 150th プロジェクト Overview より筆者抜粋加工

〈参考文献〉

総務省統計局「平成20年住宅・土地統計調査」

国土審議会土地政策分科会企画部会 低・未利用地対策検討小委員会「低・未利用地対策検討小委員会中間取りまとめ」平成18年7月

国土交通省「地域に著しい迷惑（外部不経済）をもたらす土地利用の実態把握アンケート結果」平成21年4月

清水陽子・中山徹「ドイツにおける郊外型団地の縮小計画に関する事例研究」日本都市計画学会都市計画論文集 No. 45-1 2010：pp. 33-38

清水陽子・中山徹「市街地に発生した空き家への対策について――長崎市の取り組み」日本建築学会大会学術講演梗概集 F-1 2011：pp. 1063-1064

清水陽子・中山徹「人口減少都市で地域改善を行うＮＰＯ組織――アメリカＣＤＣｓの活動――ミシガン州 Salem Housing の事例」日本都市計画学会都市計画報告集 No. 10 2012：pp. 155-159

清水陽子・中山徹「都市計画区域外で開発された郊外住宅地の生活環境の現状と住民の居住意向」日本家政学会誌 Vol. 65・No. 2 2011：pp. 82-92

Ⅲ　建築デザイン面から

建築デザインにおけるこれからの都市デザインの意義

八木　康夫

1　はじめに

そもそも建築学とは何かというと、建築物の設計や歴史などについて研究する学問であり、それは構造や材料などの工学的な側面とデザインや建築史などの芸術的／文化的な側面がある。建築が展開される場合、人間社会におけるライフスタイル、ひいては、精神的分野にまで踏み込んだかたちで計画され実施されており、自然科学、人文科学、社会科学の広い分野にまたがっている総合的学問といえる。

このように総合的な分野であるが、近年はさらにその展開に変容が求められている。

具体的に、

1　単体のビルディングタイプとしての機能を充足するだけではなくプロジェクト性が必要

2　周辺環境に甚大な影響を及ぼす社会的生産活動としての認識

3　長期耐用性が必要

4　人間生活を営むうえで必要とされる経済活動の配慮　等々

すなわち建築空間としてのその社会性を充分考慮することが重要である。

では、このような幅の広い解釈が必要な建築学を誰が担ってきたかといえば、工学部を中心とする理系出身の人材である。もちろん建築空間として、いつ壊れるかと思いながらその建築空間で生活はできるわけはなく、要は構造的に成立していなければいけない点では工学としての技術が必要であるが、建築空間や都市空間を計画するにおいて、社会の流れを充分に読み取る能力がこれまで以上に求められる。

2　総合政策学部で建築を学ぶことは都市構造を読むこと

私はこれまで建築設計すなわち建築デザインを学び、それを実践してきた。要は建築設計デザインが専門である。世界の建築家の作品をみると奇抜な形態が多くみられるが、それは建築単体のデザインのみを追求し、周辺環境を無視してきているのであろうか？　たしかにそのように見える作品は多くみられるが、はたしてそうであろうか？　私はすべてがそうではないと信じている。ヨーロッパの建築家の多くは、まずその敷地に建てることができる最大ヴォリュームを算出し、そこから不要な空間を減じて形態を創るといわれている。たとえば住宅であれば、玄関やリビングルームやベッドルーム等々必要な空間をつなぎ合わせる足し算でヴォリュームを計画するのではない。

必要とされる空間を含む全体ヴォリュームを先に決めていくプロセスを辿れば、その場所の法的規制や固有の周辺環境との調和をとるために何が必要か検討しやすい。すなわちその場所を読みとることが容易である。

つなぎ合わせの空間で建築ヴォリュームを計画するプロセスとは根本的に違うのである。

フィンランドで生まれ育った、建築家で都市計画家のエリエル・サーリネンは次のように述べている。「あなたの街を見せて下されば、私はあなた方が何を考え、何を望んでいるかを言い当てることができます。美しい街の住民の心は美しく、醜い街では、住民の心もまた醜いものです」と言っている。これはまさしく、建築が点として存在するものであるが、それが集まると面となり、すなわち街が形成される。その街の環境を美しく住みやすくするためには、全体の調和が必要となる。言い換えれば工学的技術のみならず総合的な社会要素が求められるのが建築であり、都市構造を読む視点から建築デザインをスタートさせることが重要である。

3 建築形態自由の国ニッポン

わが国の街では良好な景観や環境を求めるよりも、建築基準法や都市計画に違反しないかぎり、どのような形態の建築物でも建てることができる「建築形態自由の国」である。このことを憂慮してか、京都市では、2007年9月に歴史的な京都の町並みを保全するため、市街地のほぼ全域で建築物の高さやデザイン規制を強化する「新景観条例」が施行された。その内容は、高さ規制を旧基準より引き下げたほかに、和風の住宅デザイン基準を新たに導入するといった京都独自の規制が組み込まれ、さらに、屋上の広告看板を全面禁止するなど屋外広告物の規制を強化する内容であった。これまでのわが国の景観条例を振り返ると、景観保全を定めた全国初の自主条例として1968年に金沢市が「伝統環境保存条例」を制定し、続いて1969年には宮崎県が「沿道修景美化条例」を定め全国に拡大していった。しかし、2005年までは法律の委任にもとづかない自主条例だったため、これら条例には強制力がなく、建築確認の際に必ずしも従う必要はなかった。その結果、全国どこへ行っても同じような風景に遭遇し、その地域の風土的風景を踏まえることなく経済性優先の建築物や構造物が次々に建てられた。

4　ブランド化する建築に影響される学生

フランスやドイツ等々のヨーロッパの市街地では建築形態に関して強い規制があり、この規制により街並みが揃っている。各国によって歴史的な経緯はあるものの、前述のとおりこれまでわが国は建築形態自由度が高く、さまざまな建築が立ち並んでいる。とくにファッションブランドの建築になれば、建築形態そのものがブランド・アイデンティティとして役目を果たす。

建物の構造／ファサード／内装に商品の構造やブランドの物語性を重ね合わせ、空間そのものをブランド・アイデンティティとして組み立て、建築そのものが消費行動を促す装置の役目を担っている。これらをリアルに体感できるのは表参道エリアである。以下その代表例を列挙してみる。「プラダ青山ビル」「ルイ・ヴィトン表参道ビル（**写真1**）」「ディオール（**写真2**）」等々が挙げられる。

このような建築が現れるなか、２００７年1月に開館した東京の国立新美術館において、同年6月に『Skin+Bones: Parallel Practices in Fashion and Architecture（スキン＋ボーンズ―１９８０年代以降の建築とファッション）展』が開催された。この展覧会では、気候の変化や外敵から人間の身体を守るシェルターという同じ本質をもつ、建築とファッションがともに有する表層（スキン）と構造（ボーンズ）に着目している。これらから両者の創造過程を読み解き、それぞれの領域に共通する特徴を、思想、表面、構成、テクニックなどを切り口に視覚的に検証する、という今までにない試みの内容であった。もちろん建築空間を構成する際のキーワードとしてハイブランドのファッションや建築から学ぶ点は多く、おおいに参考すべきである。しかし、このようなブランド建築群、あるいは雑誌に掲載されている華やかな建築群（それらはビルディングタイプを問わない）を多くの学生が見て、将来の自分の姿を重ねる。時代の一先端をゆく建築を学ぶこと、夢を大きくもつこと、ともに学生としては正しい態度であるが、その表層のカッコ良さのみに憧れ、将来建築家として実際に生きるために、さらにはより売れる建築家になるためにはカッコよいデザインをつくれる感性を磨く必要があると多くの学生が思っているのが実態ではなかろうか。そのために都市にたいするリテラシーを学ぶことが、二の次、三の次となり、結局ろくに学ぶことなく卒業してしまっているのではないか。このような実態で、将来のわが国の都市を美しく、住みよく、市民が充実した人生を送るに足る都市環境づくりができるか、甚だ疑問を感じる。建築が集合して都

写真１　ルイ・ヴィトン表参道ビル

写真２　ディオール

市を形成する都市デザイン教育をしっかりおこなうことがわれわれ教育をおこなう立場として重要であると同時に、学生の諸君も表層のカッコ良さのみを追う態度を問う姿勢が必要である。

5　有名建築その後、そして寿命の短いわが国の建築

わが国は社会の代謝が早い国である。1960年代後半から1973年までの目を見張る高度経済成長から、1973年後半に起こったオイルショック、そして1986年から1991年まで続いたバブル景気そして崩壊。これにともない、建築もスクラップ・アンド・ビルドが繰り返されてきた。前述の高度経済成長期には「破壊工学」の必要性が説かれて、要は「使い捨ての建築」思想があった。しかし、資源やエネルギーが有限であることがはっきりした現在、「サステイナブル社会」構築に向けて、建築では「コンバージョン」という行為が大都市を中心にさかんにおこなわれている。いわゆるストックをいかにして持続的に機能させるか、建築寿命をどのように考えるのかがわれわれに突きつけられた課題である。

この建築の寿命に関して、『日経アーキテクチュア』誌で長期に連載された「有名建築その後」や『建築ジャーナル』誌に「学会賞建築は生き残っているのか」という記事が記載されている。いずれも具体的な事例を通して、建築の寿命が短いことを指摘している。この建築の短命で記憶に残る事例として、1985年度の日本建築学会賞を受賞した眉山ホールがある。これは1984年に竣工したS学園研修センターであるが、1989年に学園整備を理由に5年という短い寿命で撤去された。また、公共建築では、1976年に竣工したK市の伝統産業会館がその地域の文化ゾーン再開発を理由に1995年にわずか19年の寿命で取壊され

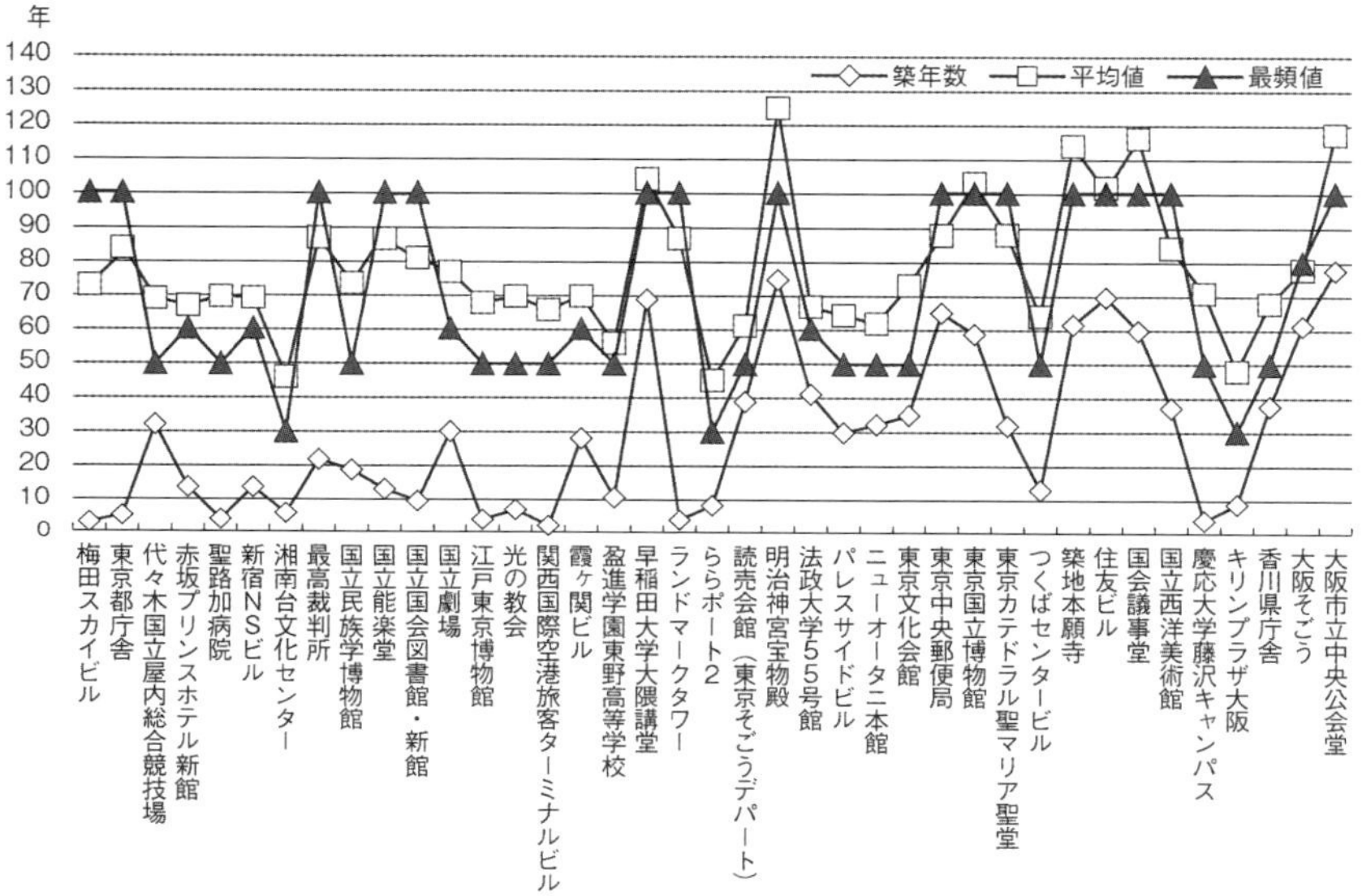

図１　代表的な建築の予想寿命と築年数。建築家222名の回答による（1996年10月）

た。公共建築としては異常に短命であった。このような背景から、わが国の建築の寿命に関してどのような意識があるのかと調べるために、筆者らが６４０名の建築家を対象とした「建築の寿命に対する意識調査」をおこない、具体的な建築の寿命を予測していただいた。その結果を**図１**に示す。回答数は２２２名であったが、予測寿命の平均値が１００年を超える建築はすべて戦前の建築で、最近の建築では50年以下と予測されるものもみられた。このアンケート調査から判ることは、わが国を代表する建築の寿命は短く、将来的に歴史的建築になりうるものがはなはだ少ないということである。

「仮の宿り」と記された「方丈記」を思い起こすまでもないが、現代社会において建築寿命は無常感では片づけられない重大な課題である。

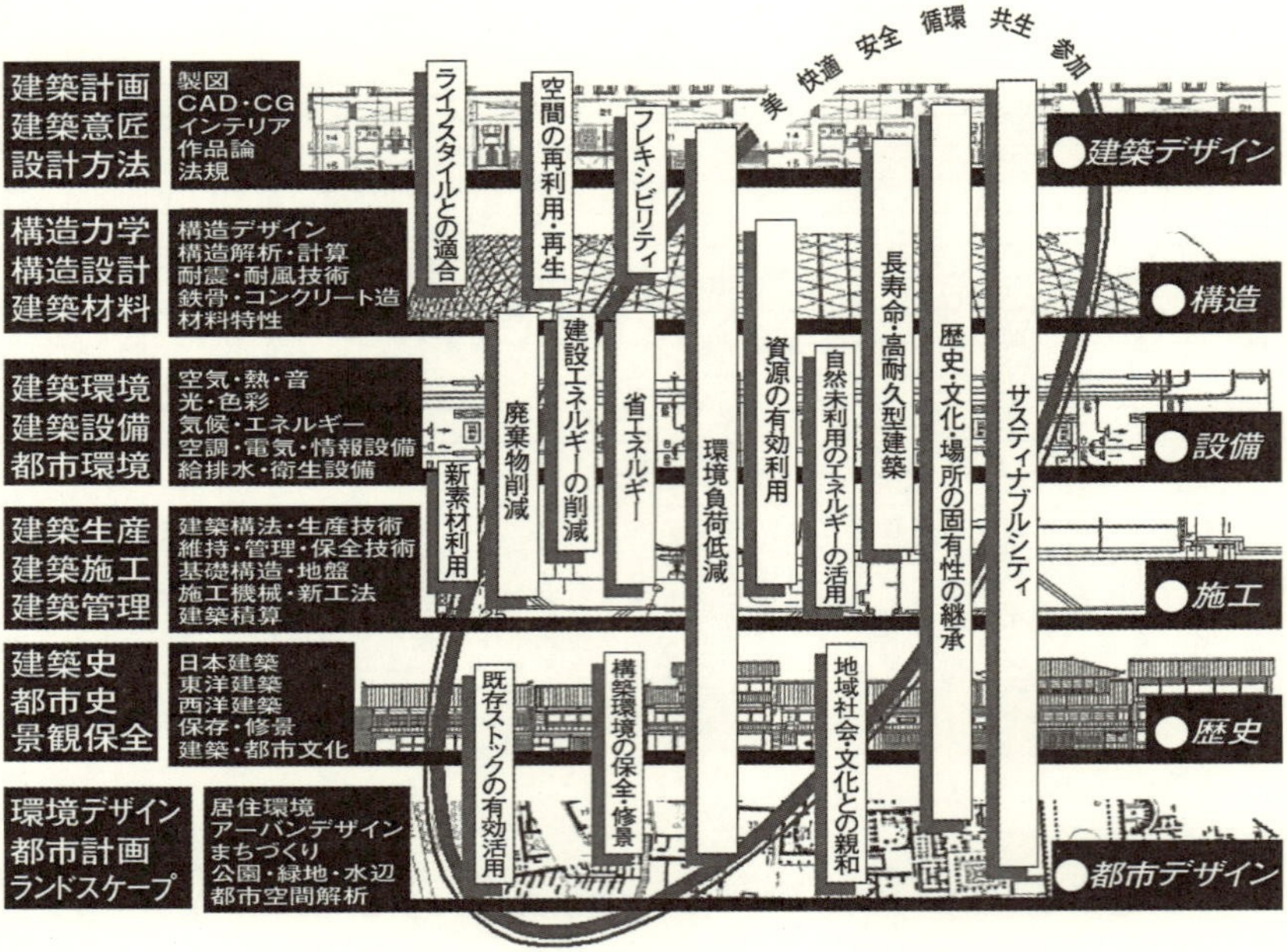

図２　建築・都市を取巻く要素と建築の学びの領域

6　時代の流れを読み、建築をおこなうとは

わが国では１９６５年からはじまった「いざなぎ景気」といわれる好景気の後、オイルショックの経済低迷期を過ぎたあとの１９８６年からはじまったバブル景気では日本中のいたる所で槌の音高く建設がおこなわれた。郊外に向かって都市はスプロール化し、住宅地は開発され、規模拡大路線の大学も郊外に広い敷地を求めて移転した。しかし、経済の右肩下がりの時期を向かえ想定していた交通インフラは計画のまま終わり、想定外の事後処理に追われる事態に陥った。

１９６２年に入居がはじまった千里ニュータウンを皮切りに、１９６３年の新住宅市街地開発法にもとづき、多くのニュータウンが誕生した。戦後の好景気にあと押しされたかたちで、都市部には人口が集中した結果である。１９８０年代には、ショッピングセンターが次々とオープンし、２０００年に大店法が廃止されてから以降は、広大な土地を求め郊外へ進出し、その数と規模は増大した。

この大規模ショッピングセンターが進出した結果、地元商店街の来客数の減少等を理由に店舗が閉店する。特に郊外大規模ショッピングセンターに行くにはクルマが必要であり、マイカーを所有あるいは運転できないことによる生活必需品調達に支障がある買い物弱者がいるという現実がある。この問題とは別に、今後は大規模ショッピングセンターが不採算を理由に撤退することが考えられる。その結果として地元活力がさらに衰退することになる。

かつて、「人の流れ淀むところ、人びとが出会い語らうところ」と都市のコアを定義したのは丹下健三であり、また、マイケル・マティス（コンピューターサイエンス）は手続きのリテラシーのなかには「プログラミングは、けっして技術的な作業ではなく、コミュニケーションの行為である」という考え方を示している。都市と対象は違うものの、起こり得るかたちと動きの空間を定義したものである。出会い、すなわちコミュニティの創出が大事で、個の利潤を追求する経済至上主義的ではなく、暮らしの知恵や経験が生かされていく建築活動がおこなわれる社会構築が重要である。このような建築・都市を取り巻く多様な関係性を読み取り、建築行為をおこなう必要がある。**図２**に建築・都市を取り巻く要素と建築の学びの領域を示す。

７　建築学生はどのようにして都市構造を理解し都市／建築を学ぶのか？

２０１３年夏、筆者は京都の中心部、いわゆる条里の中心部の約３００坪の埋蔵文化財発掘調査現場に立ち会った。**図３**に発掘調査場所と発掘状況を示す。その場所の平安時代の所在地名称は「平安京左京二条四坊五町」である。発掘が進むにつれて、江戸時代：るつぼを利用した遺構／Ｕ字型の石組遺構／井戸／地下室、桃山時代：溝／土坑／井戸、室町時代：土坑の遺構が現れた。筆者はこの室町時代まで立ち会ったが、その後調査は鎌倉時代、平安時代、弥生時代まで続けられた。現在の地面を１ｍほど掘削すると、安土桃山時代の層が現れる。京都は平安京が次の鎌倉時代まで約４００年続き、発掘調査の現場担当者によれば、とくに平安京の中心部を掘削すれば何がしかの遺構が現れ、そこには当時の生活が伺えるとのことであった。ただ何もここまで古く遡り都市を理解し、現在の建築デザインに生かさなくてもよいのかもしれないが、せめてそこの「場」がどのような歴史があったのかは理解する姿勢が必要である。

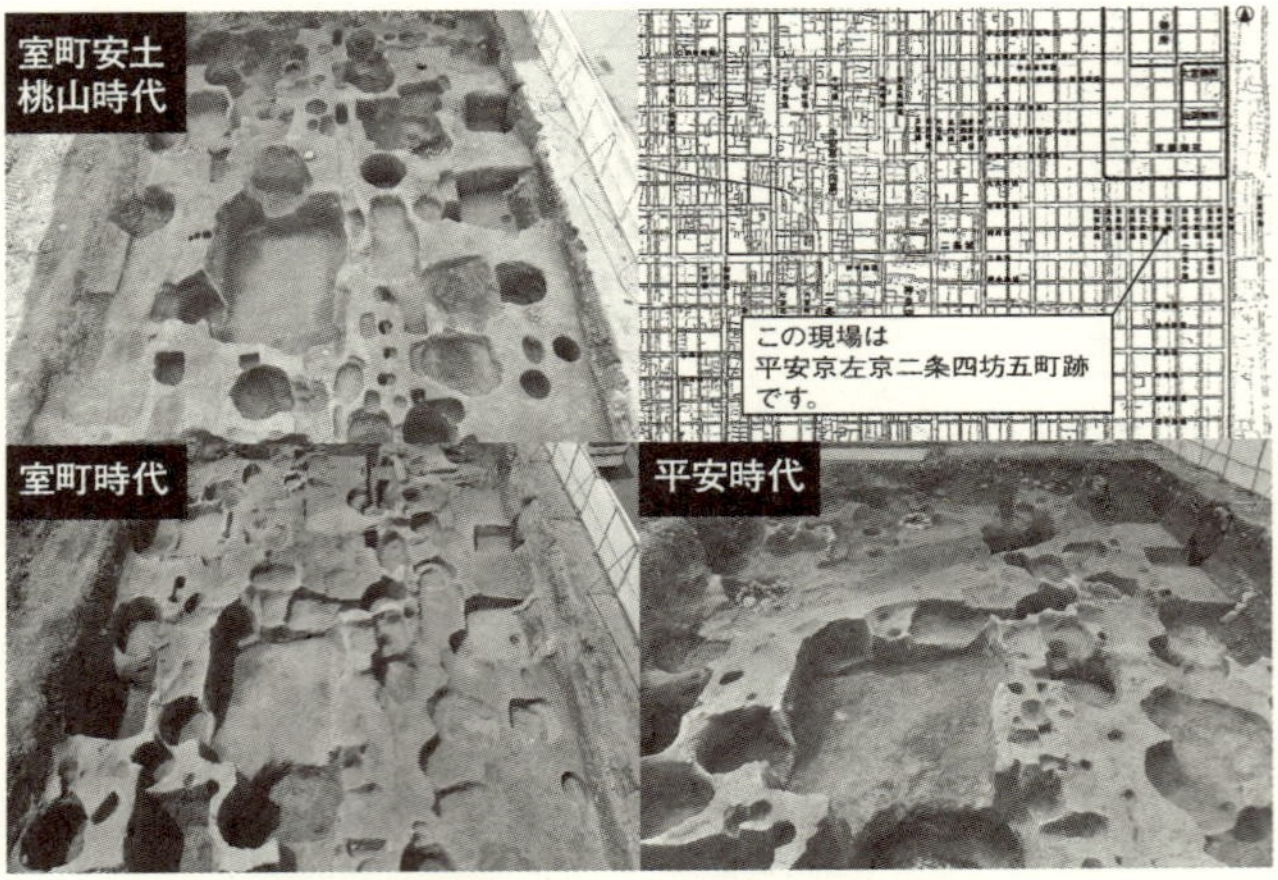

図３　発掘調査場所と時代ごとの発掘状況

「場」を理解する姿勢から思い出されるのが、今から約半世紀前になるが、１９６４年にMoMAで開催された『建築家なしの建築』のエキシビションである。これを手掛けたバーナード・ルドフスキー（1905–88）は、そのカタログによって、「vernacular」という概念を世に広めた。この「vernacular」の概念は、その地域の伝統的建築を重んじ学ぶという意味があるといわれている。このエキシビションでルドフスキーは五つの言葉を掲げた。それは、vernacular「風土的」／anonymous「無名の」

／spontenous「自然発生的」／indigenous「土着的」／rural「田園的」である。このエキシビションで紹介されていた建築は、どれも現代の有名建築に負けていないばかりか、その地域の風土的思考が生んだ技術と芸術の結晶である。今この「vernacular」をあらためて問いなおす必要がある。この風土性を考慮することを言い換えれば、都市的視点のもと、その地理的要因／時間的要因を考慮する巨視的視点に立脚することが、強靭な建築を創ることができるということである。さらに実社会で活動するには、その計画に携わる関係者の合意がうまくコントロールされることが重要で、建築家として設計した建築の説明責任を果たすうえでも、また新たに仕事を得るためにも、これら都市的視点が不可欠である。

8　見えない都市構造を読む

総合政策学部で建築を学ぶことは、都市構造を読むことである。単なる経済性の追求を求めた結果、わが国の都市はその場所特有の様相を示すことがまったく欠如しているといわざるをえない。特に駅前広場などでは、自動車の動線処理のための広場であって、西欧諸国のような空間は感じない。

都市を理解し、都市／建築を学ぶ範囲は相当広い。実際にどのように将来の都市を見据えての建築をデザインしていくのか？　場所の中の見えない秩序をどのようにして構築していくのか？　この答えは誰もが簡単に示すことはできない。しかし、見えない秩序に何がしかのルール性を与えていくにはどのようにしていくのか。ケビン・リンチは著書の『都市のイメージ』の中で、都市空間の視覚的経験を論ずるために、LEGIBILITY（わかりやすさ）という、新しい概念を導入した。都市のそれぞれの部分が、容易に認知されそれぞれが一貫したパターンとして組織化されるかを論じている。この一貫したパターンをイメージとよび、都市の各部分の認知されやすさを、IMAGEABILITYとよんだ。

リンチはこのイメージアビリティの概念をIDENTITY（個別性）、STRUCTURE（構造性）、MEANING（意味性）の三つの側面から成立するとし、さらに、具体的な都市（ボストン／ロスアンゼルス／ジャージーシティー）の調査を通して、イメージアビリティを高める要素として次の五つの構成要素を示した。

1　Path
2　Edges
3　Landmarks
4　Nodes
5　Districts

リンチは、この五つの構成要素から、その場所で生活する人びとが都市生活を営むに重要となるイメージパターンとして都市の性格を示そうとした。この一見あいまいなイメージという概念で、都市構造を読むとすれば、都市や建築の物理的構造そのものの中ではなく、われわれの心の中にあるのではないかというヒントとしてとらえることができる。

9　デザインサーヴェイ／観察すること

デザインサーヴェイとは、民家・集落・都市空間などをその調査対象として、その物理的環境の現況の姿を実測し、一定のスケールにもとづいた図面等により、客観的に記録と分析をおこなう調査方法である。この調査は多くの場合対象地域の歴史的・民族的・地理学的・社会学的知見などを援用した分析がおこなわれることが多い。すなわちデザインサーヴェイの方法論はさまざまであり、一つのフォームというものはない。何を目的に調査するかの主体の関心やその立場等により、かなりの差異があることから、その解決したい目的をどのような方法で達成するかの立場を明確にしておく必要がある。

本論の目的である都市デザインのなかで建築デザインを考えるためにどのような手順で都市構造を読むかである。そのアプローチはさまざまであるが、基本的項目について以下に列挙する。

街歩き

場所を理解するには街歩きが基本である。街歩きといってもその内容によって段階がある。

まず、第1段階としての街歩きは情緒的行為である。街やその周辺を見物しそれを楽しむ段階で、いわゆる一般的な観光として位置づけられ、見て、食べて、買い物、体験することなどがあてはまる。次に第2段階としては、第1段階の楽しむことから発展して、なぜ楽しいのか、すなわちその魅力の本質に迫ることである。風土やその場所の歴史、また古くから建っている建築物などを調べていくことで、この段階では観光から少し発展しての探求的フェーズで、デザインサーヴェイにつながる。最後の第3段階であるが、探求から得られた情報にもとづき、計画や設計に役立つ、すなわち実践的な都市デザインや建築デザインにつながる段階である。この第3段階では、実践的内容が求められることから、単なる街歩きではなく、ウォッチングが大事である。

人は無意識のうちにそのときどきに応じた数多くの選択をしている。そのために都市や建築を計画や設計する場合、人と空間のかかわりについて興味と好奇心をもってよく観察することが重要である。アメリカの文化人類学者のエドワード・ホールは8ミリフィルムで撮影した映像を、そのフィルムが擦り減るほど見たという。また今和次郎が提唱した考現学では、東京の町を歩き、バラックをスケッチしている。この考現学（しらべもの）から発展し、現在では「建築探偵団」や「路上観察学会」等々観察する行為の集まりが数多くある。ただ、何気なく歩くのではなく、このウォッチング、すなわち観察で何がわかるのか、そのためにはどのような方法をとるのがよいのか、その方法で何が読めるのか等々をよく理解しておくことが必要である。言い換えれば何を読み取りたいかによって、その方法は変わる。

前述の今和次郎のようにスケッチすることは大変重要な行為であることは今さらいうまでもないが、現在はデジタルカメラが普及していることから、ある瞬間の見える情景を記録しやすく、すぐにその写る内容を確認できる。さらに便利なことにこの写真を用いてあらゆる加工ができる。たとえば実際の場所で、さまざまな空間バリエーションを検討するために、デジタル画像を用いてシミュレーションをおこなうことができる。

場所の意味を考える

部屋には家具が置かれるが、その家具がもつ機能性的には、概ね誰もが同じような使い方をするであろうが、たとえば部屋の中のどの位置にイスをセッティングするかによって、部屋の使われ方、要はその空間の意味が変わる。そのセッティングは人にとってまったく異なる意味をもつのである。では、なぜそのように異なる意味をもつのであるか。そこには空間が存在するからである。人にとって意味のあるのは単に、物と物の物的要素だけではなく、その間の空間に大きな意味がある。

建築で造るのは、壁や床や屋根などの物的要素であるが、人間にとっては生活の場となりうる意味をもって

写真3　地下鉄ホームのベンチに座り電車を待つ人

いるのは、それらの物的要素によって包まれた空間のほうである。たとえば、電車や待合などの大勢の人が座れるイスが有る場合、座るという行為についていえば、どこに座っても座るという行為は同じであるが、その座る場所についていえば違いがある。ではその実態はどうであろうか。最初に座る人は、まず端に座り、次の人は、もう一方の端に座り、3番目の人は中央あたりに座るという調査報告がある。また、体育館のような広い場所に自由に座るという実験をした結果、中央に最初に座る人はいなく、壁際や入口付近に座る結果であった。最初に端や壁際に座るというには多くの理由があるであろう。イスであれば、肘が掛けられることや両側に他人に挟まれることがない、これは壁際でも同じような理由が考えられる。このように端や壁際から座っていくこととは別に、3番目の人がほぼ中央に座る際に、残りの場所は同じにみえるが、端の人近くか、中央かどうかで意味が変わる。すなわち残りのそれぞれの場所は同質ではない。このことは、人は相手との距離によって、他者とのかかわり方、すなわちコミュニケーション方法を無意識のうちに選択しているといえる。廊下で他者とすれ違う場合でも、どこまで近づけば挨拶をしようか、また声を掛けようかそのタイミングを計っている。**写真3**に地下鉄ホームのベンチに座り電車を待つ人の状況を示す。

　これまで筆者らが屋外空間の使われ方の実態を調べ、その使われ方のルールを検討してきた。**図4**に示すように、ある商店街の日常的な風景

三条名店街

通りにおかれたベンチ

stage

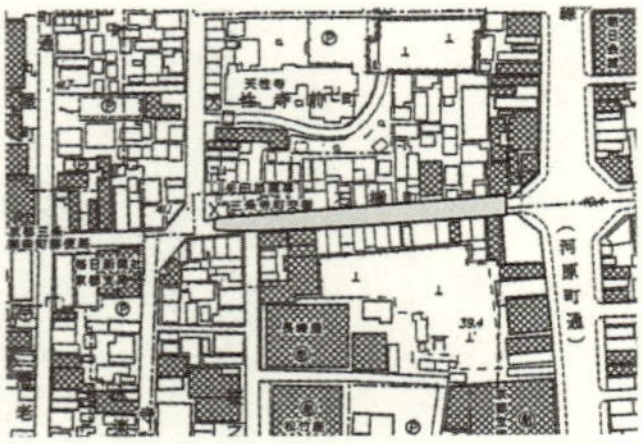

map 44 ： 三条名店街

item/player

ベンチの概要

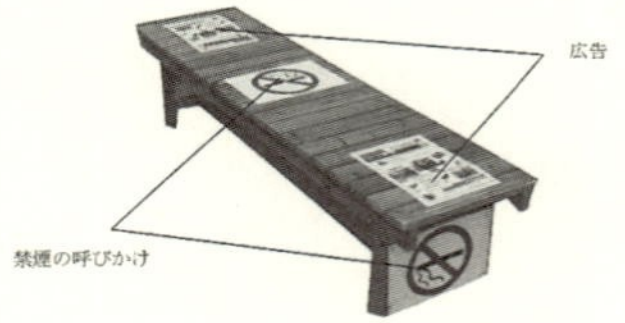

携帯電話

ガイドブック

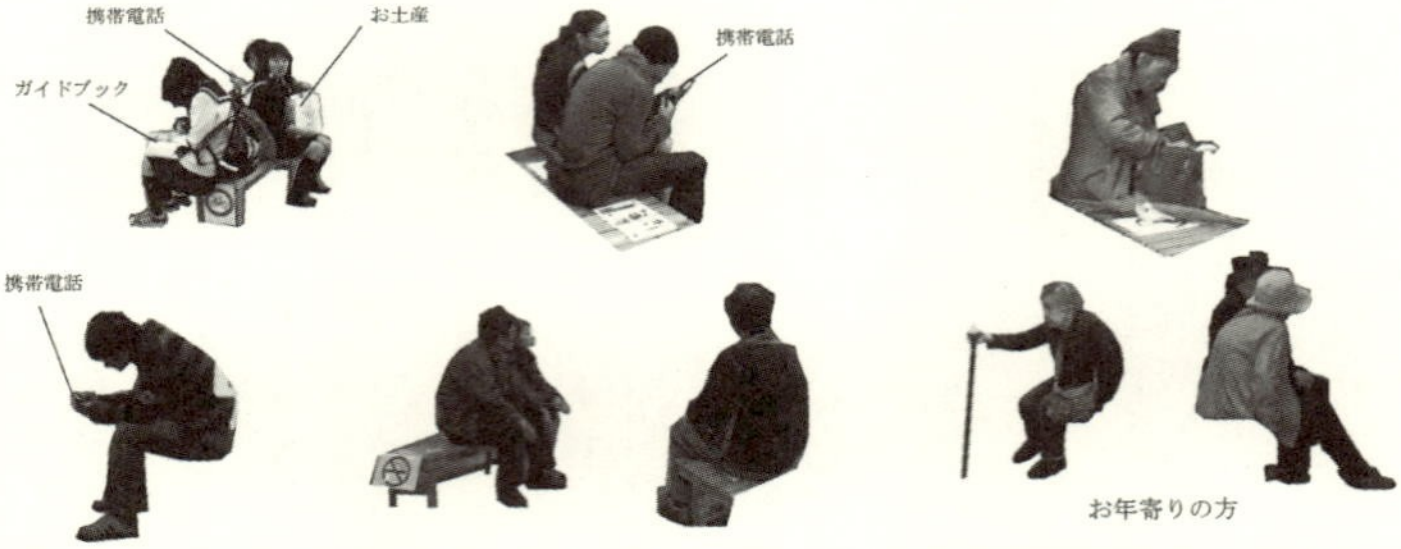

rule

「商店街の真ん中に位置するベンチ」

両脇に店舗が広がる商店街の真ん中に位置するため、このベンチは飲食店の待合いに座る人も目立つ。またコンビニエンスストアーなどから食べ物を買って、飲食している人も見られた。

「老若男女問わず座れる場所」

上図を見てもらったら分かるように、世代、性別問わない人が座り、休んでいる様子が見られた。観光客は、ガイドブックや地図を見て調べている様子が見られ、お年寄りの方が休憩している様子もよく目についた。観光都市である京都にとって、三条はよく訪れられるスポットなので観光客は多い。慣れない観光客にとって、地図やガイドブックを見るひと時の休憩の場所となっている。
また等間隔で置かれているので、お年寄りが休みたいと思ったときにすぐに座れるところも良いところだと思う。

図４　屋外空間の使われ方のルール　(stage × player × item)

でそれはベンチに座る人と歩く人である。そこにも場所の意味としてのルールがある。そのルールを詳細にみてみると、まずはstageとしてのベンチがある。ではその場所（stage）にどのような人がいて（player）その人たちはベンチに座りそれぞれの行為をするための道具（item）を持っているのかをまとめている。それぞれに集まる人びとは、年齢層／服装／持ち物／目を通す情報媒体／立ち居振る舞い等々さまざまであるが、そこには共通性があって、互いに異なる小集団を形成している。

これらのことから、人は他者との間の距離や、その位置を無意識のうちに認識している。まるで、そこに見えない席があるとでもいうルールがある。建築でいえば、敷地の位置や方位（向き）にもルールが存在する。道路幅員や角地なのかどうかによっても、そこに与えられる条件は異なる。

シミュレーション

建築群としての空間構成を考える際に、空と大地の間に存在する空間構成の中で、ある程度長時間単位で考えなくてはならないものは建築物である。樹木や花、あるいはストリートファニチャーなどは、その場所を変更したり等変化させることが可能であるが、建築物は一度建設されると簡単には変更されないゆえに、その計画性が重要である。

実際にその場所でさまざまな空間をリアルに体験することが可能であれば、シミュレーションする必要はなくなる。しかしそれは現実的には不可能である。いかに予想される完成型を事前に想定して、それを実現することの成果を担保するために、こんにちではさまざまなソフトがあり、最終型を事前にシミュレーションすることが可能になっている。

まず写真を用いたシミュレーション事例である。**図5**は、現在の京都の祇園祭の風景である。そこには鉾と町並みと道、さらには電線の関係が読み取れる。この写真から電柱・電線を取り除いたシミュレーションをおこなったのが**図6**である。さらに写真左にある万幕がしつらえてある立派な町屋であるが、以前一時期、看板建築といわれる軒や庇を取り除き洋風の状態であった。この当時の祭りとの関係が判る写真が無かったため、**図7**に示すように、この看板建築当時の写真から、シミュレーションを試みた。

次に、模型によるシミュレーション事例である。**図8**はある住宅設計案である。2次元表現としての図面では縦と横の関係しか判らないが、このような模型でのシミュレーションでは、縦や奥行き等の空間構成の理解

図5　祇園祭の様子（無修正）

図6　祇園祭の様子（電柱・電線削除）

図7　祇園祭の様子（看板建築当時の合成）

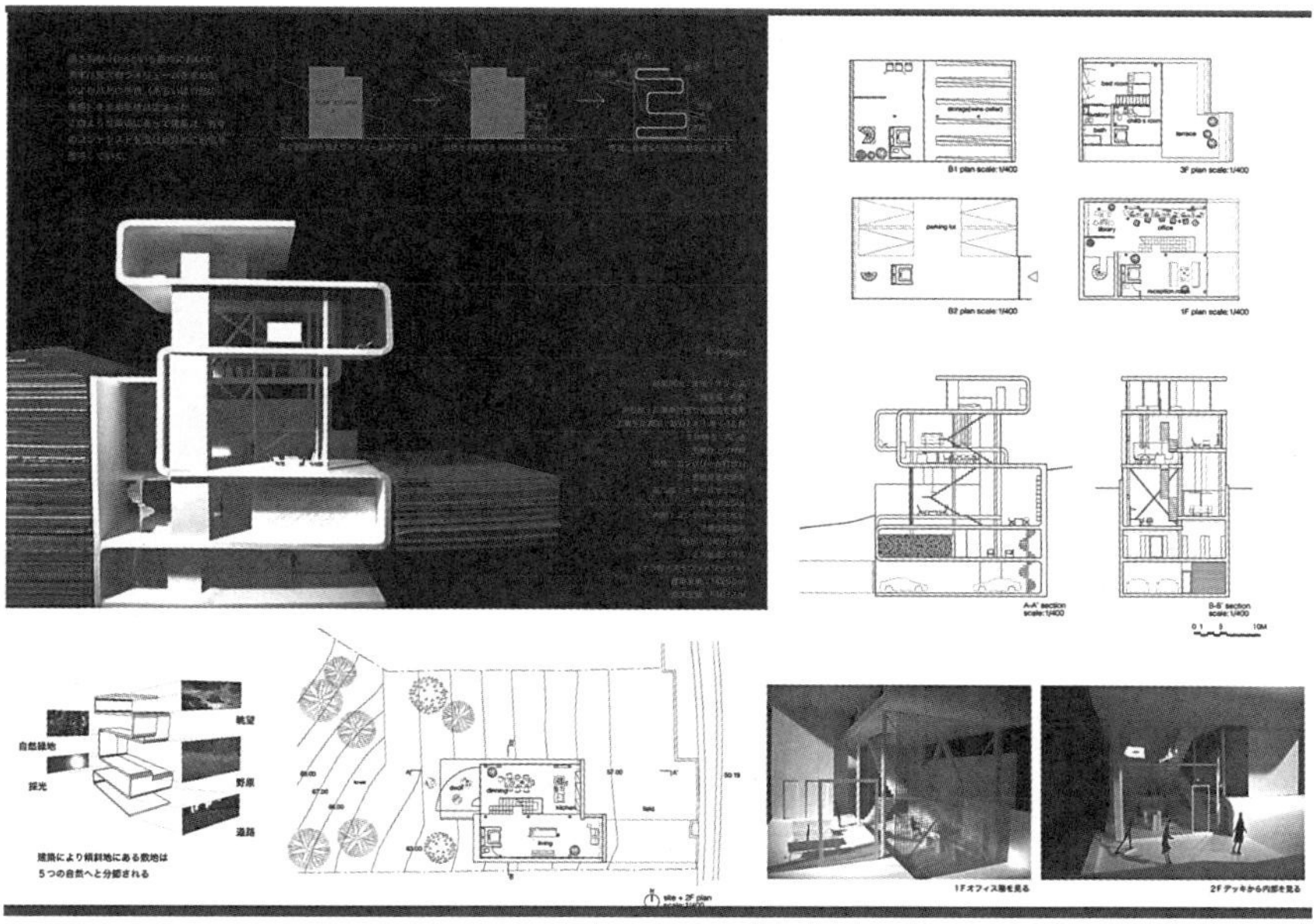

図８　模型によるシミュレーション事例（プレゼンテーションシートとして）

図９　ＣＧによるシミュレーション事例（プレゼンテーションシートとして）

図10　模型とCGによるシミュレーション事例

が得られやすく、一般的によくおこなわれている事例である。ちなみにこの案の模型サイズは１：１００で作成してある。

次にCGによるシミュレーション事例である。**図9**は学生による作品であるが、計画した建物とその場所をすべてコンピューターで画像処理された3次元の表現である。建物と周辺環境との様子が、一目で読み取れる。

最後に模型とCGによるシミュレーション事例である。**図10**を作成したのは本学の学生であるが、模型ではその空間構成しか判らないが、風景や点景としての人や木々を挿入することで、その完成型の理解を高めることができる。

スケールから考える

都市デザインでは、一般的にはそのスケールを1：2500で検討する場合が多い。では建築デザインではどうかというと、その規模によっても違いがあるが、周辺環境との関係性を表現する配置図ではそのスケールは1：500程度で、建物を表現する各種建築図面では、1：100や1：200が多く、部分的な表現をおこなう場合には1：10程度の図面で表現される。

図11は、本学三田キャンパスの配置図面であるが、1：500であれば建物と建物、建物とキャンパス内の道の

関係性がみえる。そのスケールを1：1000にすれば同じ大きさの用紙であっても隣接する建物だけではなく、建物の関係性が面的に広がる。さらに1:2500にして図面をみると、建物やキャンパス内の配置だけではなく、周辺の地形まで読み取ることができる。

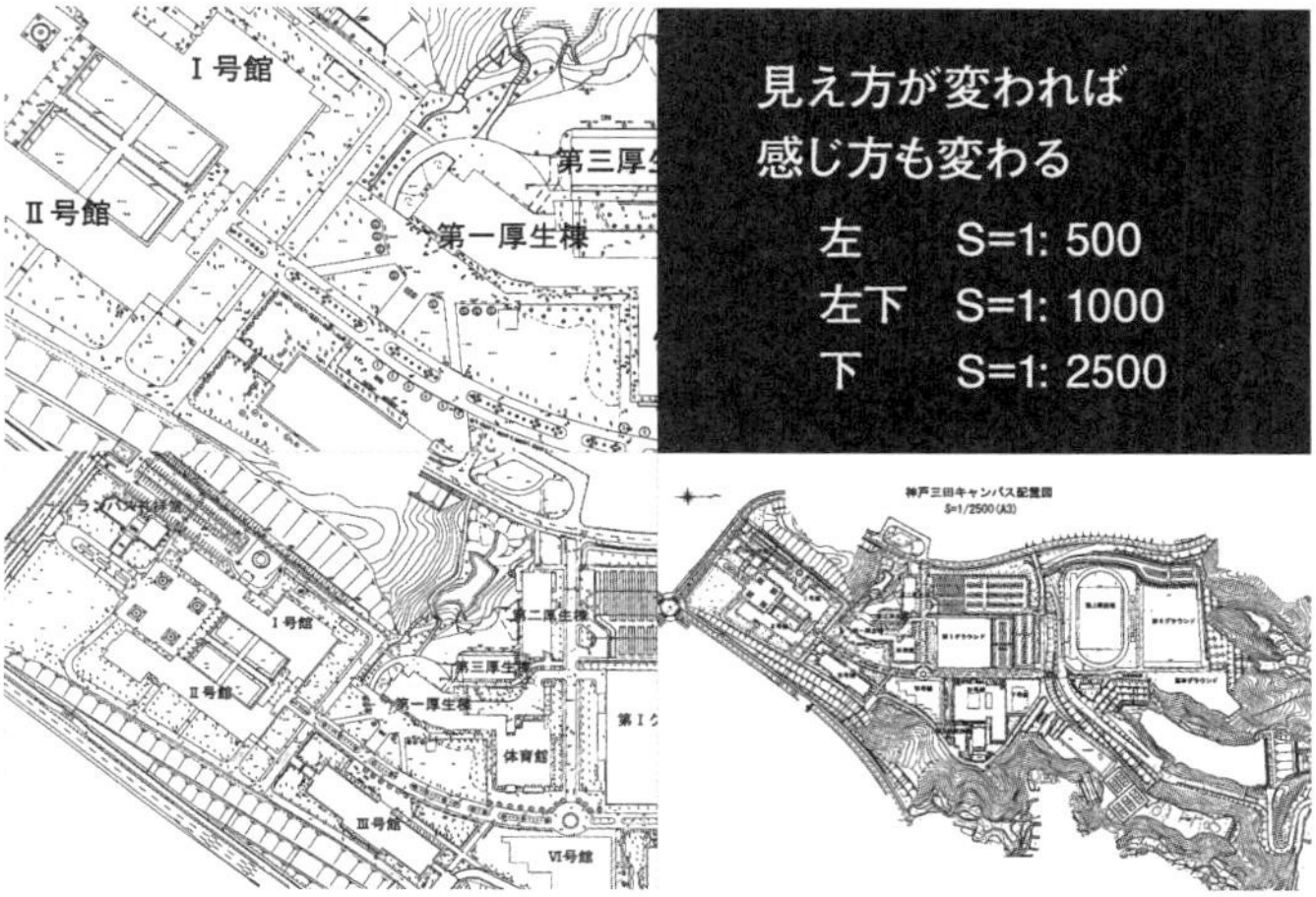

図11　スケール変更に伴う見え方の違い事例

このように、スケールを変えてみることによって見え方が随分と違うものである。この見え方が違うことによって、都市デザインや建築デザインを企画立案する際に検討する要件も変わる。

分析目的の違いによる検討すべきスケールを示しておく。

1　都市構造分析　1：10000
2　都市空間分析　1：2500～1：1000
3　ビルディングタイプ分析　1：1000～1：500

10　最後に

デザインというテーマは、さまざまな立場や角度で論ずることができる、実に奥深いテーマである。目的にたいする解はいくとおりもあり、それをデザインする人の数だけその数もある。初心者のうちは、デザインをどのようにすればよいのかと戸惑うのは、このデザインの奥深さが関係している。

その対象が都市になれば、複数の事柄が絡みあい、ことさら難しくなる。その都市のなかで建築デザインをおこなうとなれば個人レベルの要件が付加されよりいっそう複雑になる。しかしながら、都市デザインや建築デザインの大きな目的は、豊かな人生を送るための器を創ることである。そのためには、その場所の固有解を読み解くことが重要な課題である。街歩きやシミュレーションをおこない、さらにはスケールで考えると既述してきたが、デザインで大事なことは、頭だけで考えていてはダメで、ひたすら見て歩くこと、要は、足と手をつねに動かしていないとよいアイデアは浮かんでこない。現場の空間を体験し、そこには何が必要かと肌感覚で感じることが重要である。授業でもよく言う言葉である「現場百回」とはこのようなことである。

現在、建築設計作業の多くはＰＣに向かい、ディスプレイ上で図面を描き、またパースも専用ソフトを用いて、簡単に変更し、あらゆる角度から検証がおこなえる。ただソフトを使いこなす技術や絵のコンテンツは作成しなければならないが、手描きに比べればコンテンツの汎用性は実に高く利便性のよいことこの上ない。しかし、簡単に修正が可能であるがゆえ、その「場」の固有解を熟慮せず安易に作成してしまう傾向は否めない。要は都市的視点を踏まえることが疎かになっているのではなかろうか？

ＣＧパースを描き、わずかな建築模型をつくる作業で疲れ果てるのではなく、精力的に手を動かしスケッチを重ねる作業としてのスタディが建築設計する際の基本作法であり、このスタディを通してその「場」を読み込み、その「場」を理解し、その「場」の昔人に敬意を払う態度こそがデザインを学ぶ意義である。

本論考では、総合政策学部で建築を学ぶという論点に絞って話を進めてきているが、建築行為には実際に建てるための工学技術が必要であることはいうまでもない。建築物として成立させるためにはその構造が何なのか、建築内の設備（水・光・熱・電気など）はどのように計画されているのか等々、さらには経済性も大変重要な検討項目である。いずれにしても、多くの要素が含まれる建築であるから、建築にかける夢と希望をおおいに抱いて、真正面から建築に取り組む姿勢が大事である。

〈参考文献〉

『日経アーキテクチュア』1976.6.14号～2001.4.16号

『建築ジャーナル』2000年8月号

八木康夫・柏原士郎・吉村英祐・横田隆司・阪田弘一「アンケート調査からみた建築寿命に対する設計者の意識について」『日本建築学会計画系論文集』第50号 1999

B.ルドフスキー、渡辺武信訳『建築家なしの建築』鹿島出版会 1984

ケビン・リンチ、丹下健三訳『都市のイメージ』岩波書店 1968

日本建築学会編『建築・都市計画のための調査・分析方法』井上書院 1987

京都建築スクール『都市の点〈コア〉』見聞社 2013

都市環境問題からみる建築と都市計画

客野 尚志

現代社会の課題としての都市環境問題

世界の人口が２０１１年に70億人を突破したことは記憶に新しい。人口増加はこの後も続くと予測されており、２０５０年までには実に90億人に達するともいわれている。このことは当然、地球環境にも重大な負荷をもたらすことになる。単に人口が増加するだけでなく、エネルギーや物質を多く消費するいわゆる「文明的な」ライフスタイルをとる人びとの割合も大幅に増加することが見込まれているためである。現に途上国において発生している都市部への激しい人口流入が年々加速していることがこのことを物語っている。多くの途上国では仕事や便利な暮らしを求めて、人びとが農山村から都市へ移動し、すでにいくつかの都市ではそのキャパシティを超過しつつある。爆発的に増加する人口を収容するために、都市に残された水面や緑地、農地は埋め立てられ開発されて、高密度な住宅地へと姿を変える。たとえばベトナムの首都ハノイではかつてはいたる所にため池が見られたが、現在では年々減少し、その多くが埋め立てられて住宅や道路にその姿を変えている。また、アジアの多くの都市では、急激な都市化に上下水道や電気などのインフラの整備が追いつかず、衛生状態にも問題が発生し、水質汚染や廃棄物処理などの面において、地域の環境に深刻な影響を与えている。

このような急激な都市化は途上国に限った話でなく、日本も戦前の好景気、戦後の高度経済成長期をとおして、急激な都市化を体験してきている。たとえば江戸時代の大阪の地図と現在の地図を比較すると一目瞭然であるが、多くの緑地や農地が、現在にいたるまでに都市化している。**図1**は現在の大阪をとらえた人工衛星の画像である。濃い灰色の部分は緑地で、薄い灰色の部分が都市部である。図中に丸く囲った部分は江戸時代までの市街地のエリアを示している。かつて小さかった市街地がわずか100年近くの間に大きく膨れ上がったことがわかる。かつて大阪の桜宮付近に、茶のためのよい水がとれるとして千利休が愛した場所がある。現在では想像もつかないが、当時の付近の地図をみると納得がいく。かつては周辺が緑豊かな水田に囲まれていたのである。

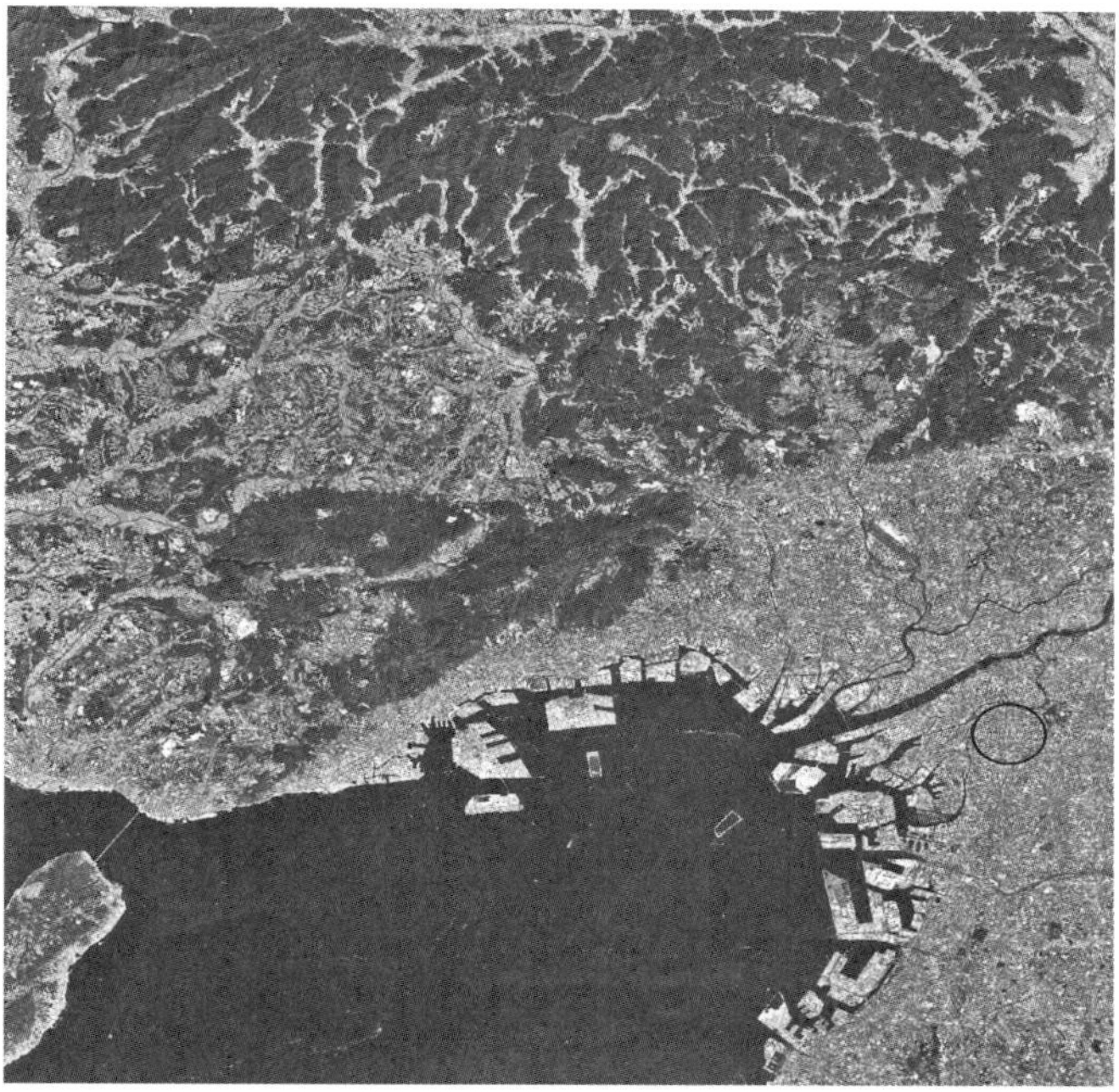

図1　大阪、神戸、阪神間地域における市街地と緑地の分布
図中の濃い部分が緑地および水面を示す。また、図中の丸印は江戸時代までの大阪の市街地の概ねの範囲を示している。人工衛星 ALOS の信号値をもとに著者が画像解析の上作成（JAXA、配布：RESTEC）。

日本におけるこのような都市の急激な拡大、水田や草地の都市化は主に昭和30年代から50年代にかけて発生した。筆者は1970年代に都市近郊で幼少期を過ごした。かつて近所には水田や畑、草っ原が多く存在し、そこで虫取りや基地づ

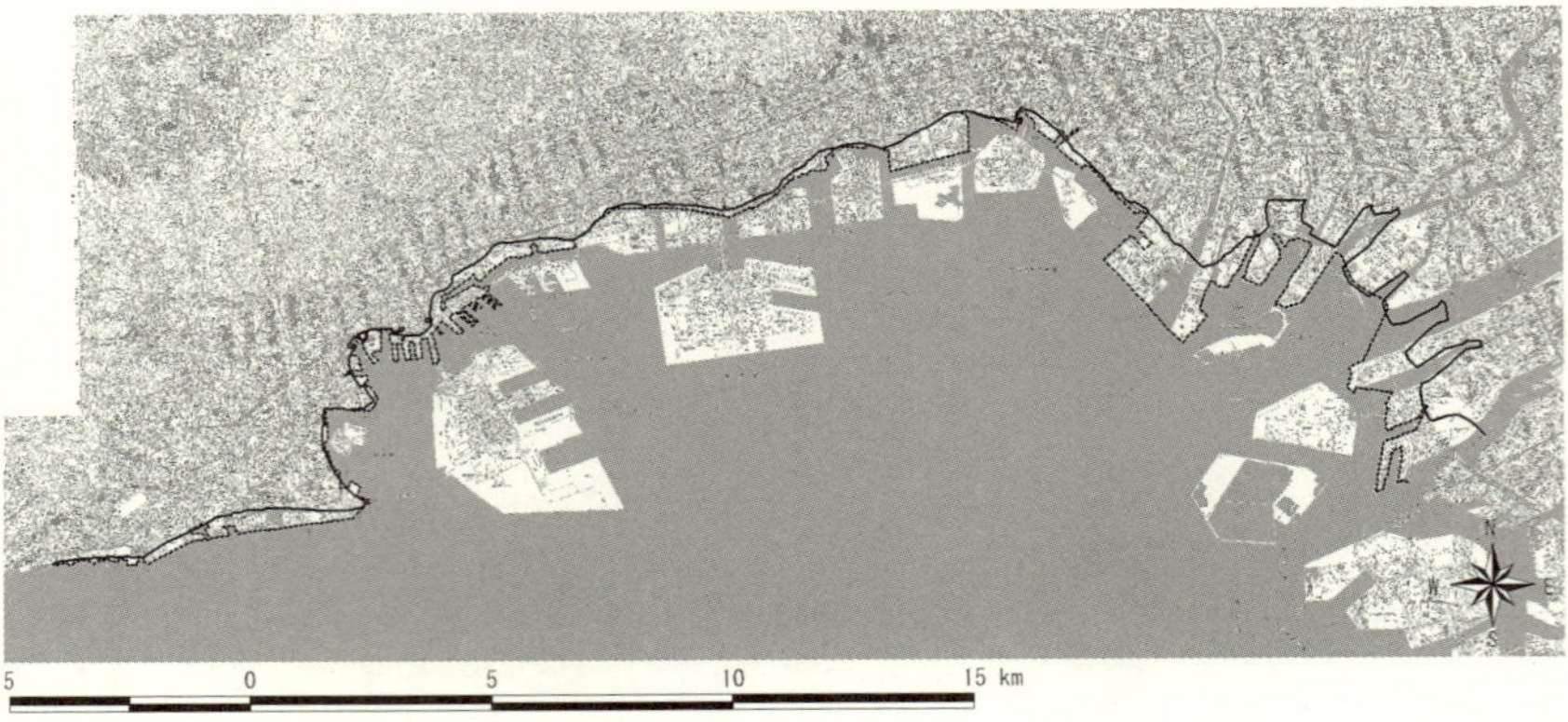

図２　神戸、阪神間地域における水際線の変化
実線が明治期の水際線で、破線は現在の水際線を示す（ただし人工島は考慮していない）。下絵は国土地理院の数値地図 25000（地図画像）『京都及大阪』を掲載している。

くりをしたり、数珠玉をとったり、稲刈り後の田んぼで虫を探して遊んだ記憶がある。しかし、１９９０年頃を境にこれらの水田や草原、畑が急速に失われ、集合住宅や駐車場に変化するのを目の当たりにしてきた。時代はいわゆるバブルのころである。このような変化は、日本の都市郊外の各地でみられた。

また、臨海部の都市化も都市環境に関する大きな問題である。かつて、多くの都市臨海部では、工業用地を確保する為に海が埋め立てられて多くの砂浜が姿を消した。その結果、臨海部には工業用地が立ち並び、かつてふつうにみられた漁村集落と砂浜、松林から構成される日本の典型的な海辺の風景が失われた。**図２**は、神戸から大阪までの明治期の地図と現在の地図を重ねて、明治期の水際線が現在にいたるまでどのように変化したのか示したものである。神戸から大阪にかけて、本来の水際線がほとんど失われ、かわって埋め立て地が形成されたことがわかる。かつては、神戸から大阪にかけて、砂浜が連続していたのであるが、今にいたっては砂浜が須磨あたりにわずかに残されているだけでほとんど失われている。その上、かつて海であった部分が陸地化していることがわかる。尼崎から大阪にかけてその傾向が著しい。現在の日本では、法律の制約などもあり新たな海面の埋め立て行為はほとんどみられなくなっている。しかし、世界中のいたる所でこのような現象が発生している。海が埋めたてられることにより、結果的に都心から海までの距離が遠くなることになる。海辺では海からの涼しい風、いわゆる海風の流入が期待できるが、海からの距離が遠くなると都心部に海風がじゅうぶんには流れこんで来なくなる。また、砂浜と周辺に形成される湿地帯は生態学的にも重要な意味をもつ環境であり、独自の生物の生息環境を形成する。特に鳥類にとってはこの上ない環境になる。いったん、埋め立てられてしまった砂浜や湿地帯を復元することは容易なことではない。

都市のヒートアイランド現象

このような都市および都市近郊の急激な都市化は、都市の気温上昇をまねく。実際、気象庁によると、東京では過去100年間で3℃近く気温が上昇している。1日の最低気温（通常は夜間に観測されるが）にいたっては100年の間に4℃近く上昇しているとする研究成果もある。地球温暖化による地球全体の平均気温の100年間の上昇幅が0・74℃であることを考えるとこの数字がいかに大きいものであるかわかるだろう。日本では、70年代頃にいわゆる公害問題が沈静化し、逆にこのような都市特有の環境問題が顕著な問題となり、これらの問題は都市環境問題という新しいタイプの問題として認識され始めた。都市環境問題の大きな特徴の一つは都市の過密化が主原因であることと、原因をつくり出している側と、その影響を被る側が同じであることにある。すなわち、人びとが都市に過密に暮らすことにより、さまざまな問題が発生し、その影響を都市で暮らす人びと自身が被るという構図が成立しており、そのことがそれまでの公害問題と異なるアプローチを必要とさせているのである。

このような都市部の顕著な気温上昇は、ヒートアイランド現象とよばれている。ヒートアイランド現象が初めて観測されたのは今から100年ほど前のロンドンでのことである。ロンドン市内において気温分布図を作成したところ、気温が高いエリアが形成されていることが発見された。本格的な研究が始まったのは、今から50年程前からのことで、学問としての歴史は浅い。ただし、各国ともこの問題を重要な都市問題として認識しており、日本においても、小泉内閣の際に設置された都市再生本部において、解決すべき都市の課題として明示されている。さらに、このヒートアイランド問題は、現在世間を騒がせている地球温暖化とも密接な関係にある。その理由は大きく二つある。まず、現在、地球温暖化として認識されている部分のいくつかは実は都市部の気温上昇、すなわち実はヒートアイランド現象である可能性があることである。考えてみてほしいのだが、100年以上前から気温を継続的に計測しているのは、多くが大都市であり、そしてこのような大都市では100年の間に都市部が拡大し、その高密化が進んでいるのである。そのため過去からの気温上昇については、都市化にともなう気温上昇の影響を結果的に含んだものになっている可能性が否定できないのである。もちろん、専門家たちはそのことは承知しており、都市化の影響と地球全体の現象を切り分けて現象を把握するよう努力しているものの、その影響を完全に除去することは現実的には難しいといわれている。もう一つの点は、本来、都市において局所的な現象であるヒートアイランド現象が、地球全体の気温上昇の原因となっていることである。都市の気温上昇が進むと、エアコンの稼働率が上昇し、その消費エネルギーが増大する。このことは、発電時の石油石炭などの化石燃料の消費増加につながり、ひいては温室効果ガスの排出量の増加につながる。実際に、夏季においては家庭やオフィス、小売店などの電力使用の約50%がエアコンに起因することからもわかる。

ヒートアイランド現象の原因

ヒートアイランド現象の原因について考える前に、まずしっかりと理解していただきたいことは、ヒートアイランド現象と地球温暖化は明確に原因が異なることである。すなわち、前者は、都市化にともなう緑地や水面の減少、人工的な土地被覆の増加、都市部での人工排熱の増加が主たる原因であるのにたいして、地球温暖化の原因は化石燃料の使用等による大気中の温室効果ガスの増加が原因であることである。報道などでもこの点がしばしば混同して捉えられているのでしっかりと注意して理解していただきたい。

では、このヒートアイランド現象の原因について一つずつ説明する。

まず、もっとも大きな原因は、緑地と水面の減少、そしてそれと表裏一体であるコンクリートやアスファルト面の増加である。**図3**を見てほしい。これは人工衛星が捉えた、夏の大阪付近の熱画像である。色の濃い部分が地表面の温度が高い部分を、色が薄い部分が温度の低い部分を示している。一見して、都市が集中しているエリアで高温域が集中していることがわかる。一方で水面や山地ではその表面温度が低いことがわかる。

地表面の温度は熱収支とよばれる熱のバランスで決定される。すなわち単位面積あたりの熱の流入量と流出量のバランスで温度が決定される。夏の昼間の日射は強烈で、1㎡あたり800W程度のエネルギーが降り注ぐ。赤外線ストーブの出力が、1000W程度であることからも、この熱の量がいかに大きいか想像できると思う。これが都市、郊外、緑地、水面など場所を問わず降り注いでいる。トータルでみると凄まじい量

図3　大阪、神戸、阪神間地域における地表面温度分布
人工衛星の近赤外線信号をもとに筆者が解析の上作成。

のエネルギーが地球に降り注いでいる。そして、このようにして熱をもった地表面は、さまざまなかたちで熱を外部に放出している。一つは宇宙空間への赤外線放射を通しての放出、もう一つに空気への熱伝達をとおした大気中への放出である。これは地表面の様態によらず発生している。しかし、植物と水面においては他の様態にはない特徴的な作用により、その表面温度が低く抑えられている。すなわち、蒸散作用あるいは蒸発作用である。これらの作用があることにより、太陽から取得した熱が潜熱として処理され、その物体の温度上昇が抑えられる。

植物は根から水分を吸収し、葉の裏にある気孔とよばれる部位から、その水分を気化して気体として放出している。液体である水を気化するためには大きなエネルギーが必要とされる。たとえば、ヤカンに入れた水を沸騰させ続けると、最終的には水が蒸発してしまうが、そのためには火をともし続ける必要があることからも、このことが理解できると思う。植物は、この膨大なエネルギーを日射から得ている。日射を受けた植物はその熱エネルギーを気化熱として使用するため、植物自体の温度が上昇することがないのである。こ

図４　ゴーヤの植え込みの表面温度のサーモグラフィ画像
左：サーモグラフィ画像、右：同画角の写真。ただし、ゴーヤ植え込みは株式会社エスペックからお借りしたものである。

のような過程により、植物に覆われたエリアでは全体として地表面の温度が上昇しない。水面も蒸発作用により、同様に地表面の温度上昇が抑えられる。水面が日射から熱を取得しても、一定の割合が水の蒸発熱として使用されるために、水温が過度には上昇しない。また、水面はその対流作用により、その熱が深層部に伝わっていくというはたらきもある。

図４は、夏に植物とタイルのペーブメントの部分の表面温度を、サーモグラフィにより測定して比較したものである。明らかに、植物の葉の部分でその温度が低くなっていることがわかる。コンクリートやアスファルトにはこのような働きはなく、日射から取得した熱はそのまま温度上昇につながり、周辺の温度上昇を招いている。

ヒートアイランド現象のもう一つの要因は、人工排熱の増加である。人工排熱とは、人為的な活動を通して外部に放出される熱を意味する言葉である。工場や事業所だけでなく、一般的な家庭からも多くの熱が大気中に排出されており、その内訳をみるとエアコン、自動車などのエンジン、調理などにともなう熱がとりわけ大きいことが判明している。都市に暮らす人びとが増加するにともない、自動車を利用し、エアコンを利用する人びとが増加し、その分だけ人工排熱も増加する。特に問題となっているのがエアコン室外機からの排熱である。人びとが狭いエリアに集中して居住し、それぞれがエアコンを使用すると、その排熱により都市の気温上昇を招き、このことがさらにエアコンの使用量を増加させ、それがますます都市への排熱を増加させるという悪循環に陥るのである。

過去100年間の気温上昇の幅を、日最高気温（昼）と日最低気温（夜）で比較する。気象庁のデータによると、東京においては前者が1・7℃であるのにたいして、後者は3・8℃とされている。すなわち、昼間よりも夜間のほうで、気温上昇が顕著であることがわかる。このことは、建物の構造と密接に関係している。すなわち、現代の都市を構成するコンクリートやアスファルトの熱的特性が影響しているのである。コンクリートの建築物やアスファルト道路面は、熱を蓄積する能力、すなわち熱容量が木造の建築物と比較して大きい。一説によると、コンクリートの建築物は木造建築物の7倍の熱容量を有しているといわれている。そのため、アスファルトやコンクリートは、昼間の強烈な日射から得た熱を大量に蓄積し、夜間に外部の気温が下がってから、その蓄積された熱を外部の大気中に放出することになる。このことにより都市の夜間の気温は降下しにくくなる。木造の建築物では熱容量が小さいために、夜間の大気中への熱放出も少なくなる。そのために、夜間の気温が低く保たれる。お年寄りに話を聞くと、昼間の暑さは昔とあまり変わらないが、夜の暑さは厳しくなったという声を聞くことができると思う。

表1は気象庁のデータから、過去の1日の最高気温を高い順に並べたランキングと、同様に1日の最低気温を同様に高い順に並べたランキングである。2013年の夏は特に猛暑とよばれていたので、2013年の多くの日が両方のランキングに入っていることがわかる。ここで注意してほしいのは、1日の最高気温に関しては、80年近く前の時代の記録もランクインしているほか、1990年以前のものが六つと比較的多い割合で存在することである。さらに、これは必ずしも都市部で観測されているわけでないことにも注意する必要が

ある。すなわち、夏が暑い日は１００年近く前から存在しており、しかもそれは比較的自然が多いとされている地域においても観測されているのである。このように都市化が進行していない時代、また地球温暖化も現在ほど深刻でない時代、あるいは自然の豊かな地域において、相当な高温が観測される場合、その背景にはフェーン現象とよばれる自然現象が介在していることがほとんどである。**表１**の中にある１９３３年の山形の例はフェーン現象によるものとされている。そし

表１　日最高気温と日最低気温のランキング
気象庁 AMeDAS のデータより作成。

日最高気温が高いもののランキング

	都道府県	観測所	観測値	
			℃	発生年
1	高知県	江川崎	41.0	2013年
2	埼玉県	熊谷	40.9	2007年
	岐阜県	多治見	40.9	2007年
4	山形県	山形	40.8	1933年
5	山梨県	甲府	40.7	2013年
6	和歌山県	かつらぎ	40.6	1994年
	静岡県	天竜	40.6	1994年
8	山梨県	勝沼	40.5	2013年
9	埼玉県	越谷	40.4	2007年
10	群馬県	館林	40.3	2007年
	群馬県	上里見	40.3	1998年
	愛知県	愛西	40.3	1994年
13	千葉県	牛久	40.2	2004年
	静岡県	佐久間	40.2	2001年
	愛媛県	宇和島	40.2	1927年
16	山形県	酒田	40.1	1978年
17	岐阜県	美濃	40.0	2007年
	群馬県	前橋	40.0	2001年
19	千葉県	茂原	39.9	2013年
	埼玉県	鳩山	39.9	1997年
	大阪府	豊中	39.9	1994年
	山梨県	大月	39.9	1990年
	山形県	鶴岡	39.9	1978年
	愛知県	名古屋	39.9	1942年

日最低気温が高いもののランキング

	都道府県	観測所	観測値	
			℃	発生年
1	新潟県	糸魚川	30.8	1990年
2	東京都	東京	30.4	2013年
3	石川県	小松	30.3	2000年
4	富山県	上市	30.2	1997年
5	富山県	富山	30.1	2000年
6	福井県	越廼	30.0	2000年
7	福岡県	福岡	29.8	2013年
8	沖縄県	仲筋	29.7	2007年
	沖縄県	石垣島	29.7	2007年
	沖縄県	大原	29.7	2007年
	山口県	柳井	29.7	2006年
	愛媛県	新居浜	29.7	2004年
	鳥取県	米子	29.7	2000年
	鳥取県	塩津	29.7	2000年
15	富山県	砺波	29.6	2000年
	長崎県	大村	29.6	1998年
	沖縄県	多良間	29.6	1993年
	熊本県	岱明	29.6	1991年
	新潟県	相川	29.6	1917年
20	三重県	津	29.5	2013年
	福岡県	前原	29.5	2013年
	広島県	広島	29.5	2006年
	広島県	大竹	29.5	2006年
	鹿児島県	名瀬	29.5	2003年
	沖縄県	波照間	29.5	1998年
	石川県	加賀菅谷	29.5	1997年
	愛知県	東海	29.5	1994年
	鹿児島県	屋久島	29.5	1942年

て、近年の異常な高温についても少なからずフェーン現象が介在しているという指摘もある。そこで、本論とは少し論旨がずれるのであるがフェーン現象について簡単に解説したい。

フェーン現象とは、湿った空気が山地などを越える際に、元の気温よりも温度が高くなる現象である。湿った大気が風に運ばれて山地の斜面で持ち上げられる際に、その大気の気温が降下する。気温が降下すると、空気中の飽和水蒸気量が下がり、過飽和となった水分が降雨となり地面に降り注ぐ。持ち上げられた大気が頂上を超えるときには、降雨により大気中の湿度が低下し、乾燥した状態になる。今度は、この大気が山の斜面を下るのであるが、このときには逆にその気温が上昇する。このときには大気中の湿度が低いので、標高の変化にたいする気温の変化量は、斜面を上ってくるときの変化量よりも大きなものとなる。その結果、大気が山を越える前の気温よりも、山を越えてからの気温のほうが高くなる。これがいわゆるフェーン現象とよばれるものである。その仕組みからもわかるように、これは海から少し内陸に入った場所で観測される。そして、これはヒートアイランド現象とも地球温暖化とも関係が少なく、湿った空気が風に運ばれて山にぶつかることにより発生する、純粋な気象学的現象である。ただし、近年の都市部の異常ともいえる高温は、フェーン現象にあわせて、ヒートアイランド現象が関与している。

再び**表1**にもどろう。次に、1日の最低気温のランキングに注目してほしい。最低気温において、高い気温が観測された日については圧倒的に近年の事例が多い。最低気温は通常夜間に観測されることを鑑みると、このことは都市化にともなうヒートアイランド現象が、都市の夜間の気温上昇を招いていることを如実に示している。そしてこの原因は前述のようにアスファルトやコンクリートが昼間に日射から得た熱を蓄積することに起因するのである。それでは、実際に1970年代から現在にいたるまでどのように都市化が進行したのかみてみる。**図5**は国土地理院の細密数値情報をもとに土地利用分類を実施し、その結果を経年比較したものである。年々、人工的な土地被覆が増加し、山地が切り開かれ、宅地が開発され、水面が埋め立てられている様子をみることができる。わずか20年程度の間にも都市化が進み、都市が拡大している。このことがヒートアイランド現象を招き、特に夜間の気温を上昇させているのである。

さらに、近年指摘されていることとして、現在の都市構造が郊外や水面からの涼しい風の流入を妨げるような構造になっていることも都市の気温上昇を招いている。昼間に強烈な日射を受けて、都市中心部の気温が上昇すると、その部分の気圧が低くなる。都心中心部の気圧が相対的に低くなると、気圧の高い郊外や水面から涼しい風が流れ込み、その暑さが緩和される。しかし、都市の建物の密度が過度に上昇すると、この涼しい風の都心への流入を妨げてしまう。さらに、せっか

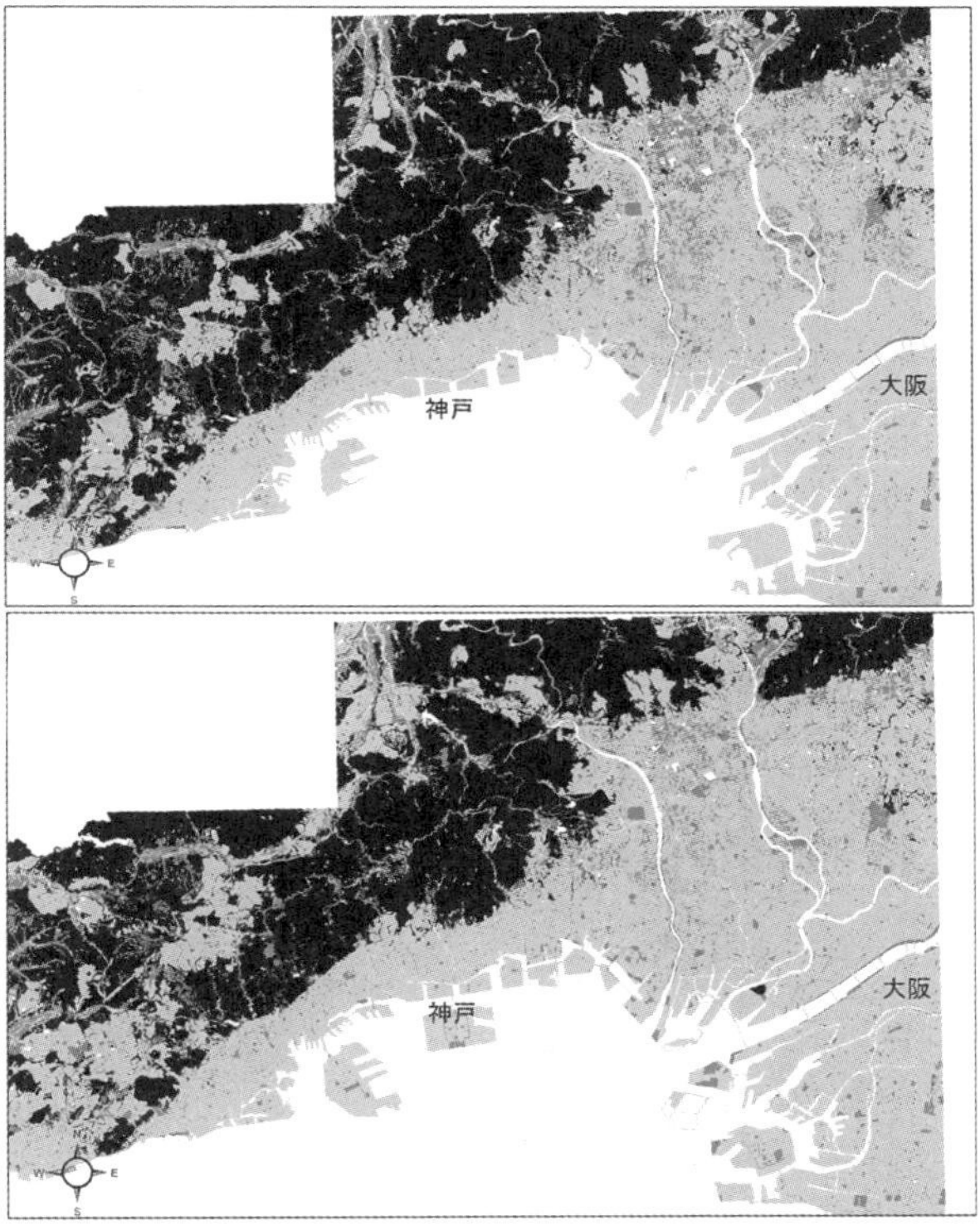

図5　阪神間の市街地の変化
上図は1974年のもの、下図は1996年を示す．それぞれ、黒は緑地、白は水面およびデータ欠損部を、濃い灰色は農地および緑地、薄い灰色は市街地を示すものである。国土地理院の細密数値情報近畿圏1974および近畿圏1996を使用して筆者が作成した。

く入ってきた涼しい風も、日射をうけたコンクリートやアスファルトによりあたためられてしまう。近年、特にバブル期以降において、高層建築が郊外あるいは臨海部に多数建設され、いわゆる副都心とよばれるような高層建築が集中的に立ち並ぶエリアが数多く形成されるようになった。また、臨海部では周辺に住宅等がないことも多く、そのことにより都市計画法の規制や建築基準法上の規制が比較的緩やかとなり、高層建築が高密度に林立し、結果的に海風の都心への流入を阻害して、都市のヒートアイランド現象を加速している。

ヒートアイランド現象の影響

次にヒートアイランド現象の影響について述べる。ヒートアイランド問題の影響は夏と冬で異なる。夏の問題としては、①熱中症等の増加による健康被害。②消費電力の増加とそれにともなうエネルギー消費量の増加。③大気汚染の助長を挙げることができる。まず熱中症の増加についてみると、消防庁の報告によると、近年熱中症による救急搬送者数が大幅に増加していることが報告されている。特に最近の傾向として問題視されているのが建物屋内における被災者の増加である。これは都市の気温上昇にともなって室内の気温が上昇し、その一方で空調設備の稼働が不十分なケースにおいて発生する。特に高齢者は体温の調節機能が低下し、室温が上昇していることに、なかなか気づかないことも多く、特に独居老人世帯においては、このことがより深刻な問題として指摘されている。さらに、建物の断熱性が不十分であること、鉄筋コンクリートの住宅において気密性が高いこともこの問題に拍車をかけている。

次に夏の消費エネルギーの増加について述べる。夏のオフィスや家庭における昼間の電力消費の約半数はエアコンによるものである。このところ毎夏節電が求められ、冷房の設定温度を28℃とすることが当たり前になりつつある。冷房の設定温度を下げることはもちろんであるが、同じ設定温度でも外気温が高くなると、冷房用の消費電力は増加する。気温感応度という概念があるが、これは電力会社の管轄地域内における気温上昇により、その電力会社の電力消費量がどの程度上昇するのかを示す概念である。一説によると、東京で1℃気温が上昇すると、山梨県1県で消費される電力に相当する量の電力消費量が発生するといわれている。電力消費の増加は、化石燃料の消費を生み、ひいては地球温暖化に拍車をかけることにつながる。

もう一つの影響は、夏の大気汚染の助長である。特に、大気汚染物質の長距離輸送の問題が指摘されている。都心で発生した汚染された暑い空気は、その密度が軽いがゆえに大気上空に運ばれる。その空気は上空の気流に流されて長距離輸送され、郊外に運ばれる。このことにより、それまでほとんど大気汚染物質が観測されることのなかった場所において、大気汚染が引き起こされるようになったことも報告されている。

次に冬における影響について述べる。冬における問題としては、①生態系への影響、②大気汚染の助長、③季節感の喪失を挙げることができる。まず生態系への影響についてみる。ヒートアイランド現象により冬の気温上昇が顕著なものとなるが、実はこのことは外来生物にとって、越冬しやすい環境が形成されることを意味する。特に熱帯から運ばれてきた外来生物にとって、日本の冬を越すことができるかどうかという点は、その生物が日本に定着できるかいなかの鍵を握っていることが少なくない。ヒートアイランド現象により暖かくなった都市で越冬した外来生物は、日本の環境に天敵がいないことも多く、日本で定着し、その結果、日本の生態系を攪乱する恐れがある。

次に、冬に特徴的な現象であるダストドームとよばれる大気汚染について述べる。冬季の早朝に形成されるこの現象は、ヒートアイランドにより引きおこされる大気汚染現象の一つである。晴天の早朝時、地上付近の気温は放射冷却現象により降下し、その上部の気温よりも低い状態となる。すなわち地上付近においてより気温が低くなり、わずか上空のほうで気温がより高いという分布である。ところが都市部においてヒートアイランド現象が発生すると地表面のごく付近の気温は高くなり、その上部は前述の放射冷却の影響により気温が低くなり、さらにその上部においては放射冷却の影響が小さくなるために温度が高くなる。このような気温が低い部分の上部に気温が高い部分が形成されている場所は、通常の大気の状態とは逆であるために逆転層とよばれている。この逆転層においては、大気の状態が安定し、空気の循環や対流現象が不活発なものとなる。このことがダストドーム現象を生成する。都市部で発生した汚染された空気は通常の過程においては、大気上空の清浄な空気と交わり、汚染物質が拡散する。しかし大気上部の逆転層の形成により、これが目に見えない壁のように働き、その部分より外部への汚染物質の拡散を妨げる。このことにより、大気汚染物質が狭い都市内に滞留して、その濃度が上昇するのである。埃っぽい空気が都市部にあたかもドームを形成するようにもみえるので、これは埃のドーム（ダストドーム）とよばれる。幸い、日本の多くの都市部においては、このダストドームが形成されることは少ない。なぜなら、日本の多くの都市は臨海部に形成されることが多く、臨海部では海からの風が流入し、ドーム上部の逆転層が崩壊することが多いためである。内陸都市が多い海外などでは、日本よりもこの現象が顕著であり、過去から多くの健康被害がもたらされている。

最後に季節感の喪失について述べる。ヒートアイランド現象により冬の寒さが緩和され、積雪や氷の形成が減少する。これは四季折々の風物詩や歳時記といったものが失われるだけでなく、たとえばウィンタースポーツや農業、植物の生育にも影響を与えることになる。たとえば、桜の開花時期は年々早まっている。筆者の子どものころ、桜は入学式のころに満開を迎えると相場が決まっていたが、現在では卒業式の風物詩の一つに変わりつつある。また、神戸の六甲山は昭和初期頃までウィンタースポーツのメッカであり、日本におけるスキーやスケートなどの発祥の地でもあった。現在、六甲山では積雪も減少し、氷が張ることもすっかり見られなくなり、かつての姿を想像することが難しくなっている。

ヒートアイランド現象の解決方策

次に、このヒートアイランド問題の解決方法について述べる。解決方法は基本的にヒートアイランド現象の原因を遡ることにより導かれる。すなわち、まずは都市に水と緑を取り戻すことが最善の策である。そのためには都市計画レベルで都市内に積極的に緑を保全ないし創出することが必要となる。近年、屋上緑化や壁面緑化が流行しているが、自治体などではそれを条例化しているところもある。緑化については単純に緑を増やすだけでなく、その質も重要な意味をもつ。さらに、水面の保全も重要である。前述のように都市の高密化にともない、水路やため池などの多くの水面が失われてきた。現在わずかに残された水面を保全することに加えて、積極的に都市に水面を新たに創出することを考えてもよい時期となっているといえる。最近公開空地制度や生産緑地の指定などにより都市内における緑地を積極的に保全するための政策が増加している。また、行政が条例などにより、屋上緑化を義務づけるケースも増加しており、そのほかにも建築デザインの一つとして壁面緑化や敷地内で大規模な水面の創出を積極的に進める事例も増加している。最近では、著名な建築家が指揮し、大阪の中心部に建つ既存の高層ビルを大規模に緑化するプロジェクトが発表されており、このことにたいする社会的な関心の高さがうかがえる。

水と緑を増やすこと以外にもいくつか方策がある。一つには、都市の反射率（アルベド）を増加させること、そして都市の熱容量を軽減すること、さらに都市に風の道を確保することなどを取り上げることができる。アルベドとは太陽光が地表面で反射される反射率を示す概念である。太陽からの日射が地表面の温度上昇を招き、それが周辺の気温を上昇させてヒートアイランド現象を引き起こすのであるから、そもそも地表面の反射率が高ければ気温上昇を防ぐことができる。では具体的にどのようにするとよいのであろうか。最近は反射率の高い塗料も販売されている。これらをビルなどの屋上や壁面に塗装することにより、ビルの躯体の温度上昇を防ぐことができる。道路においても同様の効果が期待できる。一方で問題点として、日射の反射により、人間にとってまぶしくなるので、道路面などに使用するには安全上の配慮が必要となる。しかし、ビル躯体の温度上昇を抑制することは、ビルの空調の負荷を軽減させることにもつながり、電気使用量や電気料金の削減にもつながる。

また、都市の熱容量の軽減については先ほど述べたとおりであるので繰り返さないが、基本的に都市表面の熱容量を軽減することにより、夜間の気温上昇を抑制することが可能となる。風の道については、海風、山風からなる局地風のサイクルを活用し、都市内部で発生した熱を上手く外部に逃がしてやることを意味する。高密に立て詰まった領域においては、風の流入が困難となるが、川や大きな幅員の道路は風の道として機能する。風の道からは冷気がにじみだすことが知られている。その範囲は１００ｍ程度であることから、風の道の両側１００ｍの範囲においてはこの冷却効果が期待できる。

伝統的建築にみる銷暑の知恵

日本建築の伝統的な工夫のなかには、実は現在においてもじゅうぶんに通用するものも少なくない。特に夏の暑さを凌ぐための工夫は、そのままヒートアイランド緩和、省エネ建築のための技術に活用することが可能と考えられる。そこで本論の締めくくりとして、ここでは日本建築の工夫をいくつか取り上げて、それらの知恵を現在の建築環境の視点から評価し、それらの技術的な可能性について検証したい。

兼好法師が「家づくりは夏を旨とすべし」という言葉を残している。冬の寒さは衣服などで調整することも可能であるが、夏の暑さは衣服で調整ができない。エアコンも扇風機もない時代において、住宅の涼をとることは昔から一大関心事であった。このような言葉が残されていることからわかるように、本州の多くの地域において、夏の暑さを凌ぐ為の建築上の工夫がいくつかみられた。そのうち代表的なもの数点を取り上げて検証する。

茅葺き屋根

まず、茅葺きの屋根に着目する。古い農家建築の屋根に枯れた藁のようなものが乗せられているのを見たことがある人もいると思う。これは、茅葺き屋根（カヤブキヤネ）とよばれるものである。茅というのはイネ科の植物の総称で、このようなイネ科の植物を用いて屋根を葺くという行為がかつての日本では一般的であった。東南アジアの一部の地域では今でもバナナの葉で屋根を葺いているのを見かけることがあるが、身近な植物を屋根の材として活用することは世界中でみられることである。日本建築といえば一般には瓦屋根を想像される。かつての武家の屋敷や城などでは現在は主に瓦が使用されているので、瓦屋根が日本の建築の一般的な姿と認識されるかもしれないが、茅が比較的容易に入手できた農村部では茅葺きのほうがむしろ一般的なしつらえであり、時代によっては庶民が瓦屋根を葺くことが禁止されていた時代すらある。茅を葺くためには技術と人手を要する。丁寧に茅の束を作り、それらを順に頂部から屋根に敷き詰めていく。その過程で隙間が出ないように、外側からしっかりと押し固めながら隙間にまた茅の束を詰めていくという地道な作業が続く。この茅葺きは、かつては集落などの共同作業の一つであり、人びとは自分たち自身の手で茅葺きの屋根をふき替えていた。

この茅葺きは実はとても「クール」な素材でもあった。茅を敷き詰めた屋根には多くの空隙が形成される。この空隙は空気層を形成し、水分を貯留するための空間を形成する。茅の隙間の空気層は断熱材として機能する。夏の炎天下では、猛烈な直射日光により屋根の表面が温められる。しかし、空気層が断熱材として働くことにより、分厚い茅の屋根の下部には熱があまり伝わらない。さらに、雨が降ったときに茅に蓄えられる水分も夏の暑さを防ぐうえで重要な役目を果たす。貯留した水分が蒸発する際には気化熱を必要とするが、この気化熱として、太陽から得た熱を奪うので、屋根表面の温度上昇が抑えられたのである。

また、この茅を利用すること自体も一種のエコであった。古くなった茅を新しく葺き替える際には、古い茅は畑などにすき込んで肥料などとして再利用されることも多かった。新しい茅は集落の近場にある茅場とよばれる群生地から必要な分だけ採取される。一般に植物が成長するには、光合成が必要であり、光合成に際して大気中の二酸化炭素を吸収する。吸収された二酸化炭素はセルロースとして植物体を構成する要素となる。茅葺きの主原料たる藁もセルロースから構成されている。このように考えると、茅葺の屋根には大気中から吸収された二酸化炭素が固定されているとも考えることができる。使用後に土壌に埋め戻された茅は、昆虫や微生物に分解され、最終的には二酸化炭素に戻り大気中に放出される。しかし、この二酸化炭素の量は、茅が成長過程において大気中からとりこんだ二酸化炭素の量に相当する。もしも茅を刈り取り、それを干して屋根に葺くまでの過程において動力をいっさい使用しないのであれば、成長の過程において吸収した二酸化炭素の量と最終的に排出される二酸化炭素の量は一致する（土壌中に固定される分は除いて考える）。これはまさに現在流の言葉でいうならば、「カーボンニュートラル」である。工業的に焼成された瓦はもちろんカーボンニュートラルでないし、なおかつ日射を受けた場合に茅葺き屋根のように温度上昇を抑えることもかなわない。その点で、再び茅葺の屋根を見直してもよい時期にきているのかもしれない。

ただ、茅葺きの屋根にも難点がある。一つはメンテナンスが必要なことである。自然素材であるので劣化も早く、こまめな補修が必要で、さらに定期的な葺き替えが必要となる。もう一つの難点は火災時の延焼の問題である。瓦屋根は高温で土を焼成してつくるので熱や火には強い。そのことが日本に瓦を流布せしめたといっても過言ではない。それにたいして、茅葺きは乾燥した状態では火災に弱い。日本は過去に何度も大火を経験しそのつど苦い思いをしている。そのために、火災防止に関する厳しい法的な制約がある。現在では密集した都市部において、茅葺きのような火災に弱い素材で屋根を葺くことが許可されていない。エコな素材である茅には欠点もあり、その特徴をじゅうぶんに理解したうえで適切に使いこなすことが建築に携わるものには求められている。

坪庭と縁側

町家などの街中の古い建物に見られる、住宅の中央部にある小さな庭のことを坪庭という。１坪（約３・３㎡）程度の小さな庭なのでこのようによばれる。町家は京都などでみられた典型的な都市型住宅である。かつての人びとはなぜ、高密な空間に無理に庭を造ったのであろうか。諸説あるがその一つとして涼をとるためという説がある。昔から京都の夏の暑さは厳しい。夏の暑さをしのぐことは、農村の人びとよりも大きな関心事でもあった。炎天下、地面や家屋は熱を吸収し、それが周辺の気温を上昇させる。その上、盆地地形である京都では、外からの風も期待できず、熱気がこもりやすい地形を形成している。そのなかで涼をとることは大きな課題であった。もっとも簡単な方法は、そもそも炎天下でも熱をもちにくい素材を住宅のそばに置くことである。そのような素材こそが水と植栽なのである。すでに述べたように生きた植物には蒸散作用という働きがあり、太陽の熱を使って、保持する水分を液体から気体に変えて蒸発させている。このときに、大量の熱を使用するので、生きた植物は日射を受けても温度が上昇しにくい。水も蒸発作用に日射から得た熱量を利用するために、温度上昇が抑えられる。このような水と植物を住宅内に取り込むために、坪庭は格好の空間装置となるのである。坪庭で発生した涼しい空気は、住宅の居室に流入し人びとに涼をもたらす。それだけでなく、坪庭はプライバシーを守りながら、自然を楽しむことができる空間でもあった。都市の表通りには多くの人びとが行き交う。農村のように表側に庭をつくっても、人びとの目が気になり、人びとはゆっくりとくつろぐことができない。坪庭のように住宅の裏手に庭があると、人目を気にすることなく、自然を楽しみ、涼をとることができる。坪庭から空を見上げると、空が建物で四角く切り抜かれてみえる。これも都市のなかで自然を感じさせ、生活に一つの潤いをもたらす要素となるのである。

坪庭と部屋の間には、あるいは農家においては表の庭と部屋の間には、たいてい縁側とよばれる空間がある。この縁側は、かつては通路の役割を果たしていた。かつての日本の建築は西洋の建築とは異なり、各居室の間、すなわち住居の真ん中に廊下を設けるのでなく、各部屋はふすまを介して直接隣接しているか、あるいは部屋の外縁に廊下が設けられることが一般的であった。各部屋が廊下を介さずに連続している理由については諸説あるが、冠婚葬祭に際して大空間が必要となるから、廊下や壁で部屋を区切ってしまうと、いざという時に大空間にすることができないためという説が有力である。このようにして外縁に追いやられた廊下であるが、その後住宅のスタイルが変化して、廊下としての機能が必要とされなくなっても、廊下のような形状の不思議な空間が窓際に残された。これがいわゆる縁側である。この縁側は建築環境の側面からみても重要な働きをなしている。筆者は、このような働きにより縁側空間は廊下としての機能を失ったあとも長らく日本建築に残されたと考えている。

ではこの縁側の気象コントロールの働きについてみてみよう。まず、縁側は夏の暑さを和らげる。人びとは基本的に縁側の奥にある居室で活動する。縁側の上部には屋根がかかっているので、結果的に部屋からみると屋根の出幅が大きくなる。このことが夏には重要な意味をもつ。夏の昼間の太陽高度は高く、ほぼ真上から太陽が照りつける。そのため、屋根が日陰をつくり出し、室内や縁側に直射日光が入ることを防いでくれる(**図6上**)。この屋根の出幅が絶妙で、冬になると、太陽高度が低くなるために、日射が部屋や縁側まで降り注ぐ。そのため、部屋の中は日射を受けて温められる。さらに重要なことは、縁側が一種の断熱層の役割を果たすことである。部屋と縁側の間には通常障子やふすまが設けられる。そして縁側と外部空間の間には雨戸やガラス窓が設けられる。したがって、結果的に部屋と屋外の間に縁側の空気層が形成されることになる。この空気層は断熱材としての働きをする（**図6下**）。これは室内の熱が外部に流出することを防ぐ。空気層は熱抵抗が高く、現在の断熱材はその内部にうまく空気層を設けている。この空気層をつくり出すことにより、部屋の断熱性を高めることが可能となるのである。

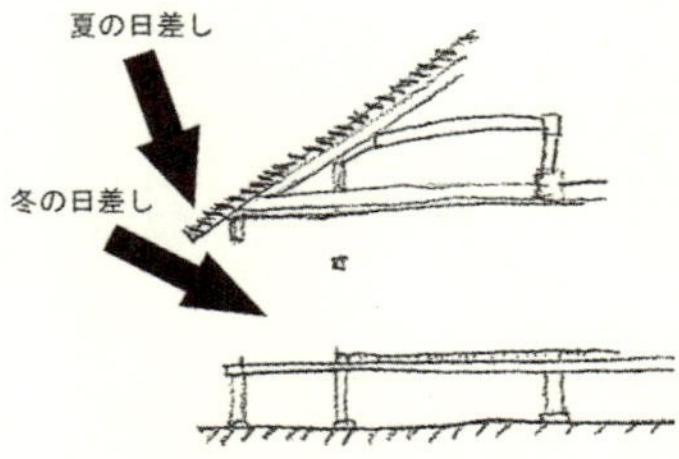

図６上　縁側と庇の日射遮蔽効果の季節による違い
夏は太陽高度が高いため日射は直接室内に入らないが、冬は太陽高度が低いため直接日射が室内に入る。

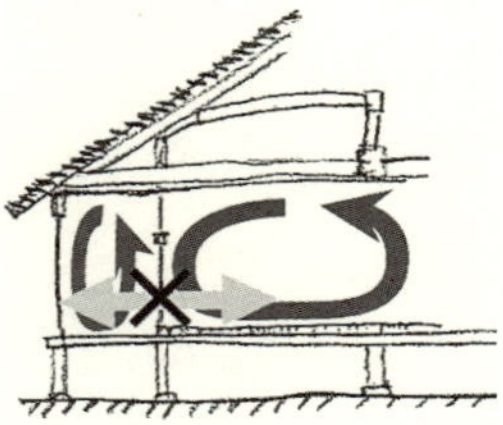

図６下　縁側の断熱効果
縁側は断熱層として働く。部屋や外部との空気の交換が抑えられることにより、熱の流出が抑制される働きがある

　そして、この縁側で夕涼みをして、日向ぼっこをすることもかつての日本の風物詩であった。夏は庭の緑をめでて、植物や水がつくり出す涼を楽しむ空間となり、冬は陽だまりのなかでゆっくりと体を温める場所になる。余談であるが、縁側はコミュニケーションの場でもあった。ご近所さんがやってきて、「立ち話も何なので……」ということになると、縁側に座布団を敷いて腰かけてもらう。古い時代を描いたドラマ、マンガではごく一般的な風景であるが、かつて日本のいたるところで見られた風景なのである。

簾とよしず

簾（すだれ）は現在でも一般の家庭で使われており、窓の外側から日よけの目的でぶら下げられているのを目にすることも多いと思う。すだれは葦（よし）や竹を割ったものなどを糸でつなぎ合わせて作られた。掃き出し窓のような背の高い窓にはすだれだけでは不十分で、開口部全体をすっぽりと覆うような日除けが必要となる。これがよしずである。よしずも同じく葦で作られるが、すだれと異なるのは、目地が縦方向にあり、背が高いので窓に立てかけるようにして使用される。すだれやよしずの材料となるのは葦とよばれる植物で、かつては湿地帯のいたるところにみられ、高さ数メートル程度まで茎が成長する。この茎は中が空洞で背が高い割に軽量で、製作作業が容易で設置なども容易なことから、日本ではさまざまな用途で利用されてきた。現在でも琵琶湖岸には葦が群生している。

さて、この葦を用いてつくられた簾やよしずは、太陽高度の低い日射を削減するうえで大きな役割を果たしている。夏の日の入直後、あるいは日の入直前には太陽高度が低くなり、壁や窓にたいしてほぼ真正面から日射が降り注ぐことになる。先に述べた縁側とその上部に形成される庇は、太陽高度が高い場合には日射を有効に遮るが、太陽高度が低い場合には真横からの日射を防ぐことができない。町のつくりを考えると、すべての窓や玄関が南を向いているとは限らず、東向きや西向きの開口部をとらざるをえないこともあり、このようなケースでは真正面から日射が降り注ぐこともある。このような太陽高度の低い日射は、畳や家具、壁などを日焼けさせ、紫外線による劣化を進行させる。これを有効に防いでくれるのがすだれやよしずである。

さらに、このすだれやよしずはプライバシーの確保という点でも大きな役割を果たす。カーテンやブラインドもない時代においては、往来の人びとの目が気になることもあった。しかし、雨戸を閉めしまうと部屋に光や風も入らなくなってしまう。そのようなとき窓や正面玄関にすだれやよしずを設けることにより、プライバシーを守りながらも、部屋の中に光と風を確保することが可能となるのである。当時は室内の光源は自然光か行燈程度であり照度も低かったために、開口部の外側にすだれやよしずを設けるだけで、じゅうぶんにプライバシーをまもることができた。現在の内装材として同様の働きをなすものとして、ブラインドやカーテン、ロールスクリーンを取り上げることができる。しかし、日射を窓の外で遮るのか、窓の内側でそれを遮るのかにより、室内に流入する熱量は大きくことなる。室内に遮蔽材を設けた場合には、その遮蔽材自体が熱をもち、結果的に室内への熱の流入を許してしまう。しかし、遮蔽材を窓の外におくことにより、遮蔽材が吸収した熱は屋外に逃げていき、室内に入ってくる割合は減少する。両者を比較した場合、窓の内で遮蔽したばあいには、50％の熱が流入するのにたいして、外で遮蔽した場合には20％しか流入しない。すだれの原理は単に日差しを遮断するだけでなく、開口部の外で遮断することに大きな意味があるのである。

現代建築への応用

茅葺屋根と縁側、簾、よしずとかつての日本建築における銷暑の方策を述べてきた。かつての人びとは、エアコンも扇風機もなく、電気などの動力がないなかで自然の知恵をうまく取り入れながら工夫して夏の暑さをしのいできた。このなかには実は現代の建築にも活用できるヒントが多く隠されている。事実、これらのものの多くはその姿を変えて新しい建築要素として近年注目を浴びている。

まず「茅葺屋根」については、現在は屋上緑化というかたちで注目されている。屋上緑化とはいうまでもなく、屋上に土を盛り、植物を植栽する工法である。東京都や兵庫県では一定規模の建物には屋上緑化を設けることが条例により義務づけられておりその施工件数も増加の一途をたどっている。屋上緑化を施した建物は、植物の蒸散作用と盛り土の断熱作用により、屋内の温度を抑えることが可能となる。このことを意図的に活用した建物もいくつかあり、建物の半分を地中化し、屋根をほぼ森林のように緑で覆うような設計のものもみられる。ここまで大規模でなくても、住宅の屋根面に芝生を植栽したり、セダムとよばれるコケの一種を施工することは珍しいものでなくなっている。

次に、「縁側空間」であるが、これはダブルスキンとよばれる工法として、特に寒冷地のガラスのアトリウム空間や吹き抜け空間で活用されている。これは屋外と室内の間にガラスを数十cm間隔で二重に設けて、ガラスの間にあえて空気層を設ける工法である．夏には、この間の空気層が日射によりあたためられるが、温められた空気を換気してやることにより、ガラス間の空気層の温度を低く保ち、その結果室内に熱が流入することを防ぐことができる。また、冬にはこの空気層を換気せずに、閉じ込めておくことにより、これに一種の断熱層としての役割をもたせることができる。さらに、この数十cmの厚みがあることにより、部屋の窓際部分において、上階の床が下階の庇としての役割を果たし、夏の太陽高度が高い日射が直接に室内に侵入することを防いでくれる。

簾やよしずについては、現在もそのままの形で利用されているが、新しい形として現代の建築に利用されているものとして、外付けルーバーとよばれるしつらえを取り上げることができる。ルーバーとは薄い水平材を垂直方向に連続的に接続したものであり、ブラインドのようなものを想像してもらったらよい。これをガラス窓の外側に設けることにより、太陽高度の低い日射の流入を防ぐことができる。しかも、最近のルーバーは可動式のものも多く、水平材の傾きを調整することも可能となっている。このことにより、太陽の光を取り入れたいときには、ルーバーを開き、遮断したいときにはそれを閉じることができる。

都市環境問題は都市化の進展とともに、近年ますます深刻化している。そしてその原因の一つは都市における人口の過密と建築の過密である。その特徴的な問題の一つであるヒートアイランド問題について、本稿では集中的に議論したが、この解決方策において建築が果たす役割は大きい。近年いわゆるエコ建築やエコシティが流行しており、壁面緑化、屋上緑化をはじめ、ダブルスキンや外付けルーバー、さらにコージェネレーションシステム、スマートグリッドシステムなど数多くの提案がなされている。この中にはコンピューターなどを用いて、エネルギーフローを高度に制御するものもある。しかし技術が高度化すればするほど、その技術は一般の人びとにとってはブラックボックス化してしまい、トラブルが発生したときには対処できなくなるばかりか、当初想定していた環境配慮の機能もじゅうぶんに果たされないこともありえる。さらに高度な技術を用いた装置は一般には高価であり、簡単には導入できないこともある。その点、温故知新で、かつて人びとが日常的に活用していた、生活の知恵、銷暑の知恵を再活用することはけっして難しいことでなく、家を建てる際に建築士や大工さんと相談すれば、無理なく空間設計に取り入れることができるものも多い。しかも、このことは日本の伝統的な建築空間を継承することにもつながるので、まさに一石二鳥となる。そして、このようにして夏のエネルギー消費を抑えれば、それは電力使用量の抑制にもつながり、現在懸案とされている地球温暖化にたいする市民一人ひとりの貢献にもつながるといえる。

〈**参考文献**〉

気象庁　http://www.jma.go.jp/jma/index.html

環境省「ヒートアイランド対策ガイドライン」2009

建築・都市デザインの構成原理 ― インドにおける都市空間の構成原理

山根 周

1 はじめに

建築や都市のデザインは、風土、生態系といった環境条件や、文化、制度、技術といった人間社会が生み出した要素、さらには建築家や都市計画家によって込められた理念など、さまざまな要因によって決定される。空間やデザインを構成するそれらの要因を「構成原理」とよぶならば、一つの建築空間や都市空間がかたちづくられる背後には、多くの構成原理がかかわっている。さらに建築や都市が歴史を重ねれば、そこにさまざまな時代の構成原理が幾重にも織り込まれ、そのかたちを変化させていく。建築空間や都市空間を理解するということは、実はそうしたさまざまな構成原理を理解することにほかならないといえるだろう。

建築や都市の計画においては、すでにある建築や都市との関係を考えることは大変重要である。その際、既存の建築空間や都市空間の具体的なかたちを把握する必要があるのは当然だが、さらにかたちの背後に存在する構成原理を読み解くことが重要であり、かたちと構成原理が一体となった周辺環境のコンテクスト(文脈)をいかに理解し、それにたいしてどのように応答するかということは、計画の大きなテーマの一つである。建築単体のみならず、都市あるいは集落や地域の中での建築のあり方を考える視点が常に必要だということである。

そのように考えると、さまざまな建築、都市の構成原理を知り、理解することは大変重要なことだといえる。そして世界のグローバル化が日々進展し、多様な民族や文化の交流が加速する今日、日本に固有の空間構成原理や、近代化の中で導入され定着した西洋由来の空間構成原理だけではなく、世界のさまざまな地域に根ざした多様な空間の構成原理について学ぶことが必要になってきているのではないだろうか。

そのような意味で、歴史上多様な民族や文化が交流を重ねてきたアジアの建築や都市から学ぶことは大きいと考える。なかでも、多様な文化を内包しつつ、長い歴史の中で一つの文明圏としての一体性を持ち続けているインドの都市や建築は注目に値する。ここでは、そうしたインドの都市空間に焦点を当て、そこにみられる多様な都市の構成原理についてみていきたい。具体的には、一つ目は「古代インドの都市理念とヒンドゥー都市」という視点から構成原理の固有性という側面を、二つ目は「インドのイスラーム都市」という視点から構成原理の重層性という側面を、三つ目は「インド洋海域世界の港市」という視点から構成原理の相互作用という側面をみていくことにする。

2　古代インドの都市理念とヒンドゥー都市

(1)　インド的コスモロジー

インドの都市空間に関して議論が重ねられてきたテーマに、古代インドの都城理念や建築論を含む造形芸術論と、都市空間との関係がある。そして、都城理念における具体的形態イメージや、建築論における村落や都市のパターンは、古代インドの宇宙観と密接な関係があったと考えられている。

『リグ・ヴェーダ』、『ウパニシャッド』などバラモン教の聖典や『倶舎論』（小乗）、『華厳経』（大乗）などの仏典、『ヴィシュヌ・プラーナ』などヒンドゥー教のプラーナ聖典には、古代インドにおいて考えられていた宇宙観が記されている。*1

ヒンドゥー教の宇宙観においては、世界の中心にはジャンブ・ドゥヴィーパ（ジャンブ洲・贍部州）とよばれる大陸がある（**図1**）。ジャンブ・ドゥヴィーパは人類が住む世界であり、これは仏教の宇宙観にも共通する。大陸は直径10万ヨージャナの円盤状をしているとされる。*2 大陸の周囲には円環状の塩海（ラヴァナ・サムドラ）が取り囲み、さらにその外側を六つの同心円環状の「大陸、海」のセットが順次取り囲み、七洲七海の生物のいる世界を構成する。この外側には七洲七海を取り囲み2倍の大きさをもつ黄金の土地があり、そこには生物はおらず、ローカ・アローカ山がそびえている。「ローカ・アローカ」とは、ローカ（世界）とアローカ（非世界）の境界線という意味である。ここまでが世界の構造であり、さらにその外側は暗黒に囲まれ、この暗黒はさらに宇宙卵*3の殻に取り囲まれていると

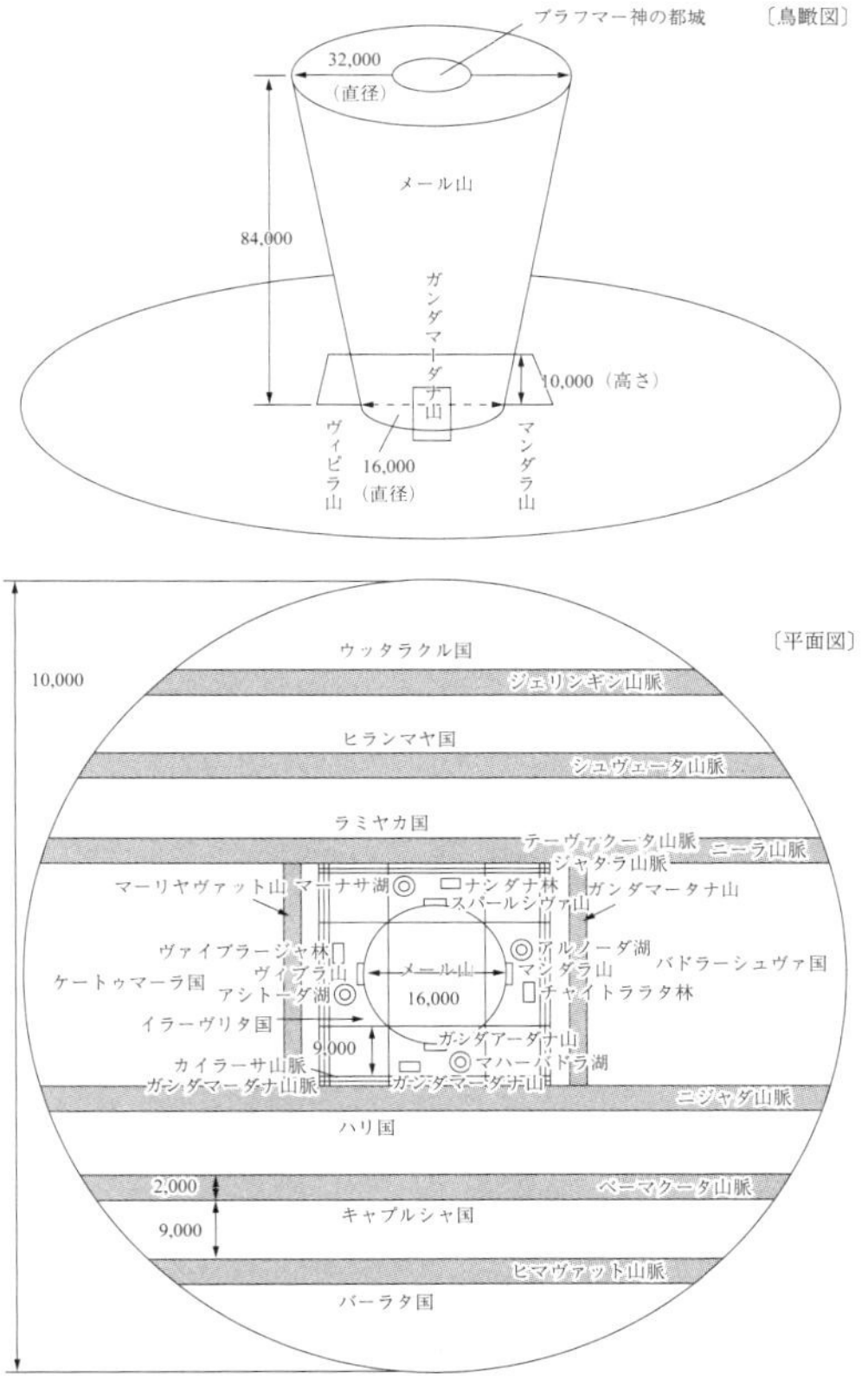

図1 ジャンブ・ドゥヴィーパ模式図（定方晟 1985）

されている。

上記のジャンブ州の中央には黄金の山、メール山がそびえる。高さは8万4000ヨージャナ、地表下の深さは1万6000ヨージャナである。また頂上部と基部は円形でそれぞれ3万2000ヨージャナ、1万6000ヨージャナの直径をもつ。この上方にいくにしたがって広がる逆円錐台のかたちは、すなわち蓮の花托のかたちである。メール山の南北にはそれぞれ東西方向に三つの山脈が並びジャンブ洲を区切り、いちばん南にバーラタ国すなわちインドがある。

メール山の頂上は平らな円形をし、円の中心には宇宙の創造神ブラフマー（梵天）の大都城がある。直径は1万4000ヨージャナである。この東、南、西、北、東南、南西、西北、北東の八方にそれぞれ、インドラ神、ヤマ神、ヴァルナ神、クヴェーラ神、ヴィヴァスヴァット神、ソーマ神、アグニ神、ヴァーユ神というローカパーラ（護世神）の壮大な都市がある。この配置構成がマンダラの基本である。

仏教における宇宙観も基本的構成はヒンドゥー教の宇宙観とよく似ている。これらの宇宙観が表す世界の構成が、インドにおける都城の空間的イメージの基礎となったと考えられている。[*4]

(2)『アルタシャーストラ』の都城論

古代インドの帝王学的文献である『アルタシャーストラ（実利論）』は、王の政治的行動についての理念が記された書であるが、その中に、都市に関する記述がある。著者は紀元前4世紀頃に栄えたマウリヤ朝チャンドラグプタ（在位BC317～293頃）の宰相として知られる、伝説上の英雄カウティリヤであるとされる。成立年については諸説あり、一般には紀元後3、4世紀頃と考えられているが、早ければ紀元前200年頃、遅くとも紀元後200年頃には成立していたとする説もある。[*5]

都市に関しては、「城砦の建設」「城砦都市の建設」「王宮に関する規定」「軍営の設置」という四つの章が設けられている。それぞれの章では、次のような詳細な項目を設け、それぞれ配置や形態、寸法に関する詳しい記述がある。

「城砦の建設」：選地、形態、濠、土台、胸壁プラーカーラ、小塔アターラカ、秘密の道、城門、橋、武器庫

「城砦都市の建設」：街路、街路幅、王宮、諸施設と居住地の配置、神殿、門、灌漑施設・聖域など、墓地、異教徒・不可触民、居住地・井戸、備蓄、軍隊

「王宮に関する規定」：選地、居間・迷宮、王宮の構成

「軍営の設置」：選地・形態・入口・濠等、王の居住区、軍営の構成、隠し井戸など

寸法については、アンギュラ（中指幅）／アスタ（肘尺）／ダンダ（尋）／ラジュ（10ダンダ）という身体寸法にもとづいた寸法体系が示されている。

また「城砦都市の建設」の章においては、バラモン、クシャトリヤ、ヴァイシャ、シュードラというヴァルナ（四姓）、すなわちカースト身分制度による住み分けが示されるなど、バラモン教、ヒンドゥー教的理念を都市空間に反映させようとする意図が明確にみられる。『アルタシャーストラ』の記述では、バラモンは北の方角に、クシャトリヤは東の方角に、ヴァイシャは南の方角に、シュードラは西の方角に住むとされている。

これらの記述にもとづき、W・カーク[*6]やP・V・ベグデ[*7]、ランガラジャン[*8]、応地利明[*9]らによって『アルタ

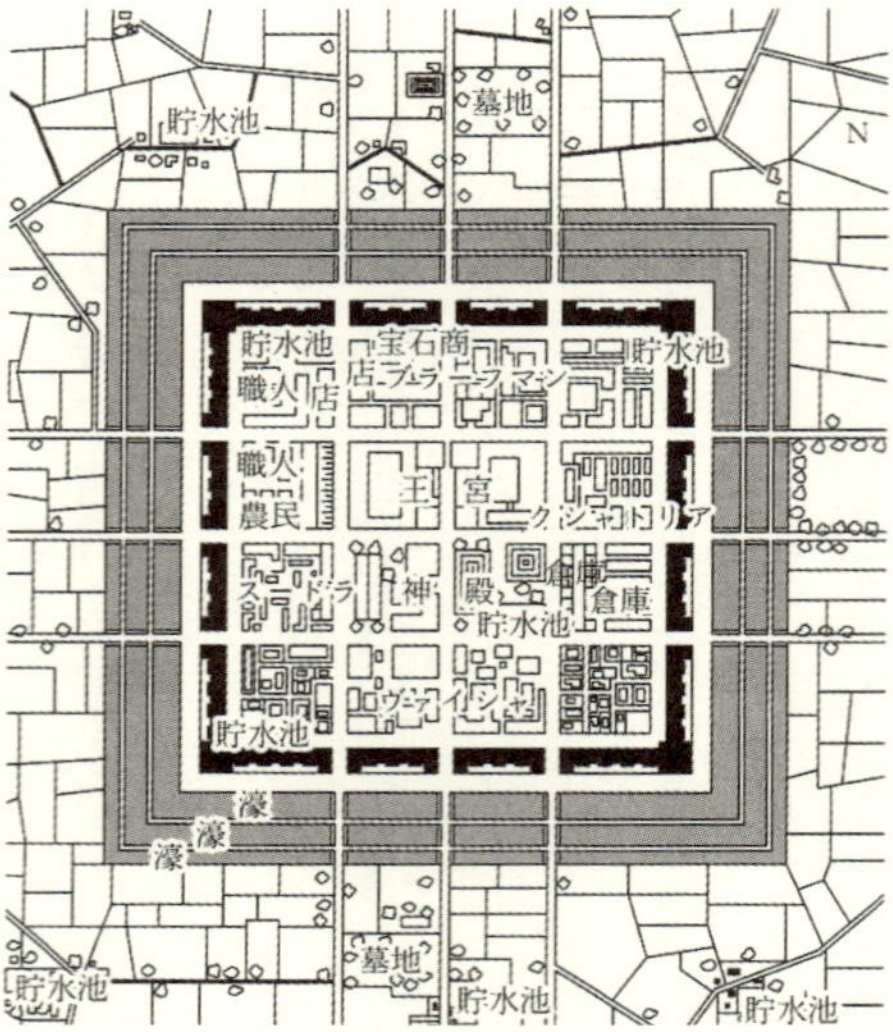

図2　W. カークによる都城復元案（布野 2006）

シャーストラ』が示す都市の具体的形態の復元案が示されている（**図2～4**）。応地案では、古代インドにおいて都城は「地上に実現された宇宙（世界）の縮図」であり、『アルタシャーストラ』の記載をもとに都城の形態と構成を復元する際にもコスモロジーとの対応という視点から出発する必要があるとする。[*10] 具体的には正方形を縦横各8等分した64ブロックに45の神々の領域を定めたマンドゥーカ・マンダラを下敷きにした復元案が提示されている。それによると、中央は神殿（寺院）区画であり、王宮は神殿区画の北東に配置される。

（3）シルパ・シャーストラ

インドには、シルパ・シャーストラ（造形芸術論）と総称される古代サンスクリット語の文献群が存在する。ヴァーストゥ・シャーストラとよばれる建築論[*11]が主たる位置を占め、南インドで編纂された『マーナサーラ』や、北インドの『サマラーンガナスートラダラー』などが有名である。成立年代は特定されていないが、紀元後5～6世紀に集大成されたと考えられている。それらの文献には、寺院、住居、王宮の設計方法や寸法体系、建築儀礼などが記され、さらに都市のレイアウトに関する記述もある。

多数のヴァーストゥ・シャーストラの中で、もっともまとまっているとされるのが『マーナサーラ』である。

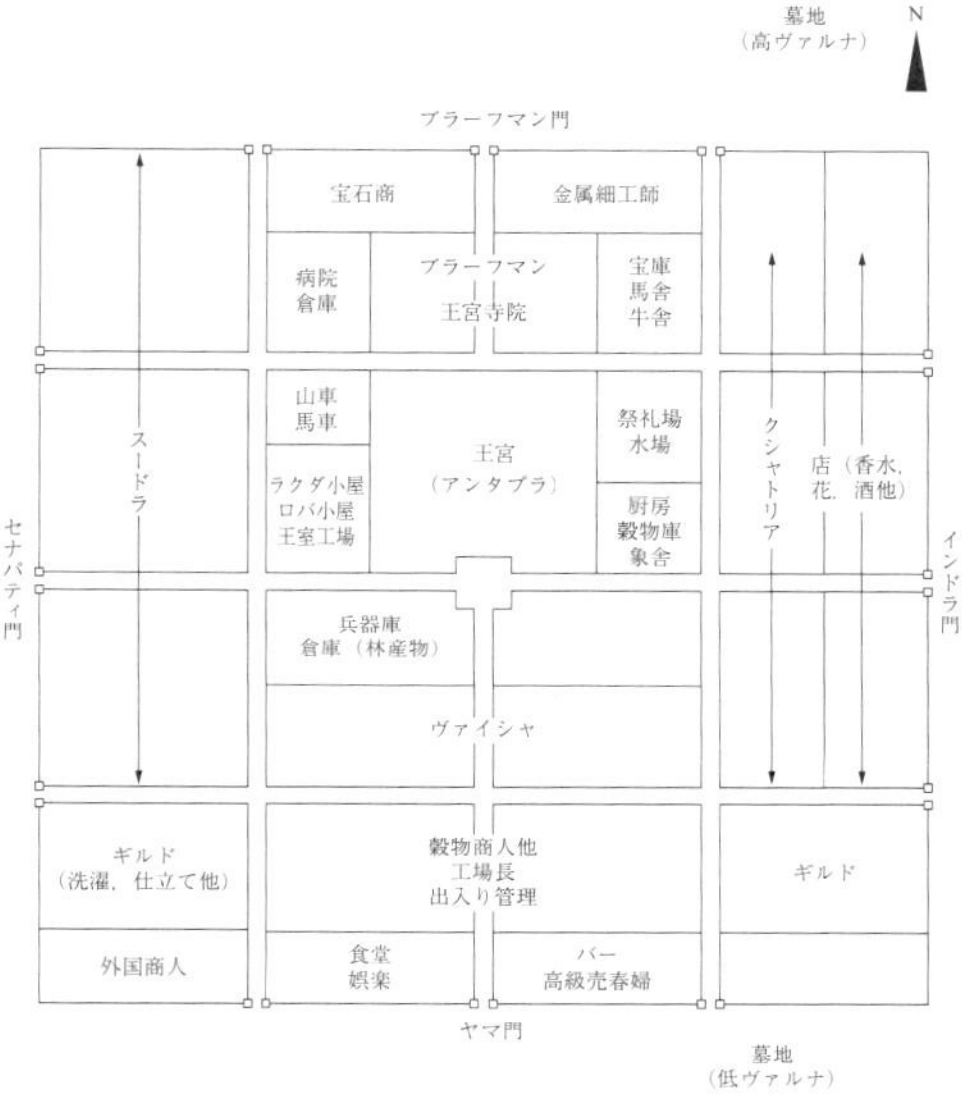

図3　ランガラジャンによる都城復元案（布野 2006）

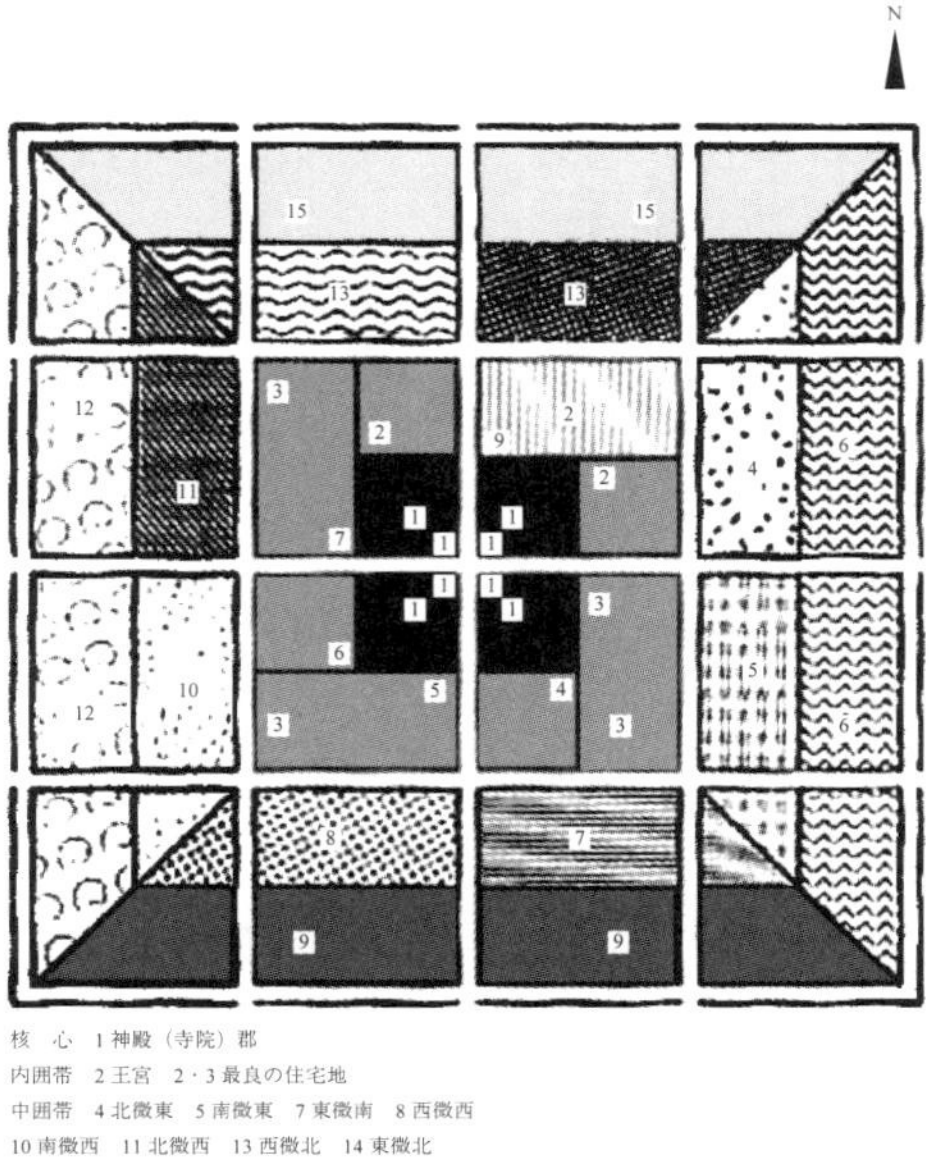

核　心　1 神殿（寺院）郡
内囲帯　2 王宮　2・3 最良の住宅地
中囲帯　4 北微東　5 南微東　7 東微南　8 西微西
10 南微西　11 北微西　13 西微北　14 東微北
外囲帯　6 北微東と南微東の彼方　9 東微南と西微南の彼方
12 南微西と北微西の彼方　15 西微北と東微北の彼方

図4　応地による都城復元案（布野 2006）

「マーナサーラ」とは「寸法の基準」を意味し、6～7世紀に南インドで編纂されたと考えられている。*12

『マーナサーラ』は70章からなり、建築家の資格と寸法体系（2章）、建築の分類（3章）、敷地の選定（4章）、土壌検査（5章）、方位棒の建立（6章）、敷地計画（7章）、供犠供物（8章）といった記述の他、村落（9章）、都市と城砦（10章）、建築各部（11～17章）、1～12階建ての各建築に関する記述（18～30章）、宮廷（31章）、寺院（32章）、その他の建築類型別記述（33～41章）、車（42章）など規模、用途別の記述、さらに家具、神像の寸法に関する記述まであり、きわめて総合的、体系的な書となっている。

『マーナサーラ』では『アルタシャーストラ』と同様、寸法体系についても詳述している。双方ともアンギユラ（中指幅）を基準単位とするが、アンギュラより小さな寸法の体系が示されることや、アスタ（肘尺）が用いられず、代わりにキシュクという単位が用いられること、また、車や住居、寺院、村落など、用途に応じて異なる基準寸法を提示し、より細かく寸法体系のバリエーションを示すことなど、違いもみられる。

建物の配置計画については、「村落（9章）」、「都市と城砦（10章）」、「寺院伽藍（32章）」、「住宅（39章）」、「王宮（40章）」の章に記述があるが、共通してマンダラの配置が用いられる。マンダラのパターンは「敷地計画（基本平面）（7章）」に記述されているが、正方形を順次分割していく32種類のパターンが提示され、この分割パターンの中に神々が配置される（**図5**）。すなわち、空間分割のパターンは、神々の布置を表すマンダラと考えられるのである。マンダラに原人プルシャを当てはめたものを「ヴァーストゥ・プルシャ・マンダラ」といい、神々の布置としての宇宙を地面に投影し、そこに小宇宙としての人体が重ね合わされる。6世紀以降のほとんどのヴァーストゥ・シャーストラや、またプラーナ聖典やアーガマとよばれる仏典にも「ヴァーストゥ・プルシャ・マンダラ」が記され、中世インドでは、寺院本殿や境内、さらに村落や都市のレイアウトに「ヴァーストゥ・プルシャ・マンダラ」が用いられたと考えられている。そこには、土地をカオス（無秩序）からコスモス（秩序）に転化し、建築物、村落、都市の安寧を願うという意味が込められている。さらにそれは、建

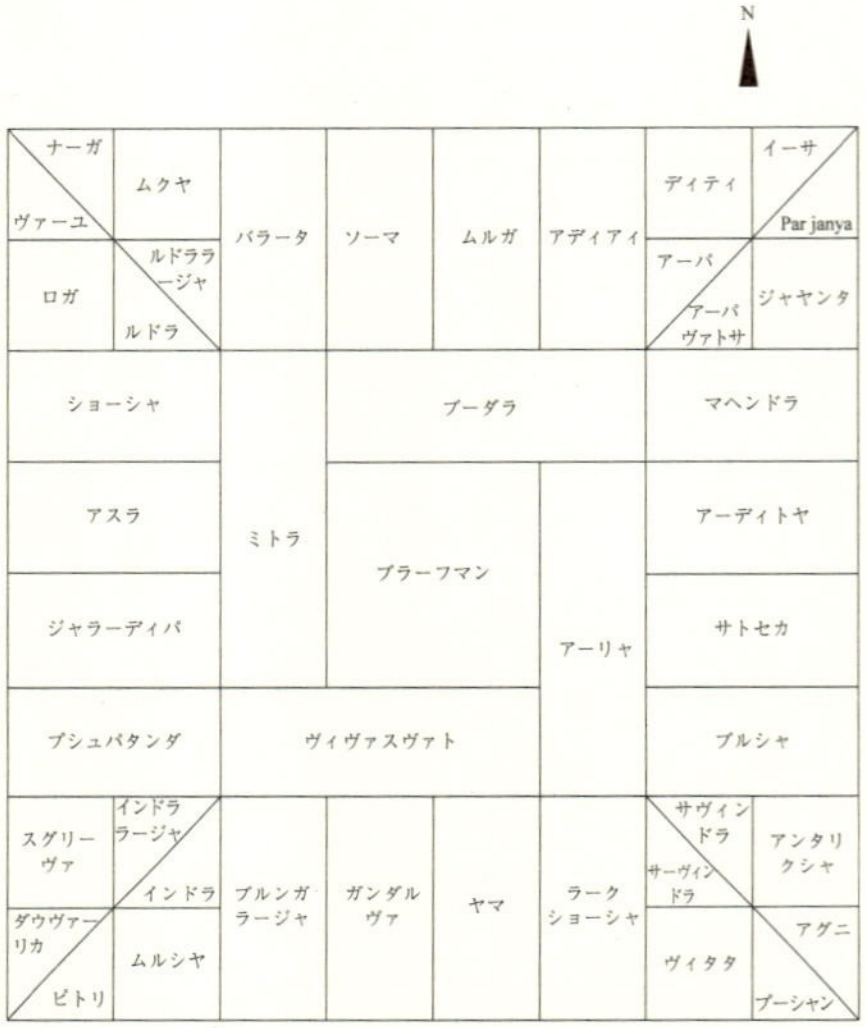

図5　『マーナサーラ』にみられる神々の配置
（布野 2006）

築物、村落、都市の空間が大宇宙の縮図であるということを表しており、マンダラという図式を介して、入れ子的構造の中に、宇宙的秩序が表わされているのである。

前記のような分割パターンをもとに、「村落（9章）」では、ダンダカ、サルヴァトバドラ、ナンディヤーヴァルタ、パドマ、スワスティカ、プラスタラ、カールムカ、チャトゥルームカとよばれる、村落形態の八つの類型が示される。また、「都市と城砦（10章）」では、ラージャダーニ・ナガ

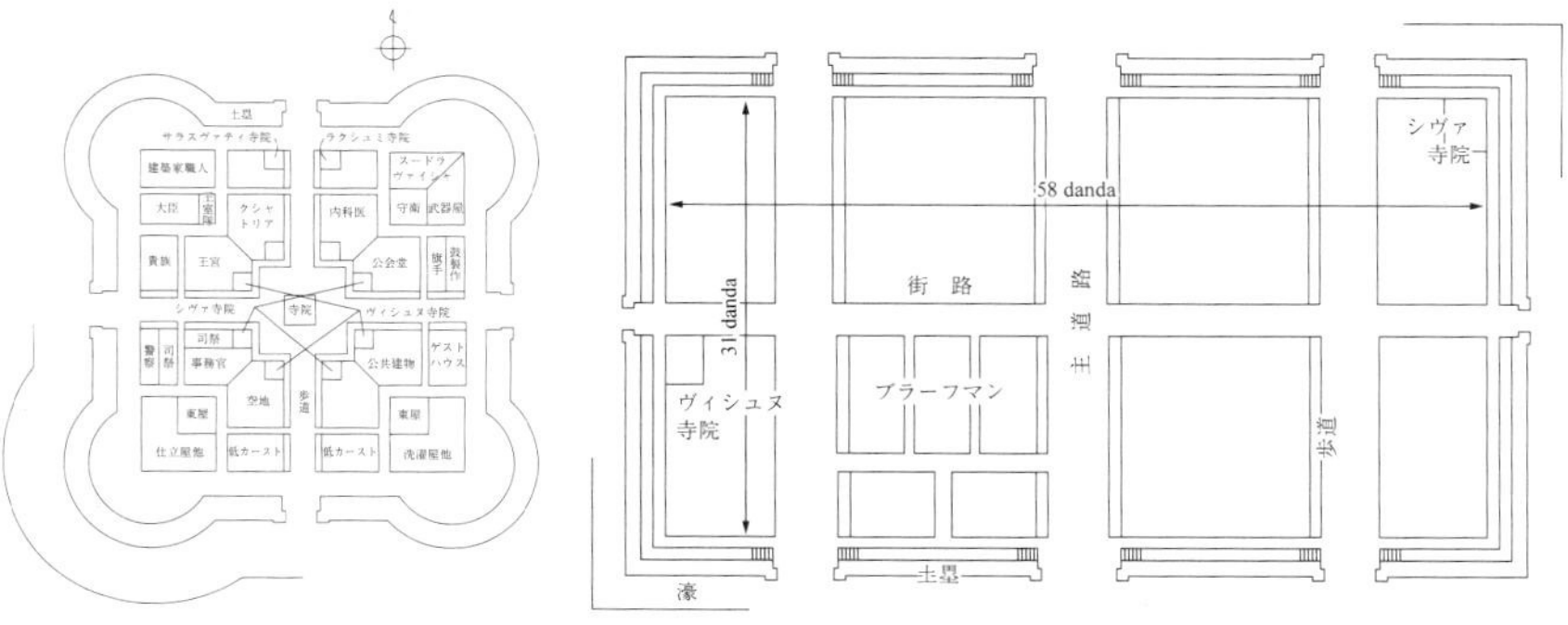

パドマ　　ダンダカ

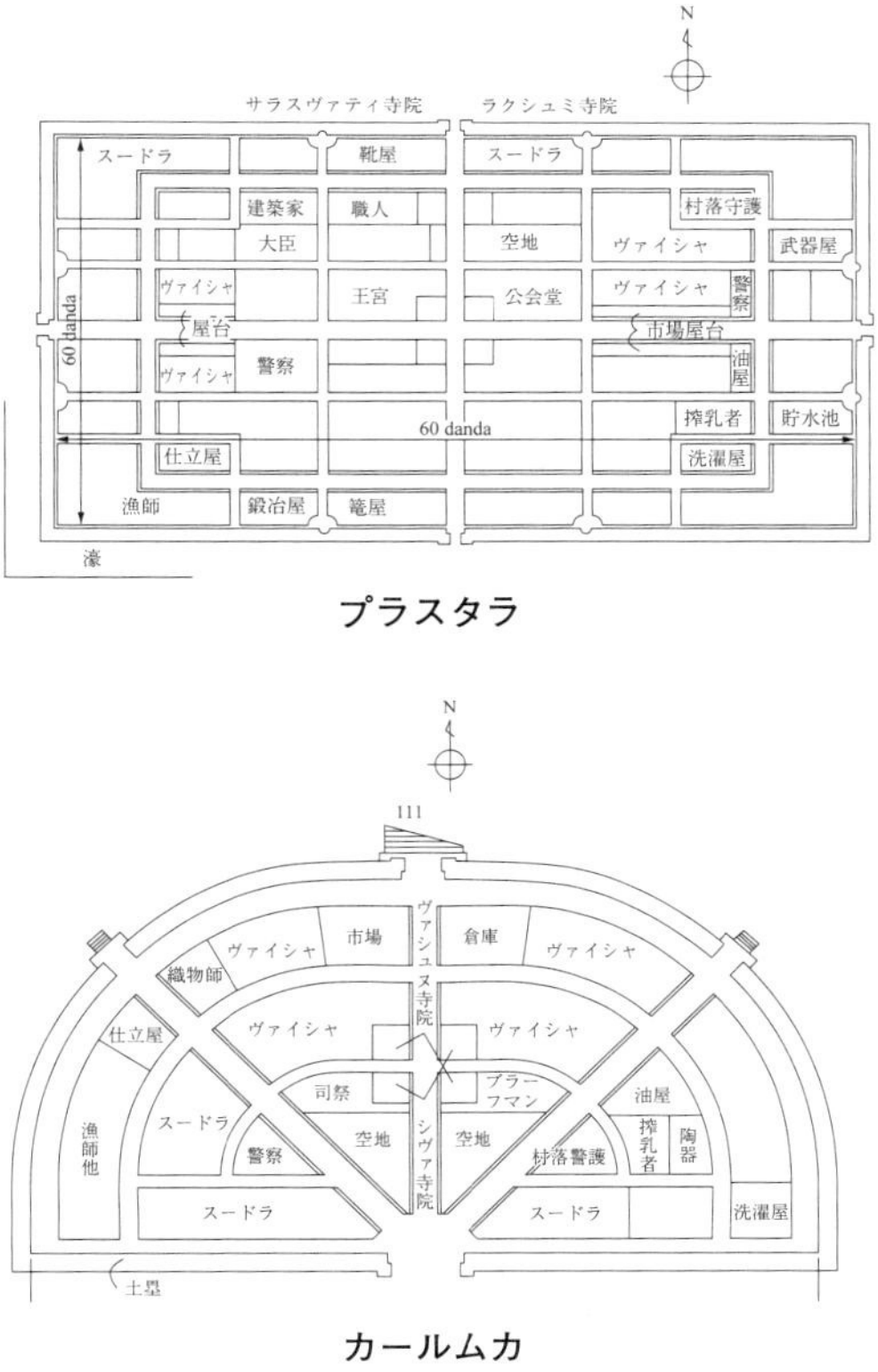

プラスタラ

カールムカ

図6　『マーナサーラ』の村落パターン（布野 2006）

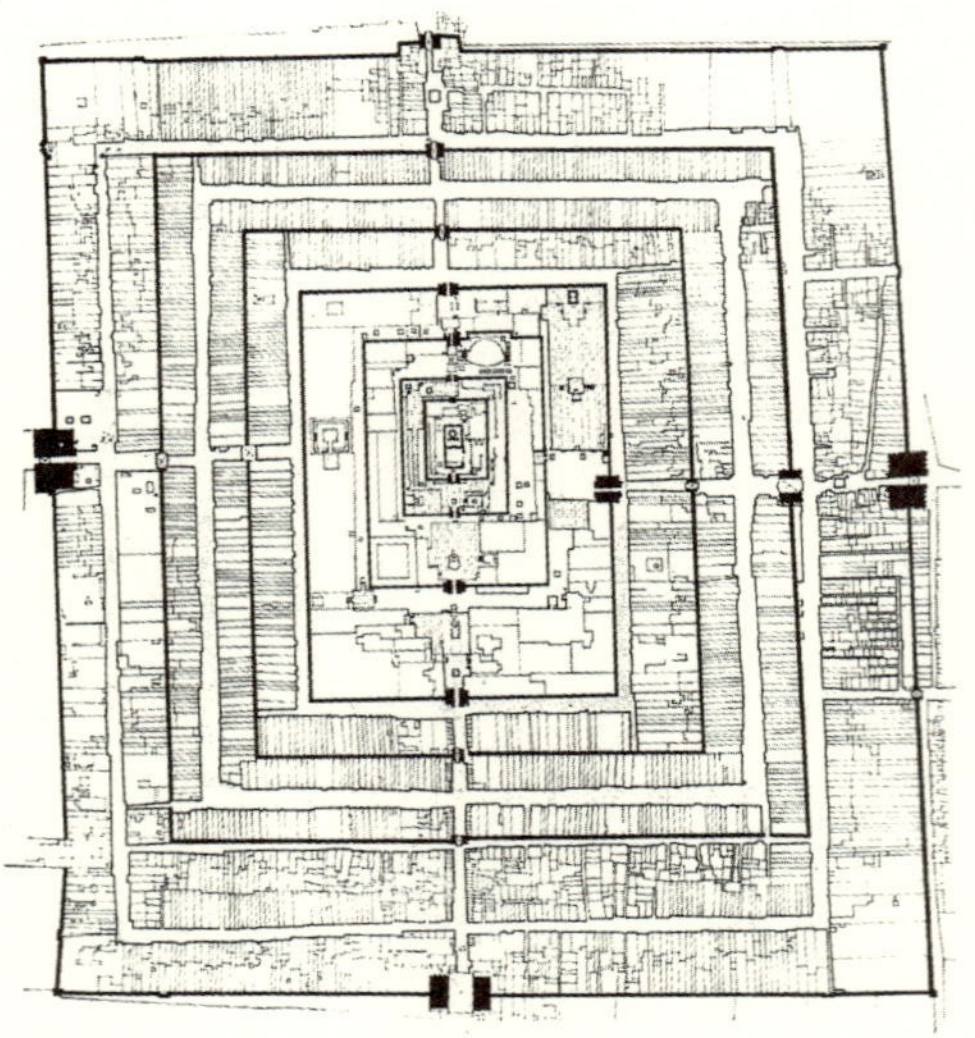

図7　シュリーランガム（布野 2006）

ラ、ケヴァラ・ナガラ、プラ、ナガリ、ケタ、カルヴァタ、クブジャカ、パタナとよばれる八つの都市の類型が示されている。こちらは形態というより都市の役割などの特性による類型となっている。

これらの類型ごとの記述を分析したラーム・ラーズ[*13]やベグデ[*14]、アチャルヤ[*15]などによって、それぞれの具体的形態パターンが提示されている（**図6**）。

（4）ヒンドゥー理念と都市プラン

このように、古代インドにおいては、コスモロジーを下敷きとして、都市の構成が理念化され具体的モデルが示された。しかし、それを忠実に再現した都市は、インドにおいて必ずしもみられない。

注目される例としては、南インドの寺院都市がある。タミル・ナードゥ地方には、大規模なヒンドゥー寺院を中心として、同心方格状の構造をもつ寺院都市が存在する。なかでもシュリーランガムのランガナータ寺院は、その規模の大きさで際立っている（**図7**）。シュリーランガムは3世紀頃から遅くとも7世紀頃以前にはすでに存在していたと考えられているが、史料としては10世紀のものがもっとも古い。14世紀に一時ムスリムに占領されるが、ヴィジャヤナガル朝によって15～16世紀に寺院が再興され、現在の形態をとるようになった。

シュリーランガムは、プラーカーラとよばれる囲壁が同心方格状に7重にめぐる、非常に整然とした構造をもつ。『マーナサーラ』における村落類型にあるナンディヤーヴァルタあるいはサルヴァトバドラ、また『マヤマタ』[*16]における関連項目が、中央の神域を同心方格状に囲む構成をとり、関連性が考えられる。しかし、『アルタシャーストラ』、『マーナサーラ』、『マヤマタ』などの村落モデル、都市モデルの記述にはプラーカーラの記述はない。つまりシュリーランガムは、必ずしも『マーナサーラ』や『マヤマタ』で類型化されたモデルにもとづいて計画されたのではなく、寺院の伽藍が拡大し、内部に居住区画をもつようになったものと考えられる。ただ、寺院の設計も、村落や都市の計画も、ヴァーストゥ・プルシャ・マンダラにもとづいておこなわれる点は同じであり、プラーカーラは空間分割をより明確化する意味があると考えられる。また、『アルタシャーストラ』では、四姓の住み分けが理念的に示されていたが、シュリーランガムにおいても、ジャーティー[*17]による住み分けが今日でもみられる。ただ、ジャーティーの分布については、各ヴァーストゥ・シャーストラで必ずしも一致しておらず、シュリーランガムと都市モデルとの関係ははっきりしない。また、シュリーランガムでは南東にあったとされる王宮の位置についても、東北にあるとする『アルタシャーストラ』や、西、あるいは北東、北西にあるとする『マーナサーラ』のナンディヤーヴァルタ、西にあるとするサルヴァトバドラの記述とは合っていない。ヴィジャヤナガル時代に、より密接に都市生活とかかわるようになった寺院が、プラーカーラやゴープラ[*18]をともなって拡大するようになり、寺院の副次的機能が拡大することによって、さらに都市的機能が充実され、その連鎖によって寺院が都市化したというのがシュリーランガムの発展過程だと考えられている。

同じタミル・ナードゥ地方にあるマドゥライも、ミーナクシー寺院を中心とした、同心方格状の都市構造をもつ（**図8**）。しかしマドゥライは、シュリーランガムのような発展過程とは異なり、都市全体があらかじめ計画され、建設されたと考えられている。

古代から14世紀までのパーンディヤ王国時代の建築遺構や都市図は残っていないが、1～3世紀に成立したとされる現存最古のタミル文学であるシャンガム文学やプラーナ文献に、マドゥライの都市に関する記述がみられる。それらによると、マドゥライはシルパ・シャーストラの教義に厳格にもとづいて建設されたという。*19

14世紀にはイスラーム勢力が南インドに侵入し、マドゥライもミーナクシー寺院の一部を除いて大きく破壊されてしまう。その後、現在に続くマドゥライの都市形態の骨格が形成されたのは、16世紀から18世紀のナー

図8　マドゥライ（布野 2006）

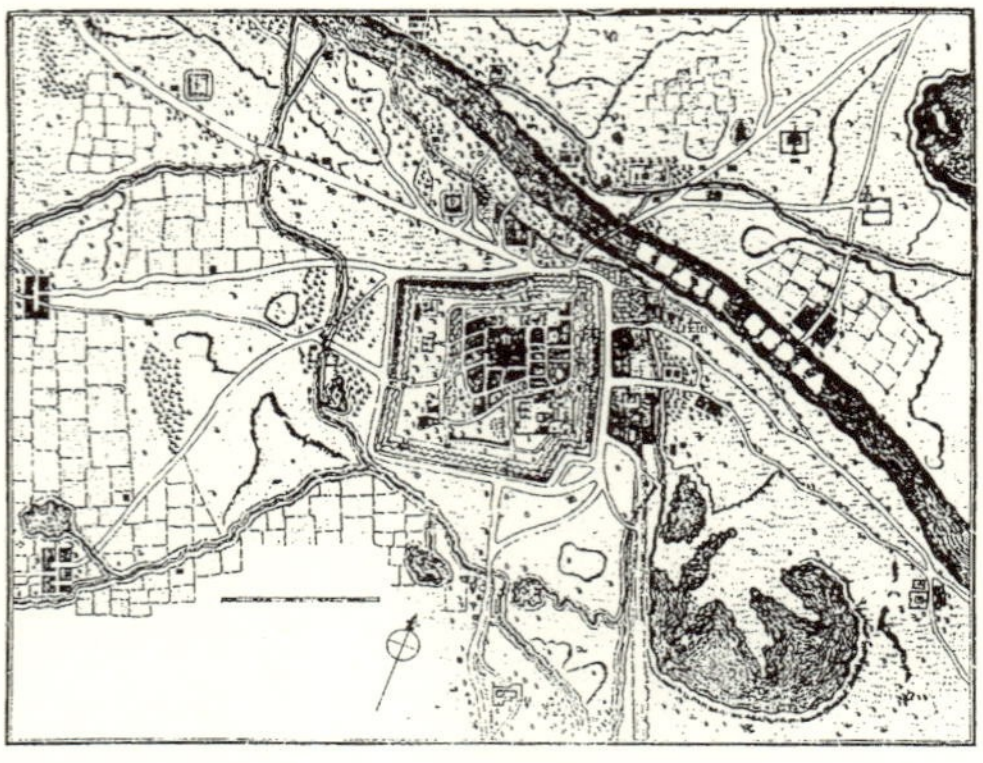

図9　マドゥライ古地図（1757）（布野 2006）

ヤカ朝時代であり、初代のヴィシュワナータ・ナーヤカ（在位１５５９〜６３）によって、パーンディヤ王国時代の古い城壁が壊され、より大きな2重の城壁が建設される。そしてミーナクシー寺院を囲む同心方格状の4重の街路（アディ通り、チトレイ通り、アヴァニ・ムーラ通り、マシ通り）がつくられる。これらの通り名は、タミル暦の月の名に由来し、祭礼時にはこれらの通りを山車が巡行する。ヴィシュワナータはシルパ・シャーストラにもとづいてそれらの建設をおこなったとされる。[*20] ナーヤカ朝の最盛期を治めたティルマライ・ナーヤカ（在位１６２３〜５９）は、ミーナクシー寺院を拡大しもっとも内側の方格囲帯状街路であるアディ通りを寺院内に取り込み、寺院の南東に巨大な宮殿を建設した（**図9**）。19世紀になると、マドゥライは英国の支配下に入り、都市壁と濠が撤去され、その跡にヴェリ通り（タミル語で「外側」の意）が整備されるが、旧城壁内はナーヤカ朝期に形成された都市形態から大きく変化はしなかった。[*21]

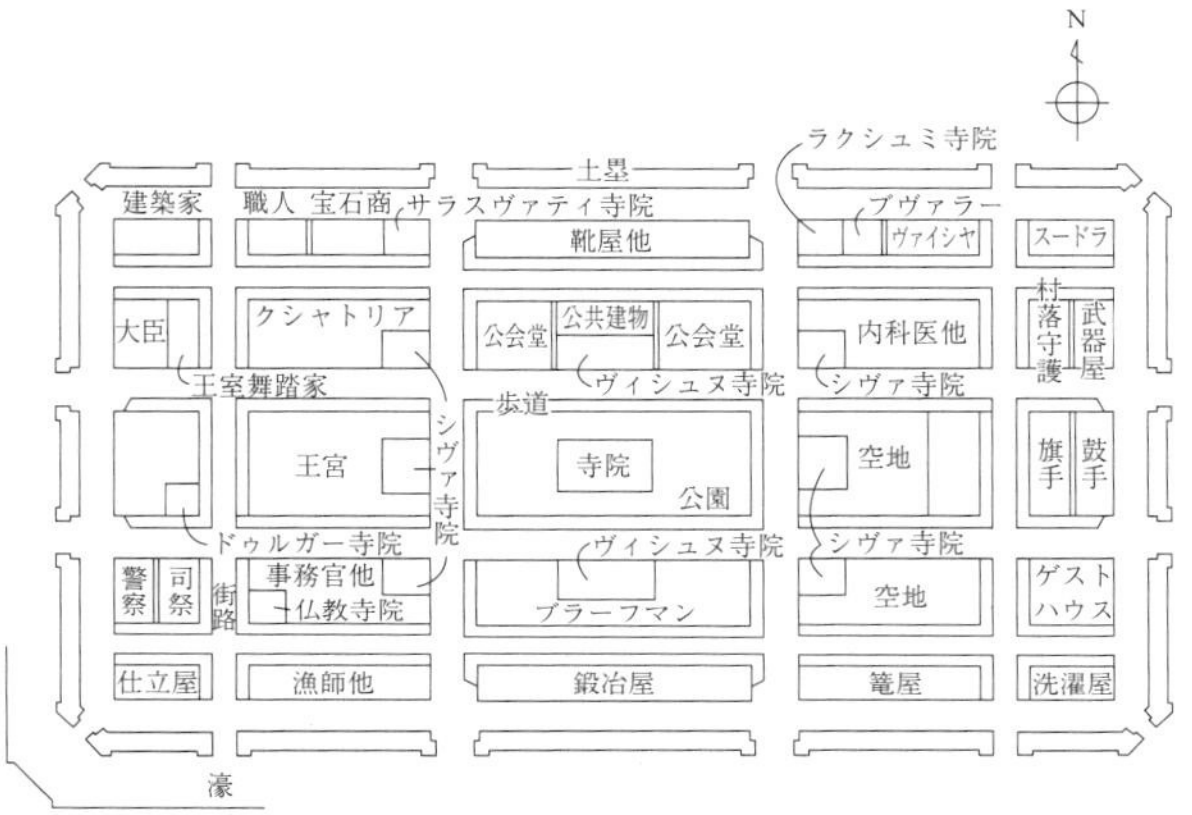

図10　ナンディヤーヴァルタ（布野 2006）

　マドゥライは、都市建設の当初からその後の発展においても、ヒンドゥー理念にもとづいて都市プランの計画がなされたと考えられ、現在も「生きた都市」として存続する希有な例である。しかし、その形態的モデルが具体的に何であったのかは明らかでない。シュリーランガムと同様、同心方格状囲帯の構造をもつことから、中心にブラーフマン（梵）区画をもち、その周囲をダイヴァカ（神々）

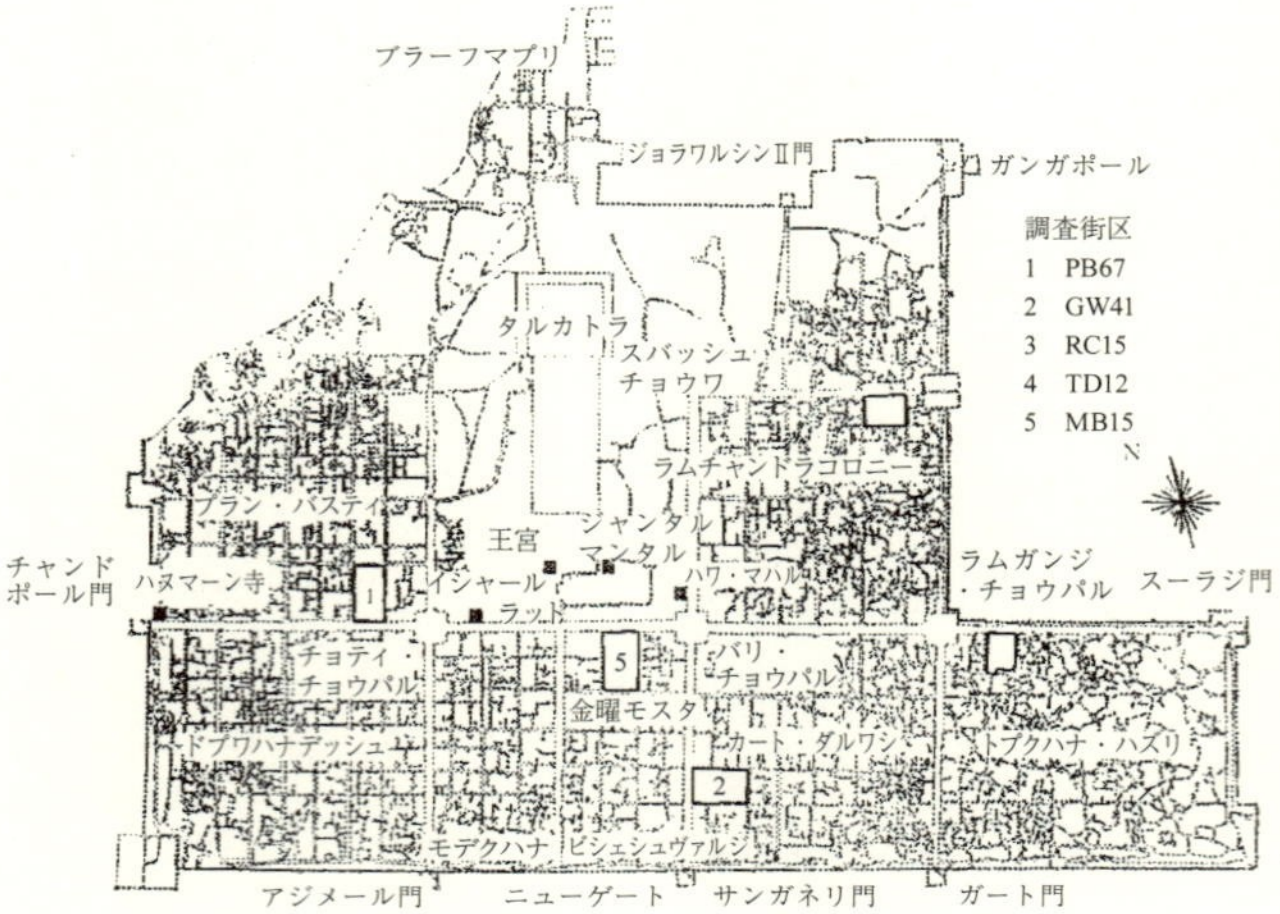

図11　ジャイプル（布野 2006）

の区画、マヌーシャ（人間）の区画、パイーサチャ（鬼神）の区画が同心方格状に囲む、『マーナサーラ』におけるナンディヤーヴァルタとの関連性も指摘されている[*22]（**図10**）。

北インドのラージャスタンに位置するジャイプルは、シュリーランガムやマドゥライとは異なり、18世紀に新たに計画、建設された都市である（**図11**）。整然としたグリッド・パターンの都市形態は、北インドにおいては他に例をみないものであり、その計画理念については多くの議論が重ねられてきた。[*23]紙幅の都合から詳述はさけるが、特定の形態的モデルがそのまま都市プランに採用されたわけではないが、ジャイプルもヒンドゥーの都市理念にもとづく計画がおこなわれたと考えられる、数少ない例である。

前述のように、ヒンドゥーの都市理念の具体的モデルをそのまま再現した都市は、インドにおいて必ずしもみられない。むしろアンコール・トムなど、インド文明圏の周縁部において、より明快に理念型を表現した都市が現れるとされる。ヒンドゥー都市の空間理念は、歴史的変遷、地理的条件、王権との関係など、さまざまな条件により、モデルそのままの形態ではなく、変容されつつ都市プランの基本的構造をかたちづくっているといえる。

3　インドにおけるイスラーム都市

(1) イスラーム勢力のインド進出と都市建設

11世紀初頭、アフガニスタンのガズナを拠点としたガズナ朝[*24]の第7代王マフムード（在位998～1030）はインド遠征を開始し、イスラーム勢力の本格的なインド進出が始まる。[*25]ガズナ朝を倒したゴール朝のシハーブッディーン・ムハンマド（在位1203～06）は、1191年に北西インドへの侵攻を開始し、ヒンドゥー・ラージプート族の連合軍を破り、デリー、ヴァーラーナシーを陥落させた後さらに東進し、ビハール、ベンガル地方を含む北インド一帯を支配下に治めることとなる。ムハンマドに仕えインド遠征軍を率いていた将軍クトゥブッディーン・アイバクは、ムハンマドが1206年に暗殺されると、自らスルタンを称し、デリーを拠点とし独立する。これがインドを本拠地とした史上初のイスラーム政権であり、アイバク以降の後継者たちがみなトルコ系の宮廷奴隷出身者あるいはその子孫であったことから、奴隷王朝（1206～90）とよばれる。

その後ムガル朝が成立する16世紀はじめまで、北インドにはトルコ系のハルジー朝（1290～1320）、トゥグルク朝（1320～1413）、アラブ系のサイイド朝（1414～51）、アフガン系のローディー朝（1451～1526）が続いた。それらはすべてデリーを拠点とし、王たちはみなスルタンの称号を名のったため、奴隷王朝以降ムガル朝までのイスラーム諸王朝はデリー・サルタナット（デリー・スルタン朝）とよばれる。

デリー・サルタナット初期には、ラージプート族が築いたラール・コート（「赤い城」の意）、さらにそれを拡張したラーイー・ピタウラー城がそのままイスラーム勢力の拠点として改修されて使用され、クトゥブ・ミナールなど後世に残るイスラーム建築が建設される。ハルジー朝第2代スルタン、アラーウッディーン・ハルジー（在位1296～1316）によって、ムスリム勢力によるデリーにおける最初の都市シーリーが築かれ、その後デリーにはトゥグルク朝創始者ギヤースッディーン・トゥグルク（在位1320～25）によるトゥグルカーバード、2代ムハンマド・ビン・トゥグルク（在位1325～51）によるジャハーンパナー、フィーローズ・シャー（在位1351～88）によるフィーローザーバードが建設される。この間、ムハンマド・ビン・トゥグルクはインドの大部分を支配下に治め、デリーからデカン地方のデーヴァギリに遷都し、名前をダウラターバード（「富裕の都」の意）と変え、新たな城市の建設もおこなっている。[*26]

ラール・コート、キラー・ラーイー・ピタウラー→シーリー→トゥグルカーバード→ジャハーンパナー→フィーローザーバードと変遷する諸王朝のデリーにおける拠点は、デリー三角地の底辺を移動し、頂点に向かって北上することになる。王都の立地には治水、利水が大きくかかわっていた。北部への遷都、すなわちフィーローザーバードの建設は、新たな都市のかたちの模索であった。

(2) ムガル都市

1526年、ムガル朝がインドの支配者となった。バーブル（在位1526～30）はスルタンではなくバードシャー（皇帝）を称し、ムガル帝国の首都をアーグラーに定めた。息子で後継者のフマユーン（在位1530～40、1555～56）はデリーにディン・パナーとよばれる新都を建設する。フマユーンは古代の都インドラプラスタの地を新都の建設地として選び、1538年には城壁と門を備えた城砦が完成した。1556年にフマユーンは死去し、王妃ハミーダ・バーヌーにより9年の歳月をかけて1565年に完成したフマユーン廟は、ムガル建築の幕開けを飾る記念碑的な建築である。

3代アクバル帝（在位1556～1605）、4代ジャハーンギール帝（在位1605～1627）時代には、アーグラー、ファテープル・シークリー、ラーホールとたびたび首都が遷され、それぞれの地に新都が建設された。さらに1628年にシャー・ジャハーン（在位1628～58）が5代皇帝に就くと、1639年、デリー三角地の北端に新都シャージャハーナーバードが建設される。また、アクバルによって1573年に征服され、以降ムガル朝の総督によって治められたグジャラート地方のアフマダーバードは、15世紀にデリー・サルタナットから独立した地方政権であるアフマド・シャーヒー朝のアフマド・シャー（在位1411～42）が建設した都市であるが、ムガル朝時代に市街地の発展をみた。

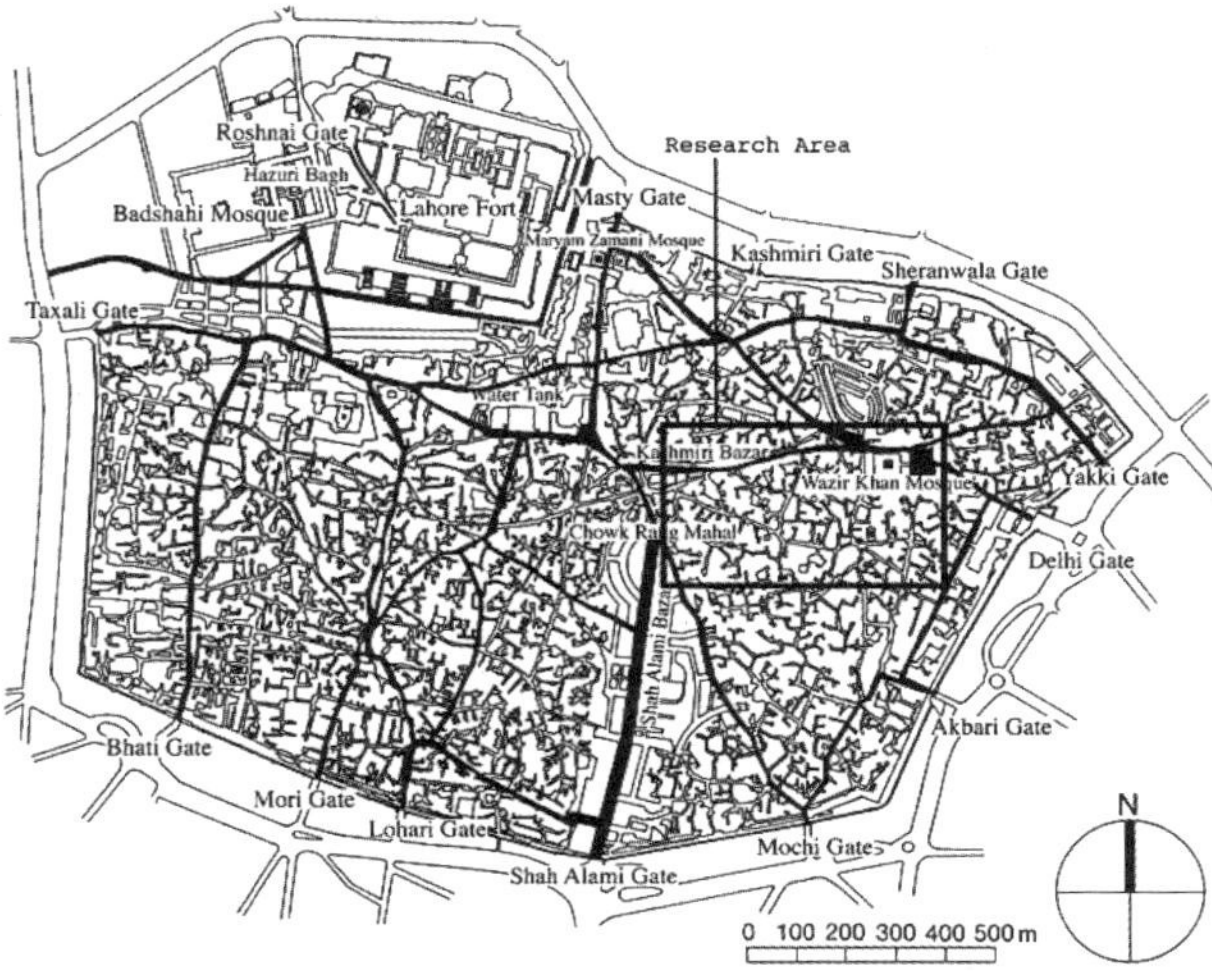

図12　ラーホール（布野・山根2008）

　ムガル朝時代に建設、発展したこれらの都市は、現在にいたるそれぞれの都市の骨格を形成し、今でも都市の中核を構成している。それはイスラーム勢力のインドにおける土着化および都市形成の到達点と完成形を示すものであり、そうした意味で、それらの諸都市を「ムガル都市」という位置づけでよぶことが可能であろう。[*27] ここでは、ラーホール（**図12**）、アフマダーバード（**図13**）、デリー（シャージャハーナーバード）（**図14**）に着目し、その都市空間構成についてみてみたい。

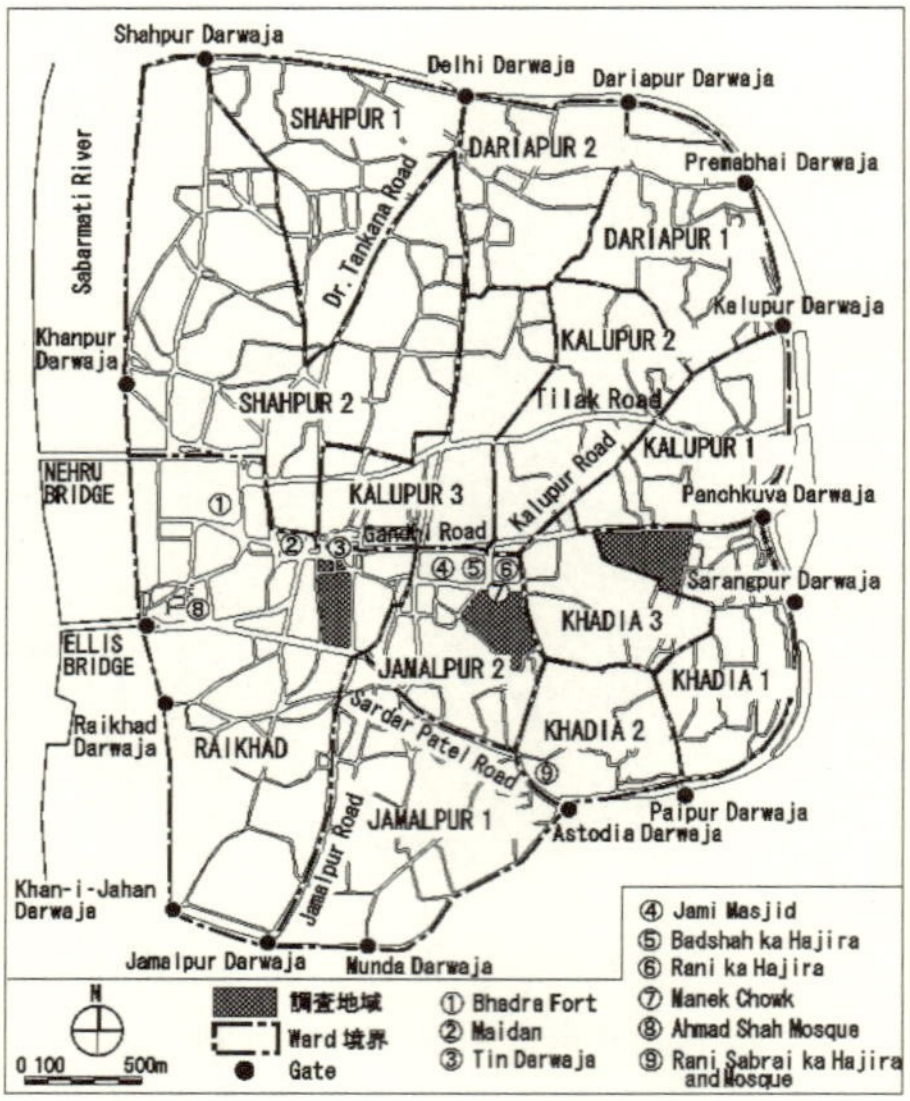

図13　アフマダーバード（布野・山根 2008）

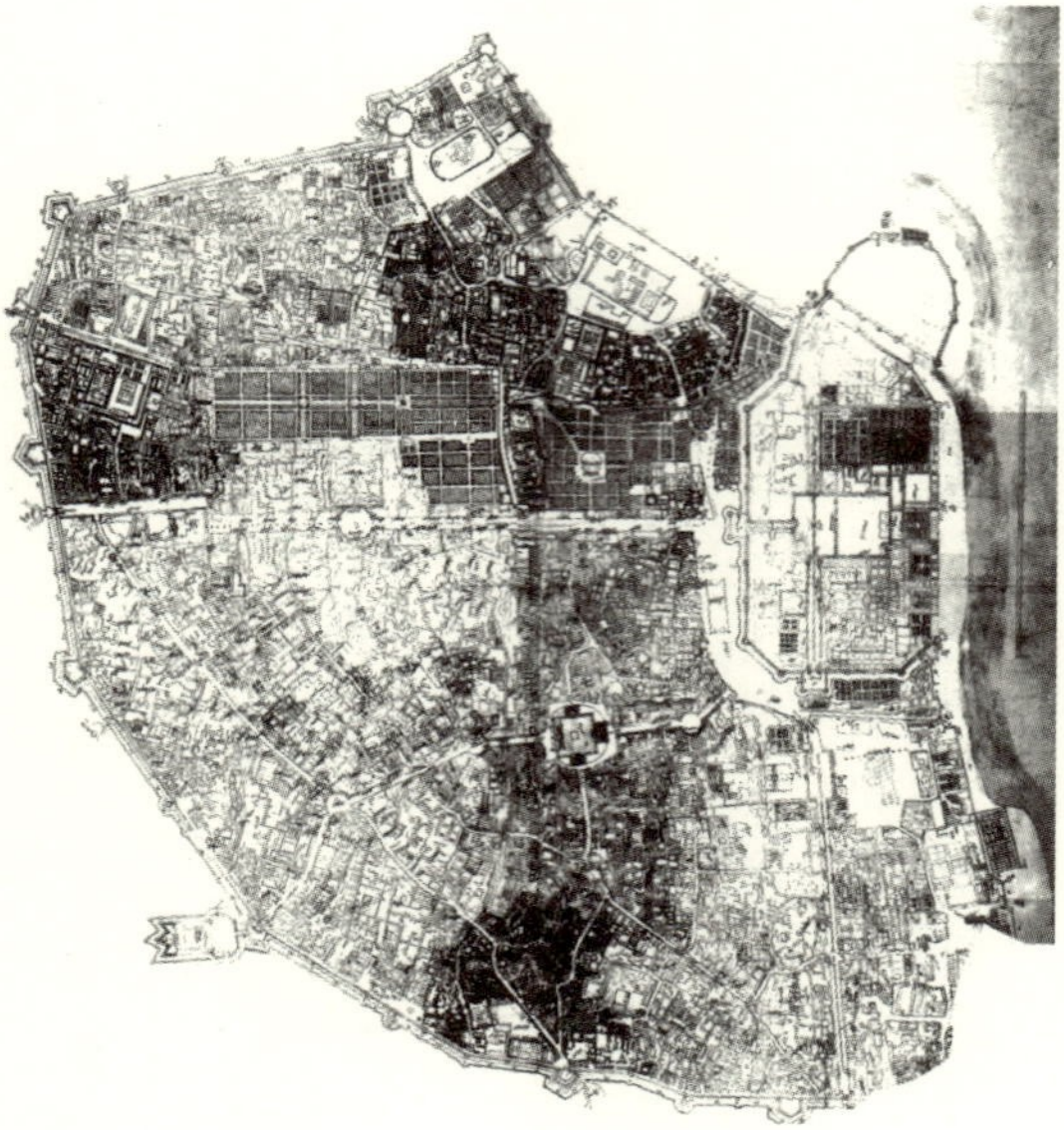

図14　19世紀半ばのシャージャハーナーバード
（British Library、OIOC X/1659）

(3) ムガル都市の都市プラン

ラーホール、アフマダーバード、デリーでは、いずれも都市形成において、支配者により主要な骨格やインフラが整備され、都市住民によって市街地の居住空間が形成されるというプロセスがとられた。王宮や市壁、大モスク(金曜モスク、集会モスク)、大バザールといった、都市の核となる主要な施設や街路を支配階層が建設し、市街地の形成はその後の発展にゆだねるというプロセスは、他のイスラーム圏の都市建設においてもみられ、アラブ圏の都市形成プロセスとも共通する。[*28]

都市プランの計画理念については、アフマダーバード、デリーの都市形態に関して、いずれも川に面し、半円形に近い形態であることから、古代インドの建築書『マーナサーラ』に示されたカールムカのモデルとの関連を指摘する説がある。都市建設の記録は残っておらず、建設を指揮したのがムスリムであること、[*29]都市形態を決定する市壁は、市街地の形成にともない都市建設開始よりかなり遅れて建設されたことなど、疑問も多い。しかし、都市の境界を示す市門は早い段階で建設されていたこともあり、都市形態はあらかじめ決められていたとも考えられる。イスラーム圏においては、理想的な都市形態を記した理念書は存在しないとされるが、イスラーム勢力による都市建設において、インド古来の理想的都市プランが採用された可能性があるとする指摘はきわめて興味深い。

(4) ムガル都市の街区空間構成

都市内部は迷路のような複雑な街路体系となっているが、街区レベルの空間構成に目を移すと、ラーホール

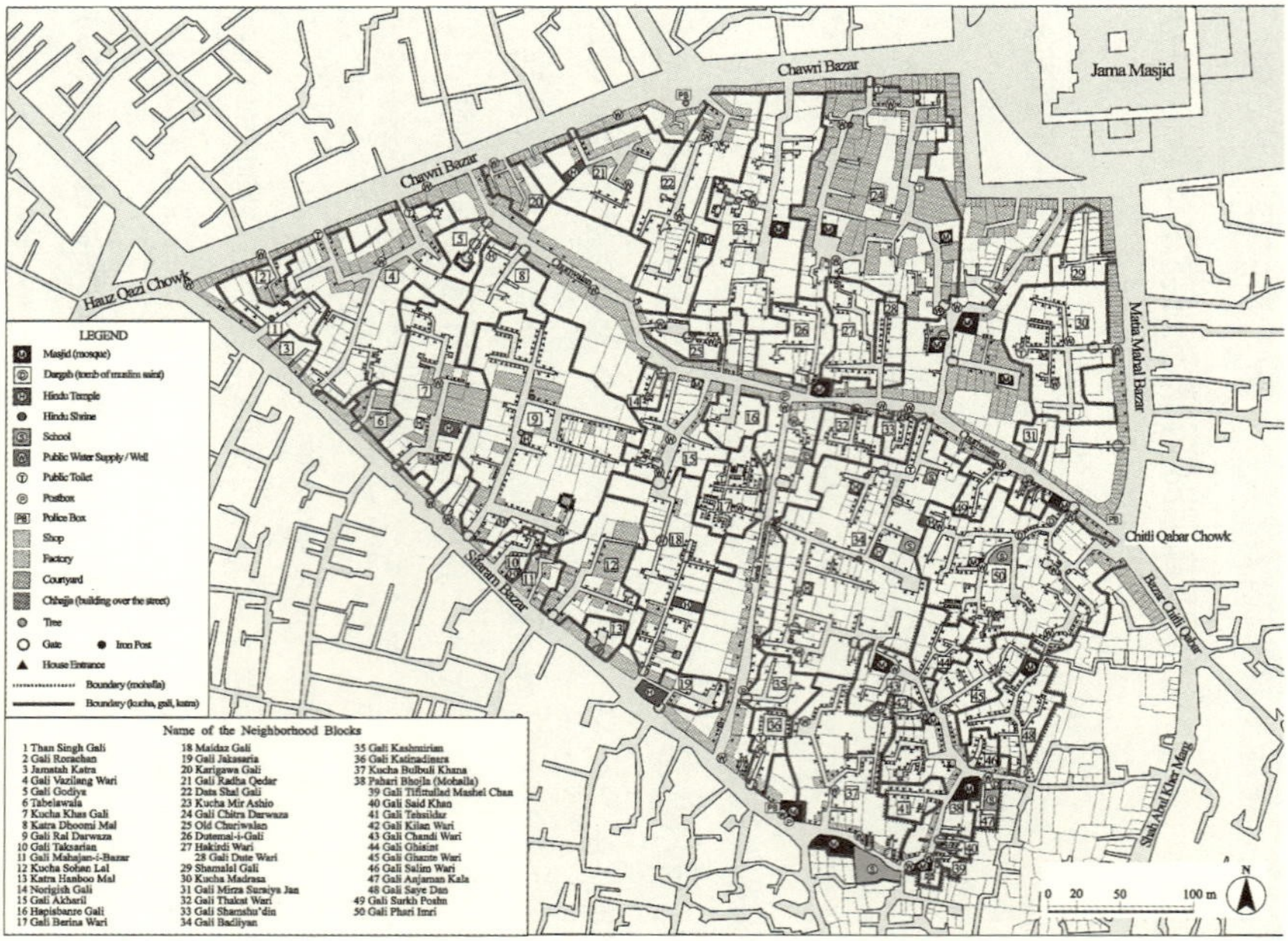

図 15　オールドデリーの街区空間構成（布野・山根 2008）

やデリーにおいては、モハッラ、クーチャ、ガリ、カトラとよばれる街区の単位がみられ、アフマダーバードでも、ポル、カンチョー、カドゥキ、ガリ、ワド、モハッラなどの街区の単位がみられる（**図15、16**）。

共通するのは、いずれも路地を基本的な単位として街区空間が構成されることである。クーチャ

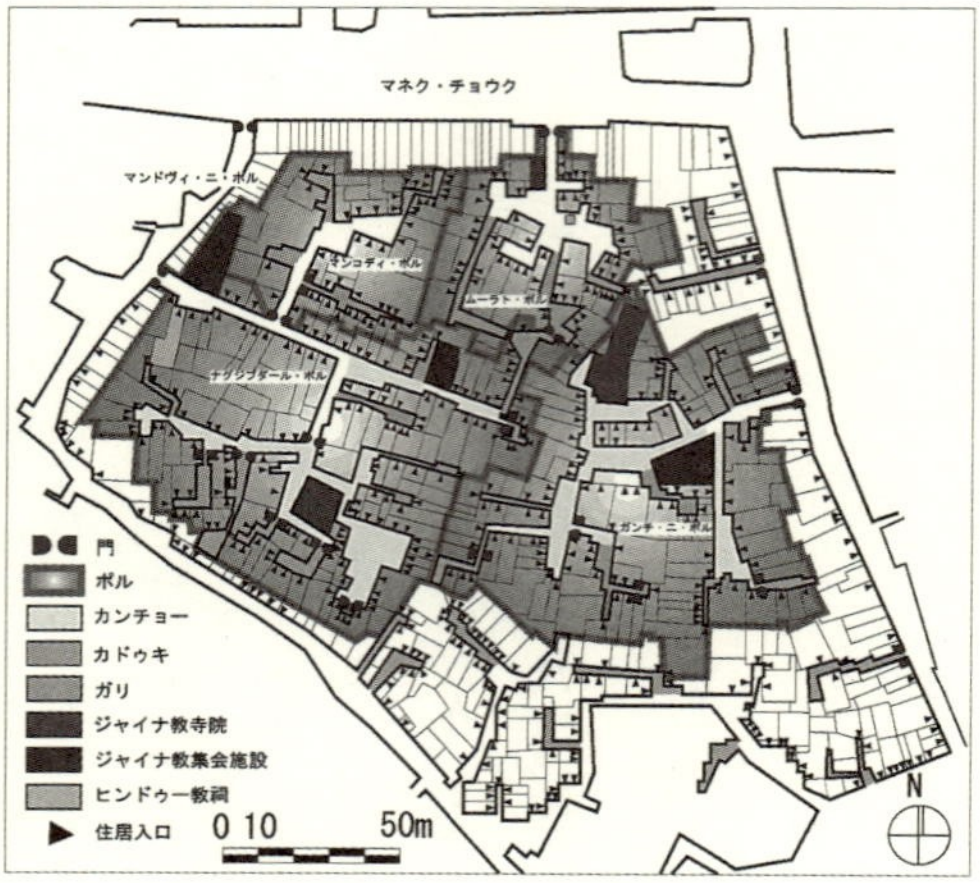

図 16　アフマダーバードの街区空間構成
（布野・山根 2008）

やガリとは文字どおり路地という意味である。アフマダーバードの基本的な街区単位であるポルは、門で区切られた街路範囲を指す。これらの街区構成は、都市の街路体系に対応するものである。複雑にみえる市街地の街路体系にも、①市門や主要都市施設に通じるバザールなどの幹線街路＞②幹線街路から分岐する通過街路＞③街区ブロック内の路地や袋小路、という階層的構造があり、もっとも下位の路地をベースとして、集住単位としての街区空間が構成されるのである。

ラーホールやデリーではクーチャ、ガリ、カトラが、アフマダーバードではポルが、もっとも基本的な街区単位であり、それぞれ固有の名称をもつ。さらに、ラーホール、デリーでは、いくつかのクーチャやガリを含むより大きな範囲でモハッラという街区が構成される。一方アフマダーバードでは、ポルの内部がカンチョー、カドゥキ、ガリへと細分化されるとともに、ポルを複数含む大規模なポルも存在し、街区空間はより階層的に構成される。アフマダーバードの街区の階層性は、宗教別の居住区ごとに程度が異なる。ジャイナ教徒居住区では基本的にポル＞カンチョー＞カドゥキ・ガリという3段階の構造をとり、ヒンドゥー教徒居住区ではポル＞カンチョー・カドゥキ・ガリという2段階の構成となる。またムスリム居住区の基本的街区であるモハッラでは内部にあまり階層性はみられない。

街区の空間形態は、路地をベースにするという点では、いずれの都市においても基本的に同様のパターンである。街区の境界となる路地の分岐点に、門や門状の街路上建築が設けられる場合が多い。分岐点は狭く、内部に路地の幅が広くなった広場的空間が形成されることが多い。カトラとはもともと中庭状の広場を囲む居住区のことであり、アフマダーバードのカンチョーとは、もともと路地内の広場を指す言葉である。伝統的に街区内に広場的空間をもつ思想があると考えられる。また、街区の規模は、各街区によりまちまちで、特定の傾向はみられない。

街区内には、モスク、ダルガー（聖者廟）、寺院、祠といった宗教施設や、水場（井戸、水道）などの施設が設けられる。ムスリム居住区においては、街区に一つはモスクが設けられるのが一般的であり、水場やトイレがモスクに併設される。モスクが児童の学校として使われる場合も多い。街区内のモスクは、礼拝の場としてだけでなく、給水、衛生、教育、休憩の機能も備えた総合的な公共施設として位置づけられる。ジャイナ教徒の居住区においても、街区ごとに寺院や集会施設が設けられる。

(5) 街区空間の形成プロセスと重層的構成原理

市街地の形成においては、貴族や軍人、官僚、豪商らによって建設された宮殿や邸宅（ハヴェリ）を核として居住区が形成された場合や、宗教やカースト、同業者等のコミュニティによる集住によって住区が形成された場合などがあった。宮殿やハヴェリがしだいに細分化され、クーチャやガリへと変容していくプロセスもあった。

チェノイらによれば、シャージャハーナーバードにおいて、シャリーア（イスラーム法）の規定や、イスラーム世界に特有のワクフという寄進制度が、他のイスラーム圏と同様、社会的、制度的ガイドラインとして、市街地の空間形成において有効に機能したことが指摘されている。*30

一方、多くの街区において宗教やカーストによる住み分けがみられ、これは街区の形成においてヒンドゥー的な構成原理があったことを示しており、市街地の形成プロセスにイスラーム的な構成原理とインド固有の構成原理が重層的に働いていたことが考えられるのである。

4 インド洋海域世界と港市

(1) インド洋海域世界

東アフリカから東南アジア、さらには日本にいたるまでの広大な海域では、多様な文化世界が絶えず交流することで「インド洋海域世界」とよばれる一つの歴史的世界が形成されてきた。「海のシルクロード」あるいは「陶磁の道」ともよばれるこの歴史世界は、グローバルな視点で前近代の歴史を考える際に、陸域の文明圏、文化圏と並ぶ重要性を有する。

インド洋海域世界では、モンスーンと吹送流(モンスーン・カレント)を帆船の走力として利用することで、人は1年の内の決まった時期、期間と方向に海域内を安全、確実に移動、回遊することが可能であった。家島彦一によれば、近代以前にすでにインド洋と地中海を連続して貫く交通システムが存在し、内陸都市の市場活動も、インド洋のモンスーン航海のサイクルに合わせて展開していた。また、広大なインド洋海域世界には、地形や海流などの自然地理的条件によって、五つの小海域世界が成立し、それぞれの小海域内では、社会、文化、経済の諸関係において、ある程度の一体性が保たれていたという[*31](図17)。インド南西部からアラビア沿岸部、東アフリカ沿岸部にかけては、アラビア海・インド洋西海域世界とよびうる小海域世界が成立していたとされる。

インド洋海域世界では、おおよそ150~200年の幅をもって、港市ネットワークの大きな組み替えや変動が起こりつつも、イスラーム時代以前から連綿と、人、モノ、情報の交流が継続してきた。[*32] そして16世

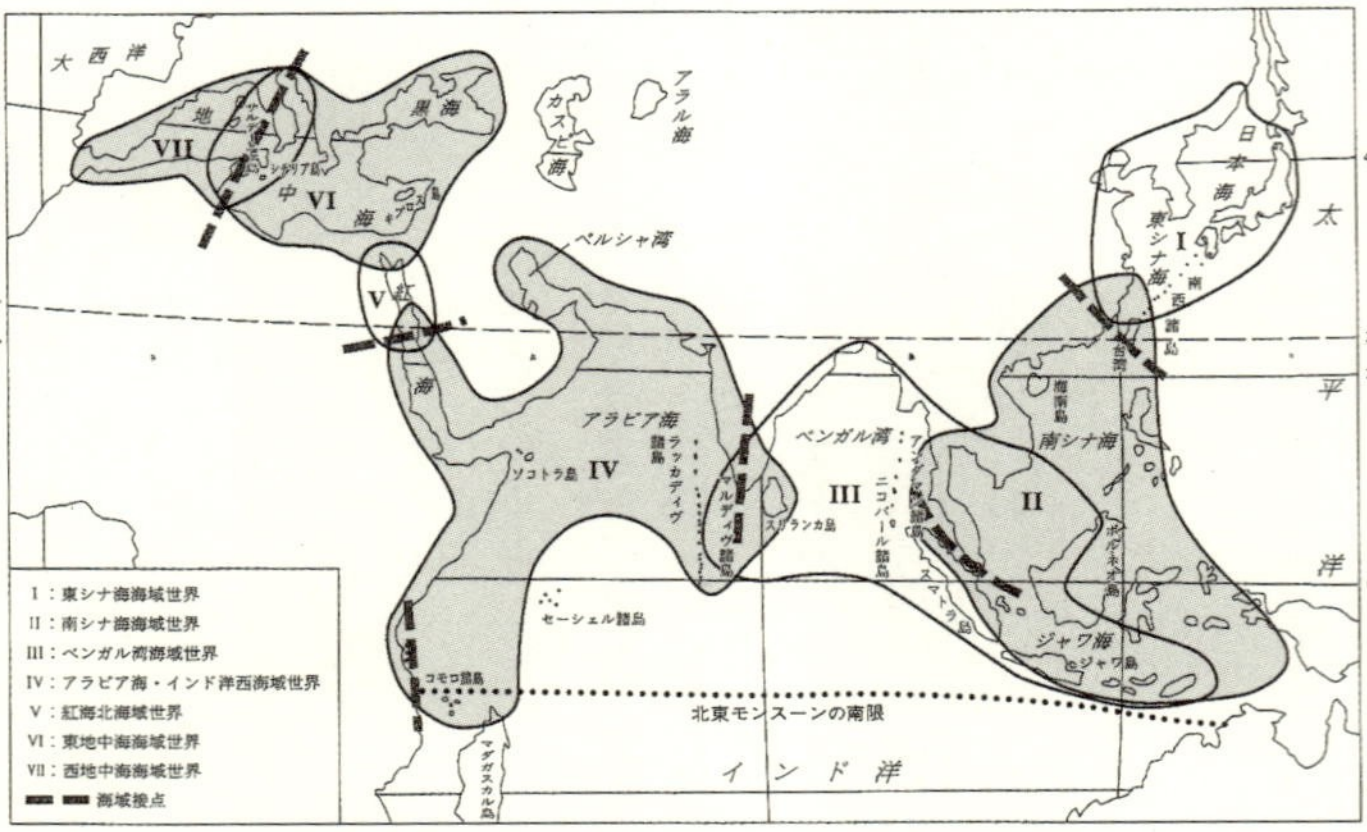

図 17　インド洋と地中海の海域区分（家島 2006）

紀になるとポルトガルが、17世紀にはオランダ、さらに18世紀以降はイギリスやフランスといったヨーロッパ勢力が、ホルムズやディウ、マラッカなどそれまでの交易拠点を押さえ、武力によって交易を独占的に支配、統制しようとした。

ポルトガルは１５０８年にオマーンのマスカト港、１５１０年にインドのゴア、１５１５年にはペルシア湾のホルムズ島を占領し、その後約１５０年にわたりそれらの地を拠点として、インド洋海域の交易ルートを支配した。この時代に、イスラーム教徒への対抗から、ポルトガル人はヒンドゥー商人を優遇し、ポルトガル支配下の港市においては、ヒンドゥー商人が活躍する。*33

１６５０年、オマーン人がポルトガルからマスカト港を奪還すると、18世紀前半にはモザンビーク以北の東アフリカ沿岸部海域からポルトガル勢力を追い出すことに成功し、以降19世紀末まで、アラビア海・インド洋西海域世界において、オマーンの勢力下にインド洋交易が再び活況を呈することとなる。

１７４１年、オマーンでブーサイード朝が興り、19世紀前半のサイード王の時代（１８０７〜５６）にオマーンの勢力は最盛期を迎える。１８３２年にはサイード王が東アフリカのザンジバル島に遷都し、後にストーン・タウンとよばれる王都を建設する。その勢力範囲は、現在のソマリア南部からタンザニア南部にいたる沿岸一帯におよび、ザンジバルはアフリカ産の象牙や奴隷などの集積地として、大きく繁栄することとなる。アラブ商人、スワヒリ商人など多くの商人がザンジバルに来航するようになったが、サイード王は、すでにマスカトで経済的依存関係を築いていたインド商人に関税徴収を請け負わせるなどして重用し、この時期、インドとオマーン、東アフリカとの交流は非常に緊密なものとなった。*34

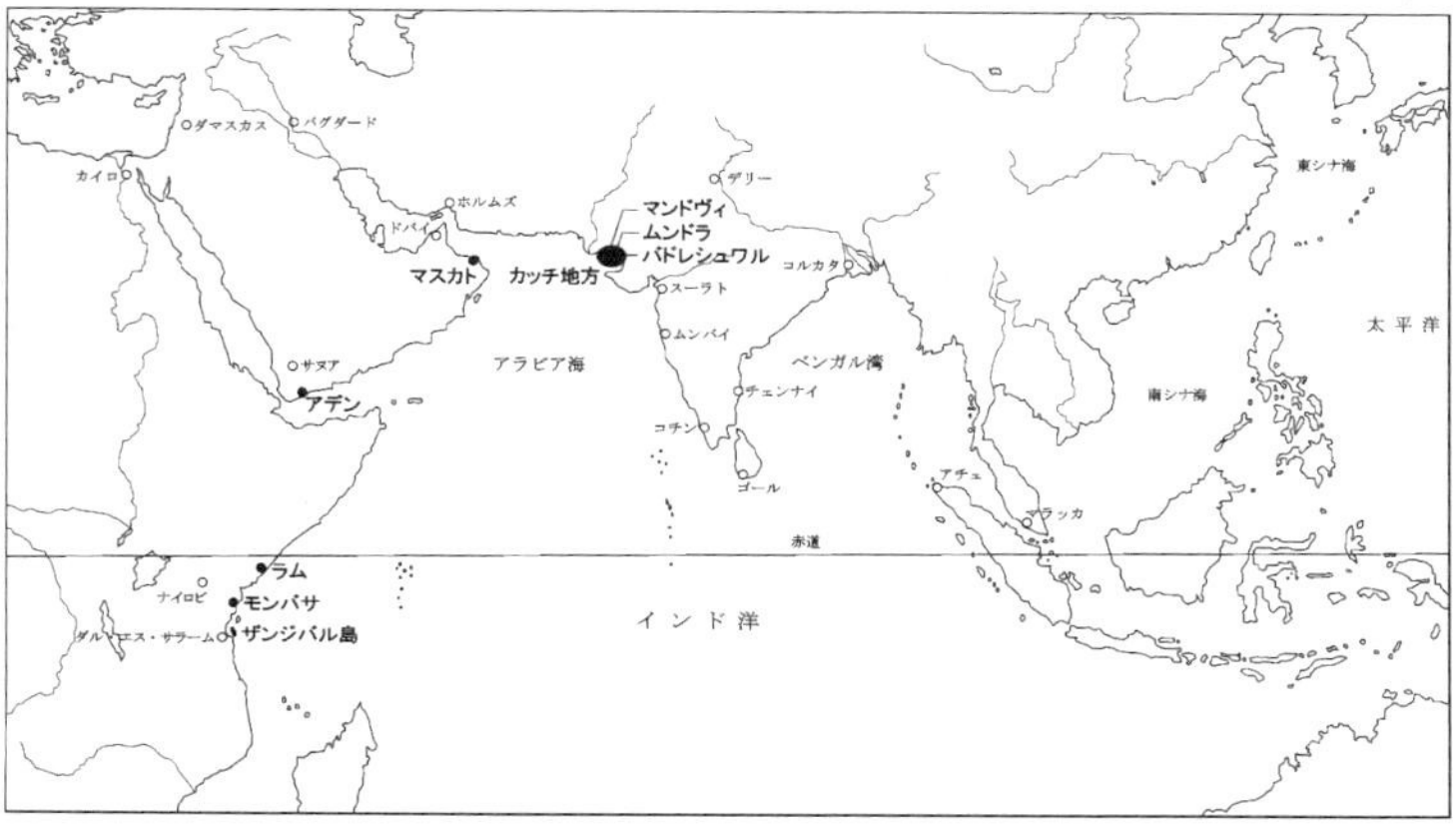

図18　インド洋海域世界とカッチ（山根・深見他 2008）

(2)　カッチ地方の港市

カッチ地方は環インド洋地域において地理的に東西のほぼ中心に位置し、なかでもバドレシュワル、ムンドラ、マンドヴィといった、中世から近代にかけて栄えた港市は、交易、移民などを通じてこの海域世界で非常に重要な役割を果たしてきた（**図18**）。

カッチ地方は、カーティアーワール半島のつけ根からパキスタン南部に広がる広大な塩性の湿地ランによってインド亜大陸本体から隔離されるという地理的特性をもつ。近年発掘が進むドーラーヴィラー遺跡の存在が示すように、インダス文明期には早くもカッチ地方には多くの都市が形成されていた。*35 当時すでに、ペルシア湾岸、メソポタミア地域との海上交易がおこなわれていたことが知られ、ドーラーヴィラーも、その重要な交易拠点であったと考えられている。

インド洋に面したかつての港町であったバドレシュワルは、11世紀から14世紀にかけて、ジャイナ商人やムスリム商人を中心としたインド洋交易の拠点として栄えたとされる。市域には、古くよりジャイナ教の聖地として知られるヴァサイ寺院や、現存するインド最古のイスラーム建築であるイブラーヒーム・ダルガー（1159年建設）をはじめとする中世のイスラーム建築群が残り、かつての繁栄を物語る。またカッチ地方の港市には、インド洋交易で財をなした商人の邸宅などが多数残る。邸宅建築には東南アジアから輸入された木材が多用され、またマンドヴィには現在もインド洋交易で活躍する大型木造船の一大建造拠点があるなど、都市、建築の各所にインド洋世界の文化的痕跡を確認できる。

前述のオマーン、ブーサイード朝下に活躍したインド商人の中心的役割を担ったのが、カッチ出身の商人であった。1830年代には、シヴジー・トーパンというカッチ出身のバティア・カースト[*36]の商人が、サイード王によるザンジバルの関税徴収請負人としての地位を確立していた。[*37]さらに息子のジェイラーム・シヴジーも、1840年代に父トーパンの跡を継いで請負人となった。ジェイラームは沿岸の主な港の税関に一族の者を配置し、東アフリカの経済網を一手に握ることになるのである。トーパン、ジェイラーム親子の一族はムンドラの出身で、東アフリカに進出し成功を収めたことから、当地を表すスワヒリに由来するスワリー家とよばれるようになり、現在もムンドラには彼らの子孫が健在である。

富永智津子によると、ザンジバルを中心としたインド人社会の1870年の人口は3870人で、そのうちヒンドゥー教徒は、カッチ出身の商人であるバティアやヴァニアがほとんどであり、ムスリムはコジャとボホラというシーア派の商人が圧倒的多数を占め、その約6割がカッチ出身者であったという。[*38]

このように、19世紀のインド洋海域世界、特にアラビア海・インド洋西海域世界では、カッチの商人が交易において大きな勢力を誇っており、彼らは自らの本拠地であるカッチの港市に壮麗なハヴェリを建設するなど、今に残る都市、建築遺産の基礎が築かれた。*39

（3）港市の都市構成

図19　バドレシュワル（山根・深見他 2008）

都市の構成に関しては、バドレシュワル、ムンドラでの調査から、ともにファディア、シェリ、ガリとよばれる、街路を核とした街区を基本的な単位として都市空間が形成されていることがわかった（**図19、20**）。そして、基本的にはさまざまなカーストが街区ごとに住み分けており、バドレシュワルにおいては、支配層であるジャデジャ・カーストの居住区を中心として、ヒンドゥー教徒のカーストの各街区がその周囲に形成され、さらにその外側にムスリムの街区が形成されるという、同心円状の階層構造がみられることが明らかになった。マンドヴィでは、前記の街区単位に加え、デリあるいはデラとよばれる、街路から門で区切られたオープンスペースを数棟の住居で共有する囲い込み型の集住単位も数多くみられる（**図21**）。

ブージやアンジャールなど、カッチ地方の内陸部の都市もファディア、シェリ、ガリなどの街区単位から構成されている。また、アフマダーバードやパタン、バローダなど、グジャラート地方の他の内陸都市においても、街路を核とした都市街区の構成がみられる。さらに、デリーやラーホール、ジャイプルなどのインド北西部の内陸都市においても、街路を核とした街区構成が基本となっている。このように広範な地域で都市構成を俯瞰すれば、カッチ地方の港市も、基本的にはインド内陸部の都市構成とよく似た構成原理を持っているということができる。

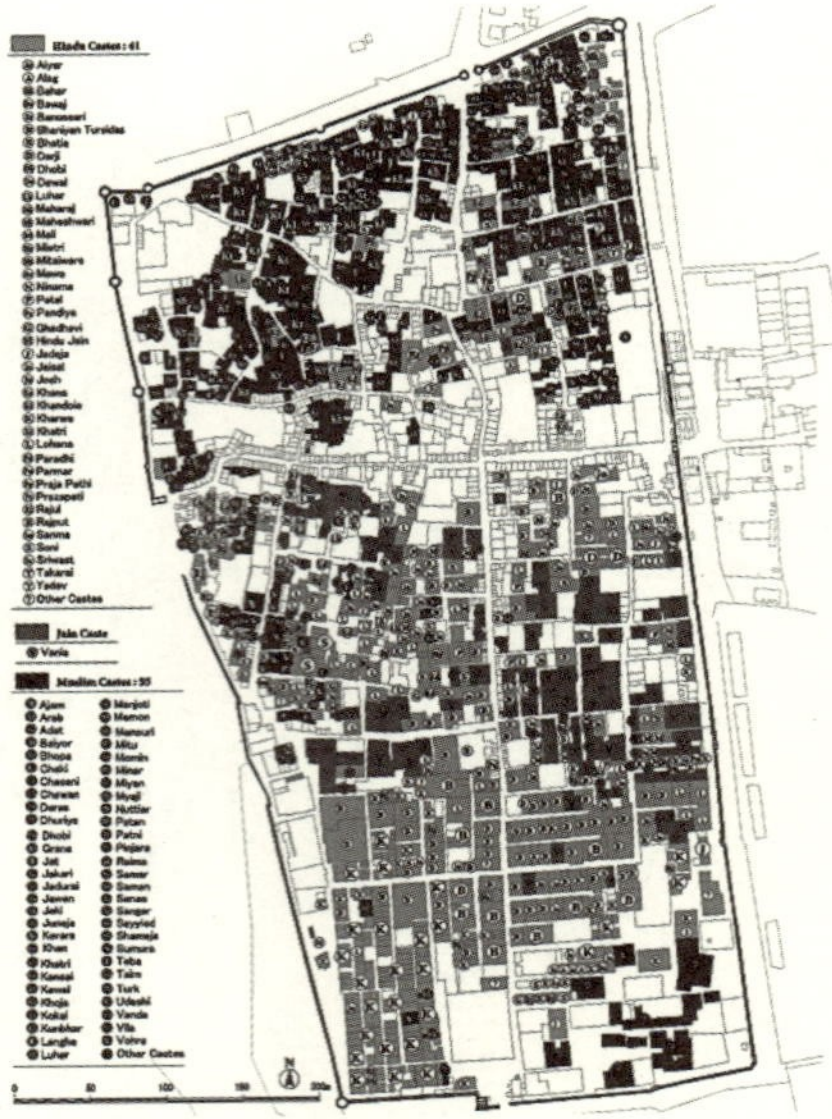

図20　ムンドラ（山根・深見他 2008）

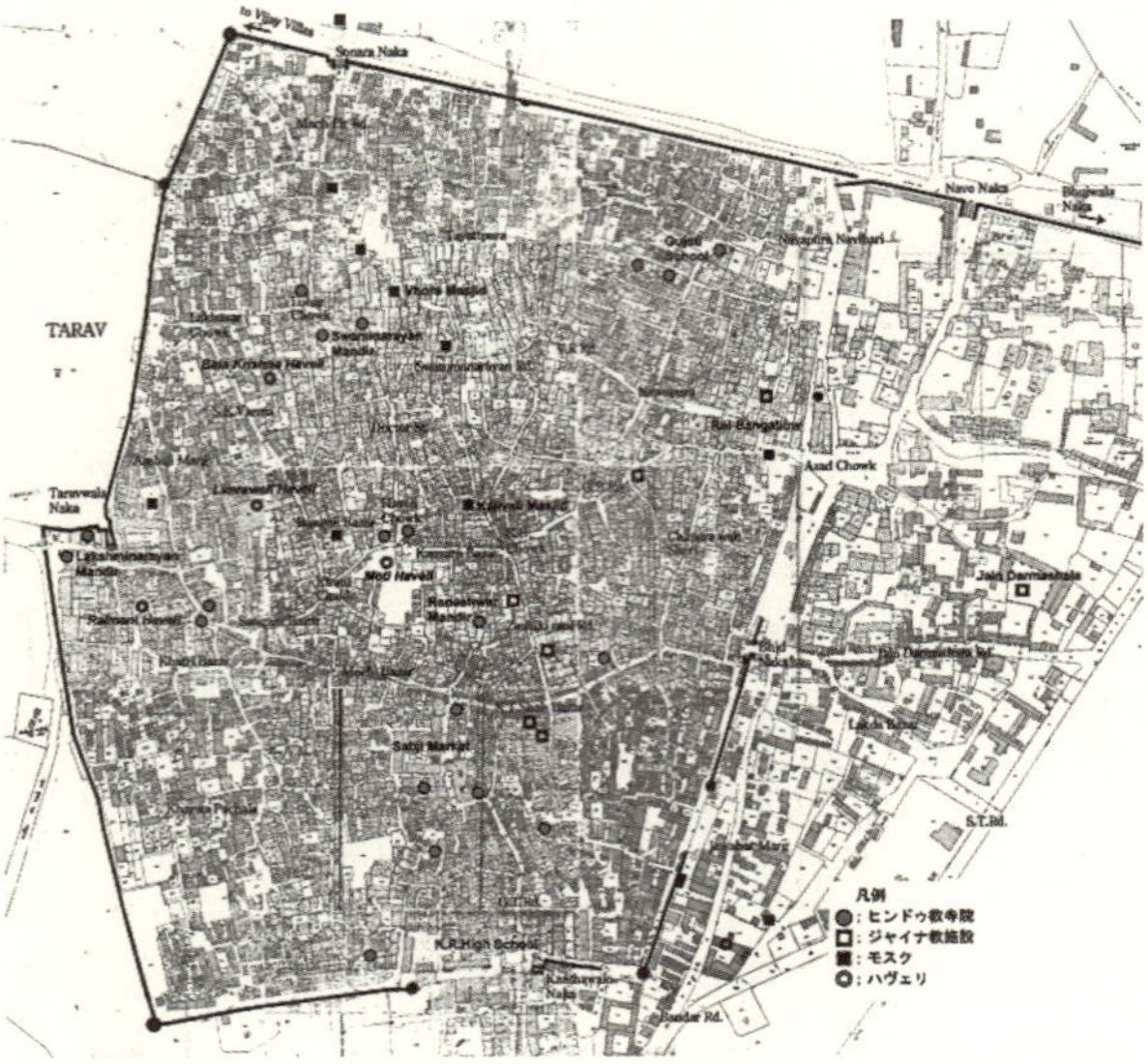

図21　マンドヴィ（山根・深見他 2008）

しかしカッチの内陸部の都市には、一般にダルバールガドとよばれる城壁で強固に城砦化された地方領主の拠点が存在するのにたいし、ムンドラやマンドヴィにはダルバールガドが存在しない。またバドレシュワルでも、ダルバールガドはあるものの、門が設けられているだけで城壁はなく城砦化はされていない。そこは領主の城館ではなく、カッチの政治的支配層であるジャデジャ・カーストの集住地区を意味しているにすぎない。三つの都市にみられるこれらの空間的特徴は、それらが支配権を持った特定の地方領主の拠点ではなく、広く人々の往来の自由を許す開かれた港市であることを端的に示しているものだといえる。

インド西部からパキスタンにかけては、ハヴェリとよばれる邸宅建築が広くみられ、各地で地方独特の様式を備える。カッチの港市においても富裕商人たちによって建てられたハヴェリがみられるが、グジャラート地方の伝統的な建築様式を採用しながらも、門や扉、窓などにカッチ独特のスタイルがみられる。インド洋交易を通して得られた木材やタイルなどの建築部材もみられ、海に開かれたカッチ地方の住居の様式が、独自の文化的交流の中で形成されてきたことを物語っている。

多くのカッチ商人が渡った東アフリカ沿岸のザンジバルやモンバサ、ラムといった港市には、カッチの住居と同じ様式の扉やベランダをもった住居が数多くみられ、これらの住居の様式がカッチ商人とともに海を越え東アフリカにまで伝播していったことを確認できる。

このように、インド洋海域世界の港市においては、交易で結ばれた地域間の要素が融合した都市、建築の姿をみることができる。インド洋海域世界の港市におけるこのような都市、建築の構成原理の相互作用と伝播のプロセスを総合的に明らかにするために、歴史的にインドと東南アジアとの緊密な交流がみられたベンガル湾海域を含めた、より広い地域における調査研究が今後の課題である。

5　おわりに

これまでインドの都市空間の構成原理について、「古代インドの都市理念とヒンドゥー都市」、「インドのイスラーム都市」、「インド洋海域世界の港市」という視点を通して、構成原理の固有性、重層性、他地域との相互作用という側面をみてきた。今回はふれることができなかったが、これらの視点以外にも、西欧諸勢力のインドへの進出の中で形成された「植民都市」という視点がある。近代以降の都市問題、住宅問題の源泉の一つでもある「植民都市」は、現代のインド、さらにはアジアの都市空間を読み解くうえで非常に重要なテーマである。

建築や都市の計画を考えるには、その地域における建築、都市の構成原理を深く理解する必要がある。建築や都市の構成原理は多様であり、それらは時代によっても変化していくものである。したがってより広範な歴史と地域的広がりの中でそれらを理解し、計画につなげていくことが重要である。インドの都市からみえてくるのは、まさに構成原理の多様性と、その歴史的、地域的広がりの大きさである。

都市という広がりの中で建築を考える際に、都市や街区を「地」の空間として、また一つ一つの建築を「図」の空間として捉える見方がある。「地」（都市、街区、集落等）の空間と「図」（建築）の空間には、共通する構成原理がある一方、それぞれに固有の構成原理もある。都市政策学科において建築を学ぶ意味は、そのような「地」と「図」それぞれに空間構成原理があることを知り、それらを広く理解し、その相互関係について深く考察することによって、さまざまな地域においてよりよい都市と建築のかたちを考えることにあるといえるのではないだろうか。そのためにも、多様な視点をもった研究、教育のあり方を模索していきたいと考えている。

〈註〉

＊1 以下、定方晟『インド宇宙誌』春秋社　1985　を典拠としている。

＊2 1ヨージャナは約15㎞とされる（仏教の世界観では1ヨージャナはその半分である）。

＊3 ヒンドゥー教の教典『ヴィシュヌ・プラーナ』によれば、宇宙には巨大な卵の殻が浮かんでいる。この卵の殻は「ブラフマー神の卵の殻」（ブラフマー・アンダー・カターハ）と呼ばれ、その中がブラフマー神の創造の場であり、そこに我々の生活する大地や、日月星辰の運行する天界、聖仙たちの修行する聖界が存在する。

＊4 布野修司『曼荼羅都市』京都大学学術出版会　2006

＊5 布野修司　前掲書

＊6 W. Kirk, "Town and Country Planning in Ancient India According to Kautilya's Arthasastra," Scottish Geographical Magazine 94, 1978.

＊7 P. V. Begde, "Ancient and Medieval Town Planning in India," Sagar Publications, New Delhi, 1978.

＊8 Rangarajan, L. N., "Kautilya The Arthashastra: Edited Rearranged, Translated and Introduced," Penguin Books India, 1992.

＊9 T. Ohji, "The 'Ideal' Hindu City of Ancient India as Described in the Arthasastra and the Urban Planning of Jaipur," East Asian Cultural Studies Vol. Xxix, Nos.1-4, March 1990.

＊10 応地利明「南アジアの都城とコスモロジー」（布野修司編『アジア都市建築史』昭和堂　2003　所収）、応地利明「南アジアの都城思想」（板垣雄三・後藤明編『イスラームの都市性』日本学術振興会　1993　所収）。

＊11 「ヴァーストゥ」とは、「居住」、「住宅」、「建築」を意味する。

＊12 以下、布野修司　前掲書を典拠としている。

＊13 Ram Raz, "Essay on the Architecture of the Hindus," London, 1834.

＊14 P. V. Begde　前掲書

＊15 P. K. Acharya, "Architecture of Manasara Vol. I - V," Munshiram Manoharlal Publishers, New Delhi, 1984 (First edition

1934).

＊16 ヴァーストゥ・シャーストラの一つで、全36章からなる。最初の10章がヴァーストゥ（住居）を、11～20章が建物を、31～36章が乗物、座席、図像をあつかう。『マーナサーラ』の構成とほぼ同様である。

＊17 肌の色に応じて4つの階層に分けられたヴァルナ（四姓）にたいして、生まれを同じくする集団をジャーティー jati と呼び、特定の職業と結びついて職業集団を形成する。インドにおいてカーストというと、一般にジャーティーのことを指す。

＊18 プラーカーラに設けられる、参道の入口となる楼門。南インドでは、ヴィジャヤナガル朝時代以降、寺院本体よりゴープラが巨大化、高層化する傾向が強くなる。

＊19 布野修司　前掲書：pp. 183-186

＊20 布野修司　前掲書：p. 187, p. 204

＊21 布野修司　前掲書：p. 190

＊22 布野修司　前掲書：p. 204

＊23 布野修司　前掲書：pp. 253-312 に、都市計画理念に関する諸説の整理を含め、臨地調査に基づいたジャイプルの詳細な分析がなされている。

＊24 ペルシア系サーマーン朝のトルコ人奴隷出身武将アルプテギンが、962年にアフガニスタンのガズニで独立し建てた王朝。

＊25 マフムードは1001年から1024年まで17回にわたってインドに遠征を繰り返し、中でも1018年のガンジス河中流域のカナウジへの遠征では、北インドの三強国の一つであったプラティハーラ朝を滅ぼし、1023年のパンジャーブ地方への遠征は、ガーティアワール半島南岸のソームナートにまで至る大遠征となり、この地のヒンドゥー教大寺院を破壊した上、莫大な財宝を奪った。

＊26 1328～9年、ムハンマドは南インドのデーヴァギリ Devagiri にムスリム人口の大部分を引き連れて突然遷都を敢行した。約2年その地に留まったが、ムハンマドは1330～1年にデリーに戻り、1335～7年には残っていた臣下たちもデリーに帰還し、ダウラターバードは放棄されてしまう。

＊27 布野修司・山根　周『ムガル都市――インド・イスラーム都市の空間変容』京都大学学術出版会　2008.5

＊28 B.S. Hakim, “Arabic-Islamic Cities,” 1986（佐藤次高訳『イスラーム都市――アラブの町づくりの原理』第三書館　1990）

＊29 シャージャハーナーバードの場合、設計はペルシア人建築家ウスタッド・ハミッドとウスタッド・アフマッドが担当した。

＊30 S.M. Chenoy, "Shajahanabad : A City of Delhi 1638-1857," Munshiram Manoharlal Publishers, New Delhi, 1998, p. 158.

＊31 家島彦一『海域から見た歴史　インド洋と地中海を結ぶ交流史』名古屋大学出版会、2006：pp. 17-25

＊32 前掲書：pp. 98-106

＊33 富永智津子「インド人移民と東部アフリカの奴隷貿易――商人カーストを中心として」（柳沢悠編著『叢書　カースト制度と被差別民　第四巻　くらしと経済』明石書店　1995：pp. 413-449　所収）p. 414

＊34 前掲書：p. 415

＊35 Bhisht R.S. "Urban Planning at Dholavira: A Harappan City With Cosmic Geometries Reference," in Ancient Cities Sacred Skies, Edited by John Mckim Malville & Co. Aryan Books International, New Delhi, 2001, pp. 11-23.

＊36 カッチ地方出身のバティア・カーストはカッチ・バティアと呼ばれ、ヒンドゥー教ヴィシュヌ派に属する商人カーストである。もともとは、ラージャスタン地方のジャイサルメル Jaisarmer を本拠とし、農業を生業としていた一族であった。400年ほど前、ヒンドゥーとムスリムとの争いを避け、各地に拡散、移住したといわれている。その後、19世紀になって、カッチ・バティアは、インド洋交易に乗り出し、オマーンに興ったブーサイード朝スルタンの信任を得て、東アフリカのザンジバル島を主要な拠点とし、アフリカの産物や奴隷の交易によって財をなした。現在は、ムンバイなどの経済都市のほか、英国、カナダ、アメリカ、南アフリカ、東アフリカ諸国など、世界中に広く分散し、商業活動を展開している。その数は世界で約8万人といわれている。

＊37 富永智津子　前掲書：pp. 428-9

＊38 富永智津子　前掲書：pp. 431-2

＊39 山根　周・深見奈緒子・鈴木英明・岡村知明他『シルクロード学研究30　インド洋海域世界における港市の研究――インド・カッチ地方を中心として』シルクロード学研究センター　2008

総合政策学部における都市政策学科の位置付け

理系と文系のはざまで

馬場　研介

都市政策学科が開設される

関西学院大学の総合政策学部において、「国際政策学科」とともに「都市政策学科」が設置されて早や5年が過ぎました。また同学部のカリキュラムに「建築士プログラム」が開設されて5周年目に当たり、昨春3月にはそれぞれ第1期の卒業生を送り出したところです。この節目を迎えて、担当した授業の範囲内ではありますが、都市政策学科や建築士プログラムの在りようについて私なりに再考してみたいと思います。

都市って何？

私が毎朝たどっている日課から始めてみましょう。ＪＲ大阪駅から丹波路快速に乗っていくつかの都市を縫いながら、関学・神戸三田キャンパスの最寄り新三田駅まで約1時間の小旅行に出かけます。大丸と伊勢丹三越の入った2棟のデパート建物間にトラス大屋根を架け渡した大阪駅の4番ホームを滑り出し、尼崎駅で神戸へ向かう線路と分かれて急カーブの高架線をギーギーと軋みながら右折したのち伊丹方面を目指して北向きに進みます。そういえば10年ほど前に脱線した車両が付近のマンション1階に突っ込んで、多くの死傷者を出した大惨事の現場もここでした。やがて伊丹駅に到着すると、伊丹空港に関連した職場へ向かう人たちなのでしょうか、相当な人数が降りてしまうので車内が急に空いてきます。猪名川に架かる白くて長い道路橋が見えてくると、もう間もなく川西池田駅です。この駅名は本来二つの行政区分にまたがる苦肉のネーミングであり、摂津源氏の発祥地あるいはイチジク栽培のさかんな川西市、酒造りや猪鍋で知られた池田市それぞれの顔を立てて両市の名前を合成しています。ここから少し左へ折れて、東西に連なる北摂の山裾を眺めながら中山街道を西向きに併走します。北摂に横たわる地震断層としてつとに有名な有馬・高槻構造線の描くシャープな山崖の地形が続きますが、1995年1月に発生した兵庫県南部地震では震度7の被害分布すなわち「震災の帯」がこのあたりまで伸展していました。19年前の当時、倒壊した建物や防水用のブルーシートで屋根をすっぽり覆った家々が数多く見受けられ、その厳しい風景は昨日のことのように蘇ります。中高層のマンション群が現れてくるともうそこは宝塚です。阪急電鉄の創業者・小林一三氏がそのアイデアを傾注した宝塚歌劇はこの町を引き立たせる常設の目玉イベントであり、近年ではわが国のみならず海外興行もさかんにおこなわれて宝塚の名前を世界的なものにしました。

続いて武庫川の深い渓谷と山間の武田尾温泉をチラッと垣間見ながら長いトンネルを抜け出ると、田園地帯のかなたに三田の中心市街が現れてきます。駅前には百貨店の入ったキッピーモールなどの商業施設が立ち並んで一見華やかそうですが、それに続く長さ数百mの旧い商店街はシャッターの閉まった店舗なども続いて衰えが目立ちます。江戸時代には九鬼氏3万6000石の城下町だったそうですが、その縁をしのぶ痕跡はあまり見当たりません。万石以上の大名が構える城下町なのに徳川幕府に意地悪されて城郭がなく、武家屋敷を大ぶりにしたような陣屋しか許されていませんでした。そもそも九鬼氏といえば戦国時代に三重県の伊勢・志摩を本拠とする水軍と記憶していたのに、海辺から遠く離れた山間の三田盆地へ押し込められて手足をもぎ取られていたのですね。それでも三田の地に池を掘って小船を浮かべ、水軍としての腕を鈍らせないように江戸期の数百年にわたって細々と水練を怠らなかった涙ぐましい努力が伝わっています。近年にいたって三田の周辺地域を切り拓き、ウッディータウンを中核とした住宅地が建設されました。20万人を要する中堅都市を目指して一時は国内最高の人口上昇率を誇りましたが、現在の三田市が有する人口は10数万人に留まっています。

一方で、私の小旅行が始まる大阪の中心街は今でこそ大梅田などとよばれていますが、明治・大正期は梅の木が植わる田園の連なった農村であり、今の阪神デパートが建つあたりに火の見櫓と庄屋屋敷がありました。その西隣も庄屋の縁類が住む屋敷であり、現在ではヒルトン・ホテルの裏側に丸ビルが建っています。さらに南側には梅田再開発ビル1号館～3号館と大阪一の繁華街・北新地が国道1号線を挟んで向かい合い、かつてその地を流れていた「しじみ川」が埋め立てられて地下深くの伏流水となっています。昭和40年代に建設の始まった再開発ビル2号館の基礎工事にともなって地面下を大きく掘り返していた時期に急激な出水が発生し、いつまでも水浸し状態が解消しない現場では永らく工事が差し止められていました。すなわち梅田地区は大阪の中心市街地といってもごく近年になって隆盛を迎えたのであり、永い年月にわたって都市機能を集積させてきた伝統の地ではないのです。たしかに大阪には太閤・秀吉の時代から聳え立つ大阪城と街割りを残していますが、それがこの都市の形成にたいしてどれほどの役割を担ったのでしょうか。大阪に住まう人びとが大都市の住民として共同のアイデンティティをどれほど保持しているでしょうか。熱狂的な地元ファンの多いプロ野球の阪神タイガースはやや低迷ぎみだし、サッカーのガンバ大阪もJ1リーグからJ2リーグの間を彷徨っているし。

関西圏において個性的な都市を一つ挙げるなら、やはり京都が思い浮かびます。平安時代から続く1000年の都であり、市中には今なお木造の町家が数多く残り、居住年限の長い住民の地元にたいする愛着や柔らかな京都弁による会話も独特です。しかし京都の受け継いできた町の構造はやや特殊であり、その姿のままでわが国の典型的な都市モデルと考えるには無理があります。

都市のモデルにたいして視野を広げるために、かつて独立の都市国家が林立していたイタリアに注目してみましょう。首都ローマから北上すると、なだらかに起伏する丘陵の頂まで耕された田園の続くトスカーナ地方の中心都市フィレンツェにいたります。ルネサンス期にはヨーロッパの金融センターとして繁栄をきわめ、市内を流れるアルノ川に程近い現在のウフツィー美術館は同市を実質的に支配していたメディチ家の所有する事務所オフィスを転用したものです。さらにポー川を下ってアドリア海へたどり着くと、海辺の小島をつないだヴェネツィアの街が展開します。独特の形状をしたゴンドラの行き交う大運河、冬場は海水に浸ってしまうサンマルコ広場、あるいは地中海をまたに駆けた一昔前の海運国としてその歴史は燦然と輝いています。しかし都市国家ヴェネツィアがまさに特色とする点は目にふれることのない海面下にあり、海水ラグーンの軟弱な干潟に無数の松杭を打ち込んでいわば大規模な地盤改良を施し、居住に耐える陸地を構成したうえで運河に面した住宅を建設していることなのです。このように都市国家を並べたててイタリアを論じるなら、ローマ法王の住まうヴァティカンを併設した首都ローマこそ他に比類なき歴史を刻んだ唯一の都市であり、紀元前後の数百年にわたってイタリア全土はおろか地中海をぐるりと取り巻く大版図を保持し、当時の感覚からすれば全世界そのものに該当するローマ帝国へ飛躍しました。

このようにみていけば、都市とは人類が生活するための舞台そのものを指しているともいえそうですね。

建築って何?

人びとの住まう住宅を建てたり、企業の事務所などが入るオフィスビルを建てることが建築でしょうか。建築の世界では工事現場において実際に建物を立ち上げる作業を「施工」とよび、童話に出てくる3匹の子豚のように経験にもとづいていきなり施工する簡易なケースを除いて、その前に準備すべき作業がいくつもあります。まず建物を建てる敷地の選定から始まって、どのような建物にするかを決めるために図面に落とし込む「設計」の作業、さらに建築するうえで必要な費用をはじき出す「見積もり」や「積算」の作業、建築材料を調達したり工事中の安全態勢を調えたり完成後の維持管理を図る「マネジメント」の作業なども建築をするうえで必要になります。

設計の作業に限定しても用途・機能・デザイン性から建物の形状を決める意匠設計のほかに、健康で快適な居住空間を保証するための内装を決めるインテリア設計、地震・風・雪・荷重など外からの力で損傷・倒壊しないように安全性を確保するための構造設計、上下水道・電気・ガス・空調・照明など居心地のよい生活環境を維持するための設備設計などが不可欠です。また建物は必ず地面の上に立ち上がるものなので、建物の自重を支える観点あるいは地中から伝わってくる地震波に耐える観点に立って、目にふれることのない地中に埋もれた基礎の設計も大切になります。設計製図の課題に向かって立面図を描くとき、基準線GLと記入した上側の地表面上だけに注意を払っているケースが多いのですが、基準線GLより下側の構造にも注目しなければ、実際の仕事をするうえで大変な片手落ちになります。エスキース図面を広げて「どの程度の柱や壁を入れたらこの建物はもつでしょうか?」と聞かれることがありますが、柱・壁のみならず床板や梁さらに基礎を含めた全構造の安全性を検討しなければほんとうのところは確かなことがいえないのです。

都心部の機能を集約する必要性もあって、近年ではわが国でも超高層とよばれる背の高い建物を多く見かけるようになりました。高層建築あるいはスカイスクレーパーの林立といえば、ニューヨーク市の中心街マンハッタン地区が永らく世界中で独壇場を占めていました。かの地では次の2理由によって、建物自身の重さと建物内に積載される荷重のみを考慮して構造設計すればよかったのです。

（1）建物を支持するマンハッタン島そのものが強固な岩石で構成されていること。

（2）ニューヨークを含むアメリカ東岸ではめったに地震が発生しないこと。

それに引き換えてわが国では、程度の差こそあれほとんどすべての地域で地震の発生が危惧され、また多くの大都市が河川の下流に広がる軟弱な沖積平野に立地しているので、高層建物を建てることなど無理な話であった時代が永く続きました。しかし20世紀の後半にいたって耐震安全性の検証にかかわる演算能力がコンピュータの開発にともなって飛躍的に向上し、さらに振動論・波動論の動力学に裏打ちされた耐震技術の大幅な進展を受けて、地震国でも高層建物を設計してよいとする下地が整いました。１９８０年代にはわが国の耐震規定が大きく見直され、敷地面積にたいして建築できる平面積を規制した「建蔽率」のみならず、地上に占める立体的な建築ボリュームを規制した「容積率」を導入して、それまで低層に抑えられていた建物の高さ制限を撤廃したのです。その結果、現在では東京・大阪・名古屋などの大都市に高さ２００ｍを超える高層建築が立ち並び、電波塔の役割を担う東京スカイツリーにいたっては６３４ｍの上空に達しています。

建築士プログラムが始まる

文系と理系の融合をモットーとした総合政策学部では２００９年4月より、専門職に位置づけられる建築士の養成を目指した教育課程「建築士プログラム」が開設されました。このプログラムで必要となる教育科目の一部を担当しましたので、そのなかから特に次の3科目に焦点を当てて話を進めたいと思います。

① 設計製図演習
② 建築数理の基礎
③ 建築構造力学Ⅰ、同Ⅱ

設計製図演習：建築士プログラムへ進むための導入科目と位置づけられ、都市・建築の図面を描くうえで必要となる専門的な線の描き方、透視図法の知識、建築模型の作成方法ならびに建築図面のトレース法などを学びます。製図をおこなうときに準備する筆記用具の使い方、立体物を観察するための見方や設計する方法などに主眼をおいた体験型の学習内容を存分に盛り込んでいます。天気のよい日には屋外へ出てキャンパス内の建物をスケッチしたり、スケール感を養うために履修生全員で実物大のドーム骨組みを組み立てる機会もあります。この演習科目で必要となる数理的な知識はほとんど常識の範囲内に留まりますが、透視図法の考え方に文系と理系の思わぬ融合がみられます。

透視図法の別名を消点法とよびますが、図形を映し出すスクリーン投影面に載った水平線上にプロットした消点には、無限に伸びる平行線の束を投影したパースラインが集まります。すなわち消点とは幾何学の写像空間における無限遠点と共通した概念を指し、ここに図らずも文系の範疇に入る図学と数理的な幾何学が融合しているのです。

建築数理の基礎：建築士プログラムに配当された科目を履修するうえで必要な最小限の数学や物理の知識を身につける教養の講義であり、本来は高校の在学期間中に学ぶ内容を理解していれば大丈夫なのですが、この科目について過去5年間の履修状況を振り返ると初年度を除いて100名を下回ったことがなく、最大人数では500名に達したことがあります。先にも述べたように、本来の教育目標は建築士にとって必要となる数理的な基礎知識を身につけることなのですが、この科目を履修する学生数の多い理由の一つとして、高校の授業でいわゆる「文系コース」を選んだ学生にとって数理的な基礎知識にあまり自信がもてないことが挙げられるでしょう。あるいは高校で理系の科目も勉強したけれど大学の受験時に文系の科目のみで臨んだので、数理的な知識を充分に体得できているのか不安を感じてしまうのかもしれません。それとも総合政策学部のシラバスにおいて、数学の教養科目をまとめた選択必修群のなかにこの科目が先頃まで組み込まれていたことも大きな理由に挙げられるかもしれないと推察しています。

一般に数学を専門とする研究者は隅々まで矛盾のない統一された美しい世界に惚れ込んでしまい、応用分野の末端にひかえる建築のことなどほとんど眼中にありません。仮にそのような理論肌の先生が数理について講義された場合、建築に関係した項目のみ学びたい学生にとってはチンプンカンプン、まったく堪ったものではないでしょう。純粋な数理の分野からみれば邪道かもしれないけれど、わずかでもよいから建築にかかわる具体例をひきながら解説すれば、履修生のおなかに収まりやすいのではないかと考えるしだいです。

建築構造力学Ⅰ、同Ⅱ：建築士プログラムの中で必ず履修すべき代表的な理数系の科目であり、三角法や微積分の数学的な知識あるいは力の釣合いなどの物理的な素養を先行して、すなわち高校の段階で習得あるいは先に説明した「建築数理の基礎」を履修していることが期待されています。

建築構造力学Ⅰでは、力の釣合いを前提とした静定の構造システムのみを扱うのですが、それでも梁や柱の断面形に応じた物理的な特徴を決めるときに積分の知識がぜひとも必要になります。この科目を習得できれば、次に応力と変形をともに睨んだ一般的な不静定の構造システムを取り扱う建築構造力学Ⅱへ進みます。細長い建築部材の軸方向に沿って分布している応力や変形の移り変わりを調べる場合、傾きや角度の変化に応じた微分の知識が欠かせません。つまり言葉を使って感性にもとづいた意思を伝えるように、数式の言語を使って論理的な意思を伝達するのです。

まれなケースですが、「数式を使わないで構造力学を教えられないの？」と質問されることがあります。ある大学では数式を使わない構造力学を講義されている名物教授がおられるとの噂を耳にしたことがありますが、実際に伺ったことがないので詳細は分かりません。また構造力学を解説した参考図書のなかには、やたらと数式を多用してかえって読者の理解を妨げているものが散見される反面、数式の使用を極力抑えていることを標榜したテキストもみられますが、どうしても記述内容に欠落や曖昧さが残るように見受けられます。

構造力学でどうしても必要となる数理上の知見はさほど多くないのだから、私が試みたわずかばかりの講義経験に照らせば、数学的な厳密さを少しばかり犠牲にしても授業時間の許す範囲で改めて基礎的な数理事項を解説すればよいのです。これらの科目を学んだことの無い学生、学んだことをほとんど忘れてしまった学生には講義内容の理解を円滑にするでしょうし、すでに学んでいる学生にとっては重複した内容ですが復習できるので無駄にはならないでしょう。また座学の常ですが、聴講している学生からいくら質問を募ったとしても新たな知識を教え込む一方通行の教育にどうしても陥りがちであり、学生間で互いに相談しあってもよいから講義内容に応じたごく簡単な課題を授業中に提示してその場で考えてもらう、その場で結果を評価しあう双方向の教育を実施することが有効であると思われます。

建築士を養成する大学教育の移り変わり

今から10年ほど前までは、大学において「建築」、「住居」、「都市」などの名称を掲げた学科を卒業すると、建築士になるための必要な科目をすべて修めることができました。いわゆる「学科制」とよばれる建築教育であり、さらに大学院へ進学して2年間の修士課程あるいは博士前期課程を修了すれば、今では信じがたい措置ですが、自動的に同じ2年間の実務経験を積んだものとみなされました。性善説にもとづいたとても緩やかな規定ですね。

ところが実務設計において建築物の安全性に疑義のあるケースが現れ、この社会問題を契機として２００９年（平成21年）には建築士になるための教育要件が変更されました。つまり特定の学科を卒業することを規定するのではなく、国土交通省の指定した科目を履修する「科目制」とよばれる教育システムへ移行したのです。その結果、かつて建築士を輩出していた伝統のある学科でも新たな規定を充足していないために履修資格の得られないケースが現れました。一方で、学科の名称が何であっても指定科目を履修できる教育態勢が整っていれば、建築士になる道が開けることになりました。

必ずしも建築にかかわる名称を掲げていない関西学院大学の総合政策学部にあって、建築士プログラムを履修できる機会が設けられている謎が解けましたね。新たに設けられた科目制の規定を満足するようにカリキュラムと教育施設が準備されているのです。

建築士の資格を取得するまで

建築士プログラムを設けるに当たっては、当然のことながらプログラムを履修した学生のなかから建築士の資格をもつ人材が輩出されることを目指しているはずです。建築士といってもいろいろな種類があり、あらゆる建築物に対応できる一級建築士、低層の住宅建築に限定した二級建築士、あるいは低層の木造建築に限定した木造建築士などがあります。建築士の資格を取得するのは個々人の意向や携わっている仕事にも左右されますので一概に論じることはできないのですが、学生の時期に学んだ教育プログラムの内容も大きく影響するのではないでしょうか。

ここでは、建築士になるための教育として先に述べた「学科制」を採用していた10年ほど前の事例を紹介しましょう。国立系の大学に設置されていた工学部の中に、すべての教員が建築に関係した学科Ａと１／３ほどの教員が建築に関係した学科Ｂがあり、どちらの学科を卒業しても建築士の受験資格が得られるようになっていました。両学科に配属された教員数はそれぞれ同じく20名ほどであり、学年ごとに数えた学生数も同数の約40名でした。たまたま双方の学科に所属する学生が同じ教室、同じ教員のもとで建築構造力学Ⅰおよび同Ⅱの授業を受けていたのですが、定期テストを終えたあとの成績評価において学科Ａのほうが５点以上も平均値が高かったのです。学科Ａでは必修の授業だったので全学生の40名、学科Ｂでは定員数の約７割から８割に当たる30名ほどが履修していました。どうして成績評価にこのような差異が生じたのでしょうか。大学へ入学した時の成績は学科Ａと学科Ｂともほぼ同レベルであり、最高点などについてはむしろ学科Ｂのほうが好成績を挙げていたくらいです。この謎は次のように説明できます。学科Ｂの学生にとって建築構造力学Ⅰと同Ⅱの授業のみが履修できる科目だったのですが、学科Ａでは並行して同Ⅰ演習と同Ⅱ演習の科目も必修として配当していました。つまり学科Ａでは学科Ｂと比べて構造力学の科目を実質的に２倍教えていたのであり、成績評価にこの程度の差異が生じるのはむしろ当然だったのです。

その後の経緯はどうなったのでしょうか。客観的な調査をおこなったわけではないので風聞にもとづく資料だけですが、学科Aの卒業生では学年ごとに半数を超える20名以上が一級建築士の試験に合格していましたが、学科Bでは各学年にたかだか1名ないし2名の合格者があったようです。建築士の受験資格が〔学科制〕から〔科目制〕へ切り替えられたとき、学科Aに所属する学生にたいしては以前と同様にそのまま受験資格が認められましたが、学科Bでは配当科目や実験・実習の設備が不足していたこともあって、建築士プログラムの再申請をおこなわなかったためにそれ以降の受験資格を失う結果となりました。

全国レベルの状況について概観すると、かつては1級建築士でも受験者数の中から数十%の合格者があったと思われますが、近年では出題される問題が難しくなったのか、重箱の隅をつつくような出題が多いのか、合格率が数%まで下がってきているようであり、受験勉強のために高い受講料を払って塾通いをしている話も耳にします。

これからの都市政策学科と建築士プログラムに望むこと

関西学院大学を全学的に見渡すと元々から文系の色彩が濃い学部が立ち並び、ミッション系の大学であることからグローバル・スタンダードな教育に重点が置かれていると見受けられます。このような方向性は総合政策学部にあっても例外ではなく、都市政策や建築を学ぶうえで貴重な教材が豊富に蓄積されていますので、私の気づいた範囲内で特筆すべき内容を次に列挙してみます。

① ミッション・スクールとして建学の精神 Mastery for Service を掲げていますが、この考え方はまさに都市政策を遂行するうえで基本的な目標となるのではないでしょうか。

② ウィリアム・メレル・ヴォーリズの手になる関西学院キャンパスの伸びやかなプランは、都市設計や建築設計の身近なお手本として最適なのではないでしょうか。

③ 大阪の都心部に建つシンフォニーホールで年末恒例の関西学院クリスマスが今年も賑やかに催されました。グリークラブの美しい歌声、吹奏楽団のたえなる調べ、そして会場全体を巻き込んだ壮大な輪唱など、さすが関学と思わせるお手並みです。その参加費は困窮する諸団体・諸施設に寄付されるとのことですが、これなども見習うべき都市型イベントではないでしょうか。

④ 一方で、アメリカン・フットボールの学生王者3連覇とその応援活動などに代表される文武両道を地でいった都市型イベントも見逃せません。

この教育・研究環境はもちろんすばらしいものですが、都市政策あるいは建築士プログラムを標榜する以上はグローバル・スタンダードな雰囲気を維持しつつ、さらに専門性の高い教育・研究環境を整えたうえで、数理的な分野にも意を用いて欲しいと思うのです。

次に述べる理由を考慮すれば、私が永らく専門領域としてきた建築耐震の教育・研究を充填することも一つの有効な施策ではないでしょうか。

(1) 先にも述べましたように、わが国が地震国であるにもかかわらず都心部の集約化にともなって建築物の高層化・大規模化へ向かう流れは自然の勢いです。

(2) 項目(1)に掲げた社会状況を踏まえている措置とも考えられますが、近年に実施された建築士の資格試験において、静力学に軸足をおいた構造力学の試験問題の中に動力学あるいは振動に関係した設問を組み込まれることがありますので、この措置に対応した建築士プログラム教育の必要性が高まっています。

（3）構造力学のような静力学に留まる場合と振動論のように動力学まで対象とする場合では、力学の領域を単に拡張するだけではなく、そこで用いる数理的な手法も高校レベルから大学レベルまで上昇させることになります。

これらの状況を勘案すれば建築士プログラムの必修科目とまでは言いませんが、履修を希望する学生には動力学に応じた専門科目を受講できるチャンスを準備してほしいと要望するものです。念頭に浮かぶ数理科目を次に列挙します。

微分方程式、固有値解析、ベクトル解析、複素関数論、

弾塑性学、波動論

さらに大学院などに配当する上級科目として、次のような項目が挙げられます。

積分変換、偏微分方程式、直交関数論、積分方程式、

スペクトル解析、確率過程論

これらの数理的な素養を身につければ、建築分野の振動や耐震の問題へ容易に立ち向かうことができますし、さらに能動的な制御理論やシステム論へ乗り出す場合にも支障が少ないと思われます。後者に述べた新たな地平を切り開くにいたったときには理系においても建築の分野から都市政策の分野へ昇華しているのか、あるいは他のフロンティアを開拓することになるのかそれは不明ですが、将来にわたって新たな展望を見出す可能性が大きく膨らむといえそうです。そしてこの高みに到達した段階では、理系とか文系とかのカテゴリー分類もほとんど意味をもたなくなるのではないかと考えるしだいです。

都市のオモシロさを学ぶ

加藤 晃規

なぜ都市政策か？

20世紀の初頭以来、地球は未曾有の都市人口の増加を経験している。なかでも先進工業国における増加は顕著で、それらの国の都市人口比率は今では8割に達している。近代化によって多数の農山村人口が都市に惹きつけられ、都市側が無造作に彼らを受け入れた結果であった。これを追う開発途上国・地域では4割程度が、後発開発途上国・地域では25％程度が都市人口とされる。[*1] しかし、これらの国・地域でも今後、都市人口の爆発的な増加が予想されている。飢餓から逃れて、あるいは雇用や豊かな生活を求めて、都市へと人びとが押し出されてくる構図がみえる。

このような背景をもつ人口移動は、前者の都市群、言い換えれば成熟した都市社会において活力問題や環境問題をもたらしている。他方、後者の都市群、言い換えれば今後も都市化傾向が続く社会では、都市の安全問題やエネルギー問題が表面化しつつある。この未来予測は、地球レベルでの都市型社会の普及あるいはさらなる進展が確実だけに、今後の都市人口の生命や生活の質（Q・O・L）をどのように考えるのか、これまでの都市文明の見直しを図るとすればその再構築をどのようにするのか、といった大問題を提出してくれる。

これらをひとまず都市問題と称しておこう。そしてこの都市問題を総合的に理解し、できればそれに主体的にかかわり、この一連の過程を通じて、部分的あるいは総合的な課題解決策を見いだすこと、これが都市政策の目指すところである。

日本の都市政策は？

日本で都市政策が論じられるようになるのは1960年代後半からである。経済の高度成長を経験して、大量の農山村人口が大都市に集中した。他方で、均衡ある国土の発展を目標に国土総合開発計画がつくられ、多くの地方で産業都市が誘致・形成された。その結果大都市では、人口や産業の過剰な集中から行政サービスの不均衡や環境汚染問題が表面化した。反対に多くの地方では、産業構成の激変や都市住民との所得格差が表面化し、結果として都市の空洞化や地域社会の衰退が始まった。

この過程から大都市で革新自治体が生まれる。そのもとで、公共サービスの増大や環境問題に悩む都市は政策の公準（自明的な要請ごと）を示す必要が浮上する。現在でいえば都市政策のデファクト・スタンダードを示すことが求められたのである。そこには、都市に流入した流民（移住者）である都市住民にも健康で文化的な生存権・生活権があり、彼らに適切な行政サービスを提供する義務を負うとする考え方があったとされる。こうした文脈の政策探求では、市民が権利として享受できる都市サービスや都市環境をシビル・ミニマムとよぶようになる。『岩波講座現代都市政策』（全10巻、1972～73年）にはこの時期の都市政策の内容が体系的に論じられている。

これ以前に日本で都市政策らしきものがなかった訳ではない。第二次世界大戦以前の都市には公衆衛生や都市病理への対策が、あるいは近代都市づくりの公共事業が多数おこなわれている。しかし、それらは部分的、対症療法的施策であり、近代的で個人的な「市民」のためというより、国益から生まれた性格が強かったと思われる。そして戦後は戦災復興と産業基盤を強化する公共事業が都市政策の主流であった。しかし、1970年代の日本は経済の安定成長期を迎え、そのもとでようやく市民という概念が普及し、前述のシビル・ミニマムといった理念も登場できたと考えられる。典型7公害を抑制する目的から編まれた公害基本法の成立は、こうした変化を物語る好例であろう。

1978年に建設省（現・国土交通省）の中に都市局が設けられ、以後、国の都市政策の考え方がまとめられてくる。そして国土開発政策が改訂される場合や大きな社会変化が起るたびに、国による都市政策や都市ビジョンがまとめられてくる。[*2] しかし、それらの内容は相変わらず開発に重点をおいた都市整備の性格を帯びていた。

この流れは1997年頃に変化する。地方分権の推進と時期を同じくして、国が都市政策を引っ張る構図が薄れて、地方政府の重視とそのもとでの多様な都市政策の容認が顕著になる。このころから「都市の再生」が主要な政策課題として取り上げられるようになる。[*3]

今後の都市政策はどのように展開するのだろうか。そこで最近の国土交通省の重点政策（2009年版）に挙がる都市関連の政策を概観してみたい。そこでは、人口減少と高齢化、地球環境問題の深刻化、グローバル経済の急激な進展、そして環境や景観美にたいする人びとの関心の高まりなどのこれまで経験したことのない社会変化が起っているとして、これらに対応する政策テーマを四つのコンセプトにまとめている。列挙すれば、①活力ある経済社会と地域の形成、②地球環境問題への積極対応と豊かな暮らしの実現、③安全安心の確立、④観光立国の実現、である。

①に関連する政策には、大都市の国際競争力を高める基盤整備や、地方都市の自立や活性化を図るための地域の個性づくり、広域都市連携の推進などが挙げられ、限界集落も課題にされている。②については、低炭素・循環型・自然共生社会に親和的な集約型都市（コンパクトシティ）やスマートコミュニティーの推進があり、自然景観や歴史景観の保全が挙がる。③については、都市防災・減災の推進や日常生活の安全安心の確保、そして国際化の中での海洋立国の実現が挙がる。④については、インバウンド型（着地型）の観光振興策、とくに国際的に魅力のある国内観光地の形成が挙がる。

こうした内容は国益を考え、そのための政策誘導といった性格もあろう。都市規模に関係なく、豊かな日本の実現のための役割分担が各地域に期待されているようにみえるからだ。しかし、そこには、各都市の実状に応じた主体的な政策形成も前提にあり、前述の政策テーマのもとで固有の都市政策を構築する余地と責務が、各都市に期待されている点を忘れてはならない。

都市問題の何を取り上げるのか？

現代の都市問題はますます多様化・複雑化しつつある、といわれる。それだけにどの問題に光を当てるかによって介入すべき政策テーマにも違いが出てくる。この迷路を脱して問題を分かりやすくするためには、次世代都市が人類社会にとっていかなる役割をもつべきか、これを整理した方がよい。言い換えれば、「現代都市とは何か？」「次世代都市の本質は何か？」といった問いである。

その答えの一部は、4000年以上に渡って展開された歴史上の都市群から導かれるだろう。そこには都市の発生的契機や古代都市、中世都市、近世・近代都市、現代都市のそれぞれについて、各時代で果たした、ないしは期待された役割が記述される。ダイアクロニック（通時的）に都市の本質を探る方法であるが、では、この歴史都市に共通する特徴はあるのか。

まず産業的には、①二次産業や三次産業が優勢であり、経済的には、②定住と分業の仕組みで余剰の富の蓄積が多く、空間的特質として、③囲い込まれた範域（都市域と非都市域の境界線）があってその内側に高密度な集住空間が存在し、④これを支える物理的装置―道路網、上下水道、住宅、神殿、市場、工房、市庁舎、裁判所、図書館、スポーツ施設、学校など―がある。また、その社会的装置として、⑤都市域内のルール（法制度）や独特な（都市的な）人間関係資本（ソーシャルキャピタル）の集積がある、などの特徴である。「都市」という言葉から私たちが想起するものは、①から⑤の特徴が凝縮する人工的な場所だ、と考えられる。

この尺度を現在の都市に当てはめてみるのも有効であろう。前述の特徴の過不足はないか？　それらがじゅうぶんに機能しているか？　である。もし、過不足が見いだされるとすれば、それは解決すべき課題となり、歴史的遺産都市からみる都市問題であり、現代における過去からの負の遺産といえる。

この視点から現代都市をみると、まず①については、地域産業の構成比率で二次産業から三次産業への移行程度が鈍いとそれは問題になる。ペティ&クラークの法則では高次産業ほど所得が高く、就業人口もそれにつれて高次産業へと移るから、都市は高次産業の比率を高くしなければならない。

②については、高度な中枢機能が存在するか否かが問題になろう。これには政治的中枢機能や経済的中枢機能はもちろんのこと、文化的中枢機能の形成も図らねばならない。

③については、巨大化した都市の非経済性や環境悪化が問題になる。過密がもたらす住宅問題や公衆衛生問題があり、巨大都市の交通問題やエネルギー問題、果ては田園や公園緑地の欠除も問われてくる。

④については公共施設の過不足やそのサービス水準が問題になるし、インフラストラクチャー（都市基盤施設）の利便性やその安全・防災のレベルが問題にされる。

⑤については、地域社会の自立性や自治能力が課題になる。コミュニティーレベルから都市レベルまで重なり合う複雑な人間社会を効果的かつ公正に運営できているか？　あるいは地域内の問題を地域内で解決・調整できるか？　このための地域経営の仕組みと財源、さらには人材の過不足が問われてくる。

以上のような問題を解決する施策・政策が考案される際、その介入対象は、（A）市民・住民という「個人」であったり、（B）コミュニティーなどの「地域共同社会」であったり、（C）物理的な「都市施設」であったり、（D）水や大気や緑などの「都市自然環境」であったりする。ヒト、ヒト社会、モノ、モノ環境にわたるこれらの四つの分野は、いわば都市空間の主要な構成要素である。そこで、（A）から（D）までバランスのとれた施策・政策が、換言すれば総合的な施策・政策が求められてくるだろう。このような都市政策は、まさに「都市の総合政策」の様相を呈するにいたる。

実現したい都市像から都市政策を導く

以上は歴史上の都市から都市問題を抽出する方法であった。これとは逆に、観念的な未来都市や理想都市から都市問題に光を当てるやり方もある。到達すべき未来像を設定して、その実現のために必要な、あるいは障害になる問題だけを取り上げるのである。過去のトレンドから将来を考える方法をフォア・キャスティング型とよぶなら、未来像から都市問題を抽出する方法をバック・キャスティング型とよんでおく。このバック・キャスティング手法は環境問題やエネルギー問題や防災問題の解決策においてしばしば登場する。

そもそも、都市はいつの時代も、自らを取り巻く地域や国の一部であった。大袈裟に言えば地球上の小さな点であった。そうした点が地球上に無数に展開できたのは、それぞれが固有性をもち、その点を取り巻く地域や国にたいして一定の役割と貢献をしてきたからだ。つまり独自の働き＝都市機能を有していたからだ、と考えられる。政治都市、軍事都市、宗教都市、商業都市、工業都市、港湾都市、住宅都市、観光都市などのレッテルが貼られる都市が多いが、そうした特化した都市機能は、地球上の固有な一点であるから成立したと考えるべきだ。

日本国内でも都市規模の違いで役割が異なり、そこから都市問題も異なるケースが容易に想定できる。大都市を地方中小都市と比べれば国土政策上の役割に違いがある。両者の未来像も異なる。大都市では地球レベルの都市間競争や環境問題あるいは減災問題に焦点が当たりやすいが、多くの地方中小都市では、人口減少で存亡の危機に脅え、いかにして交流人口（ビジターや観光客）を増やすか、いかにして一次産業の高次化を図るかを優先する。１０００万都市、１００万都市、10万都市、３万都市を比較するとき、都市人口のヒエラルキーに応じてその次世代都市像も違っている。

さらに、アジアの諸都市、ＥＵ諸国の都市群、南北アメリカの都市群などを比較しても、同様な多様性がある。ＥＵ諸国や北アメリカなどの成熟都市では集約的構造の次世代像が一般的になるのに比して、アジアでは拡張路線のメガシティーが多い。経済発展段階や民族文化や社会構造の違いで選択される次世代都市像も異なっている。都市の果たすべき役割や果たし得る役割については、現代都市をシンクロニック（共時的）に眺めることも大切である。

都市エリアはその外部世界から完全に自由であることはなく、この外部世界との関係から固有性や多様性が生まれたと述べた。都市エリアを地球的規模で捉え、世界中の都市群を関係性で捉えるとき、一つの都市が果たす固有な役割や多様な都市像が浮かび上がる。その固有像の実現にとって障害になることがその都市の都市問題である。こうしたアプローチでは、少し便宜的ではあるが、まず目指すべき都市像を設定すること、つまり都市像の調査研究が先にある。そして、重点的「都市問題」もこれに対応した内容となる。

参考のために、ここで最近の都市論に登場する新しい都市像をいくつか挙げておきたい。まず古典的な「ニュータウン」がある。次に、昨今の国際化のもとでは世界の中枢都市を目指す「世界都市（ワールド・シティー）」や「グローバル・シティー」や「メガ・リージョン」がある。地球環境問題が深刻化すると「環境首都」や「コンパクト・シティー」が取り上げられる。一方、未来の都市産業を先取りする視点から「ソフト情報産業都市」や「デザイン都市」[*4]、そして「クリエイティヴ・シティー」などもある。いずれも大都市で検討される都市像である。

では中小都市が採用できる新しい都市像はないのか。そこでは、歴史的に続く地域資源を生かした未来像や地域像を採用する場合が多い。そして、「住みよい町、訪れたい町」、「福祉のある町」、「安全・安心の町」などのような生活都市像が一般的である。そのなかでは「スマートコミュニティー」や、複数の小都市が連携してこれらが農村と一体的に機能する「シティー・リージョン」などがやや新しい都市像ではないか。

以上のような都市像から今後の課題や政策を考える手法がバック・キャスティングであり、持続可能な都市政策を考えるうえで有効であろう。

総合政策学部・都市政策学科のミッションは？

総合政策学部は「ヒトと自然の共生」、「ヒトとヒトとの共生」をモットーに掲げ、その実現のための政策研究や教育をミッションに挙げている。都市環境の未来を政策テーマに取り上げる立場からこのモットーを読み替えてみると、「都市人がいかに自然界と共生するか?」、「多様で異質な都市社会単位がいかに共生するか?」という問いになるかもしれない。ヒトや財の過集中で恐竜的な都市が増えたり、あるいはその逆の現象が起ることで、都市内部や外部の不経済が表面化し、都市人や都市社会の持続性が危ういとの不安がある。4000年を超えて持続してきた都市装置、それはヒトが集まって活動し、先進的な営為を展開するシステムを備えた容器でもあるが、この都市装置を受け継いで、さらに、次世代用にモデルチェンジする必要がある。しかも近代都市像がなしえたモデルチェンジに匹敵するフル・モデルチェンジが必要だ、とする主張もある。

前述した都市問題へのアプローチや都市像探求は、このフル・モデルチェンジの出発点ないしは到達イメージとして間違ってはいないと思われる。ただ、その変革は一挙になされると考えない方がよい。それは徐々に起こる。地球上の小さな点＝都市で、主体的な人びとの協働による政治的、社会的、経済的、文化的、工学的な試みを通してなされる、グラス・ルーツの変革だと考えるべきであろう。このための研究分野や人材、そして教育カリキュラムを備えることが都市政策学科のミッションではないだろうか。

〈註〉

＊1　国際連合人口基金による推計。

＊2　たとえば、建設省都市局編『二一世紀の都市ビジョン』1980

＊3　たとえば、都市計画中央審議会基本政策部会『今後の都市政策のあり方について』1997

＊4　たとえば、神戸市、名古屋市、グラーツ市など、ユネスコ機関によるデザイン都市認定が41都市ある。

〈参考文献〉

細野助博『スマートコミュニティー』中央大学出版社　2000

岡部明子『サステイナブルシティ　ＥＵの地域・環境戦略』学芸出版社　2003

リチャード・フロリダ著、井口典夫訳『クリエイティヴ資本論』ダイアモンド社　2008

佐藤浩介「ソフトインフラを核としたスマートシティ実現に向けて——ドイツＴ－ｃｉｔｙの事例を参考に」『JRI レビュー』Vol. 9, No. 10　2013 : pp. 30-55

Peter Hall, The World Cities (Third edition), Weidenfeld and Nicolson, London, 1984.

M.Jenks, E.Burton & K.Williams (ed.), The Compact City: A Sustainable Urban Form ?, E&FN Spon, 1996.

Karl Stocker, The Power of Design, A Journey through The 11 UNESCO Cities of Design (paperback), AMBRA, 2013.

あとがき

本書は、都市政策学科で展開されている専門領域を網羅的に把握できることを目的に、「政策とデザインの融合を目指して」というタイトルを付けて編集した。いわば都市政策学科の学び（知）を表現したものである。しかし、都市政策学科の学びは際限なく広く、また底深いことが、それぞれの論考からお気付きのはずである。このような背景のもと、本書をお読み頂いた後は皆さまが各論考で取り上げられていたトピックをさらに広げ深め、そしてその実践を通して、わが国の未来を考えて頂きたい。もちろん我々研究者も、これまで以上に知力を結集して取り組んでいくことはいうまでもない。

最後に、出版される今日まで、我慢強く後押し頂きました、学部長・研究科長の高畑由起夫先生、事務課長の石原誠氏、主任の大森則良氏には謹んで感謝申し上げます。

また、本書の編集にあたり、関西学院大学出版会の田中直哉氏、編集担当の松下道子氏にはこの上なくお世話になりました。幾重にも感謝申し上げる次第です。

八木　康夫（関西学院大学総合政策学部教授）

〈著作・論文〉
日本都市計画学会論文賞奨励賞「インドネシアにおけるローコスト住宅生産供給システムの成立と展開」など

清水 陽子（しみず ようこ）
1971年生。奈良女子大学大学院人間文化研究科博士後期課程修了。奈良女大学社会連携機構特任助教、佛教大学社会学部専任講師を経て
2013年より関西学院大学総合政策学部准教授
博士（学術）、一級建築士。専門：都市計画、地域計画

長谷川 計二（はせがわ けいじ）
1957年生。東北大学大学院工学研究科、同文学研究科博士前期課程修了。東北大学助手、奈良大学専任講師、佛教大学専任講師・助教授を経て
1996年より関西学院大学総合政策学部助教授、1999年教授
工学修士、文学修士
〈著作・論文〉
1989 "Commons Dilemma and the Tragedy of the Commons," Journal of Mathematical Sociology, 14(4): 247-261. など

馬場 研介（ばば けんすけ）
1946年生。京都大学大学院工学研究科博士課程修了。大阪大学准教授などを経て
2009年より関西学院大学総合政策学部教授
工学博士。専門：建築耐震工学、地震防災論
〈著作・論文〉
「2011年（平成23年）台風12号による紀伊半島の水害調査報告」2012年など

室﨑 益輝（むろさき よしてる）
1944年生。京都大学工学研究科博士課程中退。京都大学助手、神戸大学教授、独立行政法人消防研究所長などを経て
2008年より2013年まで、関西学院大学教授（総合政策学部）、同災害復興制度研究所長
兵庫県立大学防災教育センター長、工学博士。専門：防災計画、避難計画、復興計画
〈著作・論文〉
『地域計画と防火』勁草書房　1981年、『建築防災・安全』鹿島出版会 1993年、『大震災以後』（編著）岩波書店　1998年など

八木 康夫（やぎ やすお）
1960年生。大阪大学大学院工学研究科建築工学専攻博士後期課程単位取得修了。立命館大学理工学部准教授を経て
2010年より関西学院大学総合政策学部都市政策学科教授
博士（工学）、一級建築士。専門：建築設計・建築計画
〈著作・論文〉
『ルールのデザイン／デザインのルール　境界線のルール』建築ジャーナル　2010年など

山根 周（やまね しゅう）
1968年生。京都大学大学院工学研究科博士課程単位取得退学。滋賀県立大学助手、同講師、同准教授を経て
2012年より関西学院大学総合政策学部准教授
博士（工学）。専門：地域生活空間計画、アジア都市論、アジア住居論
〈著作・論文〉
『ムガル都市――イスラーム都市の空間変容』京都大学学術出版会　2008年など

執筆者略歴（50音順）

岡田 憲夫（おかだ のりお）
1947年生。京都大学大学院工学研究科修士課程修了。京都大学助手、鳥取大学助教授、同教授、1991年より京都大学防災研究所教授、2012年熊本大学教授を経て
2013年より関西学院大学教授、同災害復興制度研究所長
京都大学工学博士。専門：災害リスクマネジメント、総合防災学、土木計画学、減災まちづくり論

加藤 晃規（かとう あきのり）
1946年生。京都大学工学研究科博士課程中退。フィレンツェ大学、G. デカルロ事務所（ミラノ市）、黒川紀章建築都市設計事務所、大阪大学助教授を経て
1999年より関西学院大学教授（総合政策学部）。2007年学部長、2009年副学長、2011年学院評議員
工学博士、建築家。専門：都市政策、都市計画、環境デザイン
〈著作・論文・作品〉
第11回環境賞優良賞、大阪駅北地区国際コンセプトコンペ佳作入賞。
『南欧の広場』プロセスアーキテクチュアー社　1990年など

角野 幸博（かどの ゆきひろ）
1955年生。京都大学大学院工学研究科修士課程修了。大阪大学大学院工学研究科博士後期課程修了。株式会社電通、武庫川女子大学生活環境学部教授等を経て
2006年より関西学院大学総合政策学部教授
工学博士、一級建築士。専門：都市計画、都市デザイン
〈著作・論文〉
『郊外の20世紀』学芸出版社2000年、『都心・まちなか・郊外の共生』（編著）晃洋書房2010年など

北原 鉄也（きたはら てつや）
1953年生。1975年京都大学大学院法学研究科博士課程中退。愛媛大学法文学部教授、大阪市立大学大学院創造都市研究科教授・科長を経て
2010年より関西学院大学総合政策学部教授
京都大学博士（法学）。大阪市立大学名誉教授。専門：政治学・行政学
〈著作・論文〉
『現代日本の都市計画』成文堂1998年、『変化をどう説明するか』（全3巻、共編著）木鐸社　2000年など。

客野 尚志（きゃくの たかし）
1971年生。大阪大学大学院工学研究科博士後期課程修了 兵庫県県立人と自然の博物館（兵庫県教育委員会）主任研究員を経て
2009年より関西学院大学総合政策学部准教授
博士（工学）。専門：都市環境、空間統計学、建築環境
〈著作・論文〉
『都市計画とまちづくりがわかる本』（共著）彰国社　2011年など

斉藤 憲晃（さいとう のりあき）
1953年生。京都大学工学部建築学科卒業。同大学院工学研究科修士課程修了。大阪大学大学院博士後期課程修了。国土交通省を経て
2009年より関西学院大学総合政策学部教授
博士（工学）、技術士（総合技術監理部門・建設部門（都市及び地方計画））、一級建築士。
専門：都市計画制度、住宅政策

関西学院大学総合政策学部教育研究叢書 4
政策とデザインの融合を目指して
―― 3・11 からの復興と展望

2014 年 9 月 30 日 初版第一刷発行

編　者　八木康夫

発　行　関西学院大学総合政策学部
発　売　関西学院大学出版会
〒 662-0891
兵庫県西宮市上ケ原一番町 1-155
電　話　0798-53-7002

印　刷　協和印刷株式会社

Printed in Japan by Kwansei Gakuin University Press
ISBN 978-4-86283-172-9